陕西省普通高等学校优势学科“中国语言文学”建设项目经费资助

陕西省社会科学规划项目“汉语复句格式与认知层面关系研究”（2015K026）研究成果

“小三角”视域下 汉语转折类复句研究

丁力 宋增文 主编

中国社会科学出版社

图书在版编目（CIP）数据

“小三角”视域下汉语转折类复句研究/丁力，宋增文主编．—北京：中国社会科学出版社，2018.8
ISBN 978－7－5203－2574－5

Ⅰ.①小… Ⅱ.①丁…②宋… Ⅲ.①汉语—语法—研究
Ⅳ.①H14

中国版本图书馆 CIP 数据核字（2018）第 108967 号

出 版 人　赵剑英
责任编辑　周晓慧
责任校对　无　介
责任印制　戴　宽

出　　版　中国社会科学出版社
社　　址　北京鼓楼西大街甲 158 号
邮　　编　100720
网　　址　http://www.csspw.cn
发 行 部　010－84083685
门 市 部　010－84029450
经　　销　新华书店及其他书店

印　　刷　北京明恒达印务有限公司
装　　订　廊坊市广阳区广增装订厂
版　　次　2018 年 8 月第 1 版
印　　次　2018 年 8 月第 1 次印刷

开　　本　710×1000　1/16
印　　张　27.25
插　　页　2
字　　数　393 千字
定　　价　108.00 元

编委会

（以姓氏笔画为序）

目　录

序

2017 年 12 月初，我从位于科技城绵阳的前身为清华分校的西南科技大学来到位于汉中的原为北大分校的陕西理工大学，见到阔别已久的老相识老朋友丁力教授，他命我为他主编的三部书写序。这三部书是《小三角视域下汉语复句问题研究》《小三角视域下汉语因果类复句研究》《小三角视域下汉语转折类复句研究》，分量厚重，是陕西省社会科学规划项目“汉语复句格式与认知层面关系研究”（2015K026）系列研究成果，即将在陕西省普通高等学校优势学科中国语言文学建设项目经费资助下出版，十分令人兴奋。

丁力博士，是享誉中外声闻遐迩的著名语言学家邢福义教授的高足，陕西理工大学汉语言文字学学科负责人，在顶级刊物《中国语文》等上发表三十几篇论文。他遵循邢福义先生提出的“两个‘三角’”的研究思路，努力践行华中师范大学“求实创新　立德树人”的校训，践行华大语言研究所和语言学系“抬头是山，路在脚下”的所训和系训，践行陕西理工大学“明德、砺志、博学、笃行”的校训，堪称楷模，令人钦佩。丁力教授的高足——优秀研究生宋增文君，也擅长汉语复句格式与认知层面关系研究，仅读研期间就发表了 12 篇论文。丁力教授为首的团队在前人已有精湛研究成果如王维贤等《现代汉语复句新解》、邢福义《汉语复句研究》等论著的基础上，又把现代汉语复句研究扎扎实实地向前推进了一步。

复句是重要的句子类型，情况十分复杂。复句分类有两分法和三分法两种。两分法一般是先分为联合复句和偏正复句，然后再往下分。例如：

北京大学中国语言文学系汉语教研室编《现代汉语》上册[1]：

一 联合复句 （ 并列 （二）选择 （三）递进 （四）连贯 （五）分合

二 偏正复句 （一）转折 （二）因果 （三）假设 （四）条件 （五）目的

（六）相承 （七）补充（1993 年版《现代汉语》改为时间）

胡裕树主编《现代汉语》[2]：

一 联合复句 （一）并列关系 （二）连贯关系 （三）递进关系 （四）选择关系

二 偏正复句

（一）因果关系

（二）转折关系

（三）条件关系 1. 假设的条件 2. 特定的条件 3. 无条件的条件

（四）让步关系

北京大学的《现代汉语》和胡裕树主编的《现代汉语》这两部书关于联合复句和偏正复句下面各类都是平列的。

邢公畹主编的《现代汉语教程》[3] 和马庆株主编的《现代汉语》[4] 关于复句的分类是：

一 联合复句 （一）并列关系 （二）连贯关系

---

① 高等教育出版社 1958 年版。

② 上海教育出版社 1981 年版。

③ 南开大学出版社 1992 年版。

④ 中国社会科学出版社 2010 年版。

（三）递进关系　（四）选择关系

二　偏正复句

（一）顺接的偏正复句　1. 因果关系　2. 目的关系　3. 条件关系　4. 假设关系

（二）转接的偏正复句

1. 单纯转折关系　A 重转（但是　可是）　B 轻转（只是　不过）

2. 让步转折关系　A 一般让转关系　B 假设让转关系

虽然也是二分的，但明显不同于前面分类的偏正复句下面各个小类不是平列的，而是先分为顺接、转接两类，然后在顺接、转接两类下面再分别列出所属小类。

王维贤先生等《现代汉语复句新解》① 也是二分的，分出许多层。每次都是二分，每次用一个标准。与上面分类的不同之处在于，先分为意合句和形合句，在形合句里再逐层分类：

一　单纯的

（一）条件的

1. 一般条件

（1）必要条件（唯一条件）

（2）非必要条件（充分条件）　A 充分条件　B 无条件

2. 非一般条件（复杂条件）

（1）假设　A 一般假设　B 转折

（2）非假设

A 因果　a 一般因果　b 非一般因果（复杂因果）　i 推断　ii 转折

B 非因果——目的

（二）非条件的（联合的）

---

① 华东师范大学出版社 1994 年版。

1. 选择　（1）相容的　（2）非相容的　A 一般的（不相容）　B 非一般的（优选）

2. 非选择

（1）简单并列

（2）非简单并列　A 连贯　B 非连贯　a 递进　b 非递进　i 总分　ii 非总分

二　非单纯的——“否则”句

邢福义《汉语复句研究》[①] 中复句分类是直接三分的，比较简明。具体分类如下：

一　因果类复句　（一）因果句　（二）推断句　（三）假设句　（四）条件句　（五）目的句

二　并列类复句　（一）并列句　（二）连贯句　（三）递进句　（四）选择句

三　转折类复句　（一）转折句　（二）让步句（实让　虚让　总让　忍让）　（三）假转句

逻辑学和语言学兼善的王维贤先生和曾被苏联译者誉为“汉语逻辑语法学派奠基人”的邢福义先生都是从逻辑角度研究复句的，他们各具特色，各有千秋。邢福义《汉语复句研究》2006 年荣获中国高校第四届人文社会科学研究优秀成果一等奖。

强将麾下无弱兵。丁力教授主编《小三角视域下汉语复句问题研究》分析并列复句和跨类复句（跨并列、因果类，跨并列、转折类，跨因果、转折类，跨并列、因果、转折类）。《小三角视域下汉语因果类复句研究》和《小三角视域下汉语转折类复句研究》分别做了几类因果句和转折句的专题研究。专题研究把复句研究引向深入，具有启示意义。这套系列专书包括丁力教授指导的研究生所写的 14 篇

---

① 商务印书馆 2001 年版。

硕士学位论文，选题相关，弘扬了邢福义先生和丁力老师的学术思想，每个题目都力争做到“充分观察、充分描写、充分解释”，在前人已有许多研究成果的情况下又有新的开拓、新的发现，发前人之所未发处很多，值得称道，闪光之处令人耳目一新，令人佩服！例如，宋增文《“如果A，就B”句式考察》提出，“如果”句是跨类复句，提出并分析了因果型、并列型、转折型“如果”句分别包含的复合语义关系。假设关系中包含因果、推断、目的、条件、选择、并列、转折等关系。丁力老师指导学位论文写作的方法很科学，每篇论文都要讨论多次，既保证了写作水平，又让参与讨论者考虑别人的论文，切实提高了研究生的培养质量。这种方法值得推而广之。

以宋增文君为代表的陕西理工大学年轻语言科学工作者的迅速崛起尤其令人欣喜。师生可以形成人才群，形成学派。中国应该对世界、对语言科学有较大的贡献，应该有中国的学派。一种语法研究理论方法好不好，检验的标准只能是语法研究的实践。我们应该以兼容并包的胸怀尊重、欣赏、学习和借鉴同胞的学术贡献，包括学术理论方法的贡献。学派形成是学科走向成熟的标志，盼望看到中国诸多学派的形成和壮大。中国语法学者应该有充分的学术自信，有充分的中国特色的学术道路自信。盼望百花齐放百家争鸣的学术春天持久繁荣，分量厚重的实实在在的系列成果不断涌现，盼望中国学者包括丁力教授为首的人才群为汉语语法研究不断做出新的贡献！

是为序。

马庆株

于南开大学龙兴小区忧乐斋

2018－05－20

复句格式与认知层面关系散论

——兼谈小句拓展结构的认知层面问题

（代前言）

丁　力

一

人们借用不同关系词语构建不同复句格式①，其目的到底是什么？在我们看来，一个重要的目的就是表达大脑思维不同认知层面的相互关系。

大脑思维的一个重要认知层面，是客观反映层面。所谓客观反映层面，是指人们在认识客观世界的过程中，大脑直接反映客观现实的认知层面。例如：

（1）李华虽然是中国人，可他却是黄头发。

（2）李华是北方人，王莹也是北方人。

在以上两例中，不管哪一例，客观反映层面的认识都是前分句 A 真实，后分句 B 真实。用信赖程度②来描述就是：

---

① 参见邢福义《汉语复句研究》，商务印书馆 2001 年版，第 303—337 页。

② 信赖程度是美国数学家 G. 波利亚（1985）在《数学与似真推理》一书中提出的概念，用来描述人们对命题的相信程度，用概率符号 P｛x｝（x 表示任一命题）来刻画，其值取区间［0，1］中的某个值。比如，P｛x｝=0，表示 x 假；P｛x｝=0.5，表示不知道 x 是真是假；P｛x｝=1，表示 x 真；0 < P｛x｝< 0.5，表示 x 成立的可能性小；0.5 < P｛x｝< 1，表示 x 成立的可能性大。P｛y/x｝，表示在 x 真的条件下对 y 的信赖程度。

$$P\{A\}=1，并且P\{B\}=1$$

这就带来一个问题：既然从客观反映层面看，上述两个复句都表示 A 真实，B 也真实，那么为什么还要选用不同的复句格式？这就不能不分析它们在主观推测层面所存在的差异了。

主观推测层面是大脑思维另一个重要的认知层面，是指人们在认识客观世界的过程中，大脑依据自己的生活经验、背景知识等，对客观现实情况进行主观猜测、主观认定的认知层面。

比如例（1），从客观反映层面看，李华是中国人是真实的，李华是黄头发也是真实的，但说话人不仅仅想表达客观反映层面所具有的这种认识，他还想表达自己的另一种认识："如果李华是中国人，那么他是黄头发的可能性小。"用信赖程度来描述，就是 0 < P ｛李华是黄头发/李华是中国人｝ <0.5，而这样的认识当然属于主观推测层面的认识。为了表达客观反映层面与主观推测层面在认识客观世界中所存在的上述关系，说话人选用了转折类复句中的复句格式"虽然 A，可｜却 B"。

再如例（2），从客观反映层面看，李华是北方人是真实的，王莹是北方人也是真实的，但说话人不仅仅想表达客观反映层面所具有的这种认识，他还想表达自己的另一种认识："李华是北方人既不影响王莹是北方人成立，也不影响王莹是北方人不成立，也就是李华是北方人对王莹是北方人并不存在任何制约作用。"用信赖程度来描述，就是 P ｛王莹是北方人/李华是北方人｝ =0.5，而这样的认识当然也属于主观推测层面的认识。为了表达客观反映层面与主观推测层面在认识客观世界中所存在的上述关系，说话人选用了并列类复句中的复句格式"A，也 B"。

复句格式与认知层面的对应关系比较复杂。有的复句格式与认知层面的对应关系相对稳定，有的复句格式与认知层面的对应关系并不稳定。复句格式与认知层面具有什么样的对应关系，这是复句考察不能不关注的问题。

二

所谓复句格式与认知层面的对应关系相对稳定，是指特定的复句格式能稳定地对应特定认知层面所具有的特定认识。

汉语因果类复句中的复句格式“因为 A，所以 B”就属于这种情况。该复句格式能稳定地表达大脑不同认知层面所具有的下列认识：

主观推测层面：$0.5 < P\{B/A\} \leq 1$

客观反映层面：$P\{B/A\} = 1$

$P\{A\} = 1$，并且 $P\{B\} = 1$

例如：

（3）因为他的档期有问题，所以我们决定用新人。（周星驰《喜剧之王》）①

（4）因为青岛的节气晚，所以樱花照例是在四月下旬才能盛开。（老舍《五月的青岛》）

（5）因为它难读，所以它不普及。（姚淦铭《老子谈成功之道》）

（6）因为雍正在天坛斋戒所要祭天，所以雍正没在场。（阎崇年《清十二帝疑案（七）雍正（上）》）

比如例（3），从主观推测层面看，说话人认为，在他的档期有问题的情况下，我们决定用新人应该成立或成立的可能性大（$0.5 <$ P｛我们决定用新人/他的档期有问题｝≤ 1）；从客观反映层面看，说话人认定：如果他的档期有问题是真实的，那么我们决定用新人也是真实的（P｛我们决定用新人/他的档期有问题｝$= 1$），而说话人知道：他的档期有问题是真实的（P｛他的档期有问题｝$= 1$），由此推出的我们决定用新人事实上也是真实的（P｛我们决定用新人｝$= 1$）。

这里有个问题需要说明一下：在“因为 A，所以 B”复句格式中，主观推测层面的 $0.5 < P\{B/A\} \leq 1$ 以及客观反映层面的 $P\{B/A\} = 1$，这两种不同认识之所以能够在说话人大脑中同时存在，是因

① 本文语料主要采自北京大学中国语言学研究中心（CCL）语料库，个别为网络语料。在此表示衷心感谢。未标明出处的例句为自拟。

为它们反映的是大脑不同认知层面的认识。比如例（5），主观推测层面的认识是：在它难读的情况下，“它不普及”应该成立或成立的可能性大（$0.5 < P\{它不普及/它难读\} \leq 1$），而这样的认识是说话人依据自己的生活经验、背景知识等，对两种情况——“它难读”以及“它不普及”所具有的相互关系的一种主观猜测；而在客观反映层面，他明确认定：如果它难读是真实的，那么它不普及也是真实的（$P\{它不普及/它难读\} = 1$），这样的认识就不是主观猜测，而是客观现实情况在说话人大脑中的反映。值得注意的是，尽管主观推测层面的 $0.5 < P\{B/A\} \leq 1$ 与客观反映层面的 $P\{B/A\} = 1$ 都反映了大脑不同认知层面的认识，二者存在明显差异，但它们还是紧密相关的，具有无法割裂的内在联系，也就是说话人主观推测层面对客观现实的猜测和推断，会不知不觉地影响他客观反映层面对客观现实的理解和判断。对于“因为A，所以B”这样的复句格式来说，说话人之所以在客观反映层面具有 $P\{B/A\} = 1$ 这样的认识，实际上是以主观推测层面的认识 $0.5 < P\{B/A\} \leq 1$ 为依据的。如果主观推测层面不能形成 $0.5 < P\{B/A\} \leq 1$ 这样的认识，那么他在客观反映层面要想形成 $P\{B/A\} = 1$ 这样的认识，也就成了无源之水、无本之木。

不妨观察下列两个病句：

（7）*因为村子的东头住着赵二宝，所以村子的西头住着刘大明。

（8）*因为路上堵车，所以老王及时赶到了会场。

比如例（7），在主观推测层面，说话人不可能依据生活经验、背景知识等形成这样的认识：在村子的东头住着赵二宝的情况下，村子的西头就应该住着刘大明或住着刘大明的可能性大（即 $0.5 < P\{B/A\} \leq 1$ 不成立），因而在客观反映层面，说话人也就无法形成这样的认识：如果村子的东头住着赵二宝，那么村子的西头就会住着刘大明（即 $P\{B/A\} = 1$ 不成立）。由于客观反映层面 $P\{B/A\} = 1$ 不成立，说话人也就无法借用“因为A，所以B”这样的复句格式来表达“村

子的东头住着赵二宝”与“村子的西头住着刘大明”这两个命题实际上不可能存在的因果联系。事实上，依据背景知识，说话人形成的主观推测层面的认识应该是 $P\{B/A\}=0.5$，也就是村子的东头住着赵二宝对村子的西头住着刘大明不存在制约作用，说话人如果想表达自己的思想，他可以选用并列类复句中的复句格式“A，而 B”：“村子的东头住着赵二宝，而村子的西头住着刘大明。”

再如例（8），在主观推测层面，说话人不可能依据生活经验、背景知识等形成这样的认识：在路上堵车的情况下，老王就应该及时赶到会场或及时赶到会场的可能性大（即 $0.5<P\{B/A\}\leqslant1$ 不成立），因而在客观反映层面，说话人也就无法形成这样的认识：如果路上堵车，那么老王就会及时赶到会场（即 $P\{B/A\}=1$ 不成立）。所以，说话人同样无法借用“因为 A，所以 B”这样的复句格式来表达“路上堵车”与“老王及时赶到会场”这两个命题实际上不可能存在的因果联系。事实上，依据背景知识，说话人形成的主观推测层面的认识应该是 $0<P\{B/A\}<0.5$，也就是在路上堵车成立的情况下，老王及时赶到会场的可能性小，说话人如果想表达自己的思想，可以选用转折类复句中的复句格式“虽然 A，可｜仍然 B”：“虽然路上堵车，可老王仍然及时赶到了会场。”

三

所谓复句格式与认知层面的对应关系不稳定，是指特定的复句格式不能稳定地对应特定认知层面所具有的特定认识。

这种情况又可以从两个不同的视角来观察。第一个视角，特定复句格式所构成的复句分属复句三分系统中的不同复句类型，而不同复句类型的认知层面反映不同的特定认识。汉语中的“一 A，就 B”复句格式就属于这种情况。由该复句格式构成的复句可能属于并列类复句，也可能属于因果类复句。[①]

① 邢福义：《汉语复句研究》，商务印书馆 2001 年版，第 519—524 页。

属于并列类复句的如：

(9) 话一出口，眼泪就沿着腮帮子滚了下来。(老舍《四世同堂》)

(10) 她一回到自己的化妆间，剧务就来告诉她，有人在剧场后面的院里等她。(陈建功、赵大年《皇城根》)

(11) 她放慢脚步，想看个究竟，刚一转身，就看见老三向她跑过来。(艾米《山楂树之恋》)

(12) 他一说完，马上跑得不见踪迹。(于晴《红苹果之恋》)

这时，“一A，就B”复句格式所反映的不同认知层面的认识是：
主观推测层面：P{B/A}=0.5。
客观反映层面：P{A}=1，并且P{B}=1。

比如例(9)，从主观推测层面看，说话人当然会认为“话出口对眼泪沿着腮帮子滚了下来”不会形成任何制约作用(P{眼泪沿着腮帮子滚了下来/话出口}=0.5)；从客观反映层面看，说话人自然知道，话出口是真实的(P{话出口}=1)，眼泪沿着腮帮子滚了下来也是真实的(P{眼泪沿着腮帮子滚了下来}=1)。

属于因果类复句的又有两种不同情况：一是“一……就……”表示条件，相当于“只要……就……”；二是“一……就……”表示因果，相当于“由于/因为……(所以)就……”[①] 在这两种不同情况下，认知层面所反映的认识也存在着差异。

先看表条件的“一……就……”例句：

(13) 一闭上眼睛就能看到他们，和真的一模一样。(余华《偶然事件》)

(14) 整天一想到回家我就恶心。(六六《双面胶》)

---

① 邢福义：《汉语复句研究》，商务印书馆2001年版，第521—523页。

(15) 人一撕破脸，就不对劲了。(李敖《李敖对话录》)

(16) 一打她，她就躲到他的身后去。(白先勇《白先勇短篇小说集》)

这时，“一A，就B”复句格式所反映的不同认知层面的认识是：

主观推测层面：0.5≤P {B/A} ≤1。

客观反映层面：P {B/A} =1。

比如例（13），从主观推测层面看，说话人当然会认为“闭上眼睛”对“能看到他们”不会形成任何制约作用（P {能看到他们/闭上眼睛} =0.5）；从客观反映层面看，说话人知道，只要“闭上眼睛”是真实的，能看到他们也是真实的（P {能看到他们/闭上眼睛} =1）。再如例（15），从主观推测层面看，说话人认为，在“人撕破脸”的情况下，“不对劲了”成立或成立的可能性大（0.5 < P {不对劲了/人撕破脸} ≤1）；从客观反映层面看，说话人知道，只要“人撕破脸”是真实的，“不对劲了”也是真实的（P {不对劲了/人撕破脸} =1）。

这里有个问题需要说明一下：如果主观推测层面的认识是0.5 < P {B/A} ≤1，那么客观反映层面就能形成P {B/A} =1这样的认识，这比较容易理解。但其中还包含着这样一种情况：主观推测层面的认识是P {B/A} =0.5，而客观反映层面照样能形成P {B/A} =1这样的认识，好像就不那么合理了。其实，这种主观推测层面的认识与客观反映层面的认识之所以能够彼此关联，是因为相同或类似的生活经验等一次次重复的结果。再如例（13），尽管从主观推测层面看，“闭上眼睛”对“能看到他们”不会形成任何制约作用（P {能看到他们/闭上眼睛} =0.5），但如果每次闭上眼睛都能看到他们，那么依据这样的生活经验，说话人在客观反映层面照样会形成这样的认识：只要“闭上眼睛”是真实的，“能看到他们”也是真实的（P {能看到他们/闭上眼睛} =1）。

再看表因果的“一……就……”例句：

（17）一想到崔晓勇小自己 14 岁，她打断了这非分之想。（王宏武、王成志《公款包装的“爱情”》）

（18）这个女的是女老师，报上一曝光，觉得脸上没面子了，就自杀了……（李敖《李敖有话说》）

（19）仔细一分析，就发觉这其中问题不少。（《报刊精选》1994 年）

（20）一想起了这些往事，他就精神焕发信心百倍了。（曲波《林海雪原》）

这时，“一 A，就 B”复句格式所反映的不同认知层面的认识是：

主观推测层面：$0.5 < P\{B/A\} \leqslant 1$。

客观反映层面：$P\{B/A\} = 1$，

$P\{A\} = 1$，并且 $P\{B\} = 1$。

比如例（17），从主观推测层面看，说话人会认为在“想到崔晓勇小自己 14 岁”的情况下，她“打断了这非分之想”成立或成立的可能性大（0.5 < P｛她打断了这非分之想/想到崔晓勇小自己 14 岁｝≤1）；从客观反映层面看，说话人认定：如果“想到崔晓勇小自己 14 岁”是真实的，那么她“打断了这非分之想”也是真实的（P｛她打断了这非分之想/想到崔晓勇小自己 14 岁｝=1），而说话人知道：想到崔晓勇小自己 14 岁是真实的（P｛想到崔晓勇小自己 14 岁｝=1），由此推出的她“打断了这非分之想”也是真实的（P｛她打断了这非分之想｝=1）。

第二个视角，也就是特定复句格式所构成的复句都属于复句三分系统中的相同复句类型，但这种相同的复句类型在不同认知层面照样会反映不同的特定认识。比如，转折类复句中的复句格式“虽然 A，但是/但 B”就属于这种情况。该复句格式反映了大脑不同认知层面的认识，包括两种不同类型。

第一种类型，“虽然 A，但是/但 B”表示大脑不同认知层面所具有的下列认识：

主观推测层面：$0 < P\{B/A\} < 0.5$。

客观反映层面：$P\{A\} = 1$，并且 $P\{B\} = 1$。

例如：

(21) 我虽然愿意嫁给何利文，但是，我并不爱他。(岑凯伦《合家欢》)

(22) 他们虽然不彻底，但究竟是认真的。(张爱玲《自己的文章》)

(23) 全村虽然分成了三派，但这个会得在一块开。(刘震云《故乡天下黄花》)

(24) 他们虽然都是江南的，但是他们实际上正好是我们传统的两个胡琴体系的不同的传承人。(袁静芳《刘天华的二胡情韵》)

比如例 (21)，从主观推测层面看，说话人会认为在“我愿意嫁给何利文”的情况下，“我并不爱他”的可能性小 ($0 < P$ {我并不爱他/我愿意嫁给何利文} < 0.5)；而从客观反映层面看，说话人知道，“我愿意嫁给何利文”是真实的 (P {我愿意嫁给何利文} $= 1$)，“我并不爱他”也是真实的 (P {我并不爱他} $= 1$)。

这些由“虽然 A，但是/但 B”复句格式所构成的复句都属于实让句，这种实让句其实是由因果类复句转化来的，可称为因果逆转实让句。[①] 能转化成因果逆转实让句的因果类复句，其复句格式在主观推测层面所反映的认识是 $0.5 < P\{B/A\} \leqslant 1$，因而与它相对应的因果逆转实让句的复句格式“虽然 A，但是/但 B”，其主观推测层面所反映的认识自然是 $0 < P\{B/A\} < 0.5$。[②] 比如例 (23)“全村虽然分

① 邢福义：《语法问题探讨集》，湖北教育出版社 1986 年版，第 273—295 页。

② 因果类复句转化成因果逆转实让句，是通过否定后一分句实现的 (参看邢福义《语法问题探讨集》，第 291 页)。我们知道，$P\{B/A\} + P\{\neg B/A\} = 1$。由于因果类复句在主观推测层面的认识是 $0.5 < P\{B/A\} \leqslant 1$，由因果类复句转化成的因果逆转实让句，其主观推测层面的认识应该是 $0.5 < 1 - P\{\neg B/A\} \leqslant 1$，$0.5 - 1 < -P\{\neg B/A\} \leqslant 1 - 1$，$0.5 > P\{\neg B/A\} \geqslant 0$，即 $0 \leqslant P\{\neg B/A\} < 0.5$。但由于因果逆转实让句在主观推测层面的认识受客观反映层面的认识 $P\{A\} = 1$ 并且 $P\{\neg B\} = 1$ (即 A、¬B 同真) 的制约，不可能出现 $P\{\neg B/A\} = 0$ (即 A 真而¬B 假) 的情况，因此，因果逆转实让句在主观推测层面的认识实际上只能是 $0 < P\{\neg B/A\} < 0.5$。只不过为方便起见，我们在因果逆转实让句中，仍将后一分句记为 B，而没有记为¬B。

成了三派，但这个会得在一块开”，就是由因果类复句“因为全村分成了三派，所以这个会不得在一块开”转化而成的。在上述因果类复句中，其主观推测层面所具有的认识是：在“全村分成了三派”的情况下，“这个会不得在一块开”成立或成立的可能性大（0.5<P｛这个会不得在一块开/全村分成了三派｝≤1）；而在上述因果逆转实让句中，其主观推测层面所具有的认识是：在“全村分成了三派”的情况下，“这个会得在一块开”的可能性小（0<P｛这个会得在一块开/全村分成了三派｝<0.5）。

第二种类型，“虽然A，但是/但B”表示大脑不同认知层面所具有的下列认识：

主观推测层面：P｛B/A｝=0.5。

客观反映层面：P｛A｝=1，并且P｛B｝=1。

例如：

（25）太阳系舰队虽然已经基本解除武装，但火星基地中的人类仍然掌握着现代技术。(刘慈欣《三体III》)

（26）虽然话少，但陈墨涵的情绪还算好的。(高希希《历史的天空》)

（27）她虽然做了祖母，但仍未做外婆。（岑凯伦《合家欢》)

（28）她虽然没有曼曼的天真美丽，但还活泼可爱……(谢冰莹《穷与爱的悲剧》)

比如例（25），从主观推测层面看，说话人当然会认为“太阳系舰队已经基本解除武装”对“火星基地中的人类仍然掌握着现代技术”不存在任何制约作用（P｛火星基地中的人类仍然掌握着现代技术/太阳系舰队已经基本解除武装｝=0.5）；从客观反映层面看，说话人知道，“太阳系舰队已经基本解除武装”是真实的（P｛太阳系舰队已经基本解除武装｝=1），而“火星基地中的人类仍然掌握着现代技术”也是真实的（P｛火星基地中的人类仍然掌握着现代技术｝=1）。

这些由“虽然 A，但是/但 B”格式构成的复句也都属于实让句，这类实让句其实是由并列类复句转化来的，可称为并列逆转实让句。[①]能转化成并列逆转实让句的并列类复句，其复句格式的主观推测层面所反映的认识是 $P\{B/A\}=0.5$，因而与它相对应的并列逆转实让句的复句格式“虽然 A，但是/但 B”，其主观推测层面所反映的认识自然也是 $P\{B/A\}=0.5$。[②] 比如例（27）“她虽然做了祖母，但仍未做外婆”，就是由并列类复句“她做了祖母，还做了外婆”转化而成的。在上述并列类复句中，其主观推测层面所具有的认识是：在“她做了祖母”的情况下，“她做了外婆”可能成立，也可能不成立，也就是前者对后者并无制约作用（P｛她做了外婆/她做了祖母｝=0.5)；而在上述并列逆转实让句中，其主观推测层面所具有的认识是：在“她做了祖母”的情况下，“她仍未做外婆”可能成立，也可能不成立，同样是前者对后者并无制约作用（P｛她仍未做外婆/她做了祖母｝=0.5)。

复句格式“虽然 A，但是/但 B”的上述两种不同类型所反映的大脑不同认知层面具有的特定认识，可以用下列公式来概括：

主观推测层面：$0<P\{B/A\}\leqslant 0.5$[③]。

客观反映层面：$P\{A\}=1$，并且 $P\{B\}=1$。

有个问题需要注意：并列逆转实让句及相关的并列类复句的认知层面所反映的认识，其信赖程度的值可以完全相同，甚至各分句都能够由相同的分句充当。这时，自然无法依据信赖程度的值来认识这两

① 邢福义：《语法问题探讨集》，湖北教育出版社 1986 年版，第 273—295 页。

② 并列类复句转化成并列逆转实让句，也是通过否定后一分句实现的（参看邢福义《语法问题探讨集》，第 291 页）。同样，并列类复句在主观推测层面的认识是 $P\{B/A\}=0.5$，因此，由并列类复句转化成的并列逆转实让句，其主观推测层面的认识就是 $P\{\neg B/A\}=1-0.5$，即 $P\{\neg B/A\}=0.5$。只不过为方便起见，我们在并列逆转实让句中，同样将后一分句记为 B，而没有记为¬B。

③ 王维贤认为，转折关系的一个重要特征是 A 成立，B 成立的可能性小。很明显，这只涉及主观推测层面的 $0<P\{B/A\}<0.5$，尚未涉及主观推测层面的 $P\{B/A\}=0.5$。应该说，王维贤的认识在当时已经非常深刻了，但仍然没有全面反映转折关系所具有的重要特征。参见《论“转折”》，《逻辑与语言研究》第 2 辑，中国社会科学出版社 1982 年版，第 111—117 页。

种不同复句的差异。要想区分它们，还须关注其他方面的语言特征。例如：

(29) 王莹虽然是个女人，可她也是个军人哪！

(30) 王莹既是个女人，也是个军人！

这两个复句由相同的分句构成，认知层面所反映的认识，其信赖程度的值也完全相同：从主观推测层面看，二者所反映的认识都是王莹是个女人对她是个军人并无任何制约作用（P｛王莹是个军人/王莹是个女人｝=0.5）；从客观反映层面看，二者所反映的认识都是王莹是个女人是真实的（P｛王莹是个女人｝=1），王莹是个军人也是真实的（P｛王莹是个军人｝=1）。因此，我们只能依赖其他语言特征来区分这两种不同类型的复句。比如，作为并列逆转实让句，例(29) 前一分句可隐含道义命题 p，后一分句可隐含道义命题 q，p、q 间存在语义对立关系：

(31) 王莹既然是个女人（A），因此，她不应该从事这种危险的工作（p）。

(32) 王莹既然是个军人（B），因此，她应该从事这种危险的工作（q）。

p、q 间所存在的这种语义对立关系，应该是我们语感上感觉例(29) 前后分句存在转折关系的重要心理依据。而作为并列类复句，例(30) 前后分句却可以分别隐含具有语义一致关系的 p、q：

(33) 王莹既然是个女人（A），因此，她有她（女人）的迷人之处（p）。

(34) 王莹既然是个军人（B），因此，她有她（军人）的迷人之处（q）。

p、q间所存在的这种语义一致关系，应该是我们语感上感觉例(30)前后分句存在并列关系的重要心理依据。而例(29)中的前后分句在说话人的内心世界中是不会分别隐含具有这种语义一致关系的p、q的。①

四

其实，不仅仅复句格式会涉及认知层面的问题，小句一旦包含拓展功能词，具有特定的拓展结构，往往也会涉及不同认知层面的关系问题。下面，仅就几种具有特定拓展结构的小句进行简要的举例性说明。

先看“才”字句。

“才”字句的拓展结构是“NP + Nt′ + 才 + VP”。② 其中的NP充当主语，为名词性词语；“Nt′ + VP”充当谓语，Nt′是重读的表时点的名词性词语，VP是动词性词语。该拓展结构所反映的大脑思维不同认知层面的认识是：

主观推测层面：“NP + VP”事件应在Nt前(某时)发生。

客观反映层面：“NP + VP”事件在Nt时发生。

主客反映层面：“NP + VP”事件在Nt时发生得太晚了。

这里所说的主客反映层面，是大脑思维的又一认知层面，它以主观推测层面和客观反映层面为依据，反映语言使用者的心理评价、价值判断、逻辑推演等。例如：

---

① 不同复句格式在认知层面所反映的认识，其信赖程度的值可以完全相同，这其实是不少复句格式都存在的一个问题。这说明，认知层面只是复句格式考察的一个方面。要想全面认识复句格式，还要考察复句格式其他方面的语言特征。而这应该是复句考察的另一个问题了。

② 与拓展功能词“才”相关联的小句拓展结构的构成及用法非常复杂和丰富(参看吕叔湘主编《现代汉语八百词》，商务印书馆1999年版，第107—108页)，这里只对其中一种情况进行简要说明，并且为方便起见，不再采用信赖程度来描述。后面考察的小句拓展结构也有类似情况。

(35) 你昨天夜里两点钟才睡，听说你今天一早就醒了。(周而复《上海的早晨》)

(36) 李先生在睡午觉，照例近三点钟才会进书房。(钱锺书《猫》)

(37) 还在扎雾，大概九点钟才开得成。(罗广斌《红岩》)

(38) 电船要九点钟才来接，蜜糖便乘机去跟“乐乐”玩。(岑凯伦《蜜糖儿》)

比如例(35)，说话人本来认为你昨天夜里应该两点钟以前(比如晚上11点钟)睡(主观推测层面)，可事实上你是昨天夜里两点钟睡的(客观反映层面)，说话人因此认为你昨天夜里两点钟睡太晚了(主客反映层面)。如果没有拓展功能词“才”，“你昨天夜里两点钟睡”就无法表达上述各认知层面间的相互关系。

再看“就”字句。

“就”字句的拓展结构是“NP + Nt′ + 就 + VP”。与上述“才”字句的拓展结构相比，只是拓展功能词“就”替换了拓展功能词“才”。该拓展结构所反映的大脑思维不同认知层面的认识也同“才”字句的拓展结构紧密相关:

主观推测层面:“NP + VP”事件应在Nt后(某时)发生。

客观反映层面:“NP + VP”事件在Nt时发生。

主客反应层面:“NP + VP”事件在Nt时发生得太早了。

例如:

(39) 大家都睡不着，四五点钟就爬起来了。(柳建伟《突出重围》)

(40) 那晚上他贴的是独有的“本儿戏”，九点钟就上场……(老舍《兔》)

(41) 我因为无相熟住处，当夜十点钟就上了回青岛的火车。(沈从文《三年前的十一月二十二日》)

(42) 旅长陈兴允奉彭总指示，上午十点钟就赶来了。(杜

鹏程《保卫延安》）

比如例（39），说话人本来认为大家应该在四五点钟以后（比如六七点钟）爬起来（主观推测层面），可事实上大家是四五点钟爬起来的（客观反映层面），说话人因此认为大家四五点钟爬起来太早了（主客反映层面）。如果没有拓展功能词“就”，“（大家）四五点钟爬起来了”无法表达上述各认知层面间的相互关系。

现在来看“竟然”句。

“竟然”句的拓展结构是“NP＋竟然＋VP”。其中NP为主语，VP为谓语。该拓展结构所反映的大脑思维不同认知层面的认识是：

主观推测层面：“NP＋VP”事件不可能发生或发生的可能性极小。

客观反映层面：“NP＋VP”事件发生了。

主客反映层面：说话人感到惊讶或诧异。

例如：

（43）女儿竟然已经认不出她们的父亲了。（鲁豫有约《男角》）

（44）他们竟然都不了解——这些瞎子们！（李敖《李敖对话录》）

（45）他们竟然说出了口径很一致的荒唐辩解。（胡玥、李宪辉《女记者与大毒枭刘招华面对面》）

（46）我竟然爱上了我们的班主任高原老师……（卞庆奎《中国北漂艺人生存实录》）

比如例（43），说话人本来认为女儿不可能已经认不出她们的父亲或认不出的可能性极小（主观推测层面），可事实上女儿已经认不出她们的父亲了（客观反映层面），说话人因此感到非常惊讶（主客反映层面）。如果没有拓展功能词“竟然”，“女儿已经认不出她们的父亲了”就无法表达上述各认知层面间的相互关系。

最后来看“还……呢”句。

“还……呢”句的拓展结构是“还 + NP + 呢”。其中 NP 为名词性词语。该拓展结构所反映的大脑思维不同认知层面的认识是：

主观推测层面：被称为 NP 的事物具有符合说话人心意的某种特征，因而眼下被称为 NP 的特定事物本应具有符合说话人心意的这种特征。

客观反映层面：事实上，眼下这个被称为 NP 的特定事物不但不具有这种特征，反而具有与此相对的、不符合说话人心意的那种特征。

主客反映层面：说话人指责眼下被称为 NP 的特定事物，认定该事物不配称为 NP。

例如：

(47) 就你那熊样，还将军呢！(萧隐《七色神剑》)

(48) 撞了人还不管她，还三好学生呢！（张绮雯《我错了》)

(49) 还大哥呢，说话吓死人家了。(上官潇潇《青春泪流满面》)

(50) 还大学生呢！比泼妇还泼！(六六《双面胶》)

比如例（47)，说话人原本以为，将军应该果敢勇猛，有将军样，因而眼下这位将军也应该这样（主观推测层面)，可事实上，眼下这位将军一点儿将军样都没有，却熊样十足（客观反映层面)，所以说话人指责这个所谓的将军，认为他不配称为将军（主客反映层面)。如果没有拓展功能词“还”，当然也包括语用功能词“呢”，只说“将军”，自然无法表达上述各认知层面间的相互关系。

五

复句格式与认知层面存在着密切的联系。人们借用不同关系词语构建不同复句格式，就是为了表达大脑思维客观反映层面与主观推测层面等不同认知层面的相互关系。客观反映层面是人们在认识客观世界的过程中，大脑直接反映客观现实的认知层面；主观推测层面是人们在认识客观世界的过程中，大脑依据自己的生活经验、背景知识等，对客观现实情况进行主观猜测、主观认定的认知层面。汉语中有的复句格式与认知层面存在着稳定的对应关系，也就是特定的复句格式能稳定地对应特定认知层面所具有的特定认识；有的复句格式与认知层面不存在稳定的对应关系，也就是特定的复句格式不能稳定地对应特定认知层面所具有的特定认识。其实，不但复句格式，小句拓展结构也会涉及不同认知层面的关系问题。考察复句格式，包括小句拓展结构与认知层面的相互关系，这对我们观察人类是如何借用自己"独有"的语言来表达和理解复杂的思想，无疑具有积极的价值和意义。

第一编

“虽然A，但是B”句式探析

尹蓝嵚

作者简介：尹蓝嵚（1989.11—　），男，天津人，陕西理工大学2013级汉语言文字学专业硕士研究生，师从丁力教授，研究方向为现代汉语语法。读研期间发表《“虽然A，但是B”认知层面探析》等学术论文4篇；参与陕西省社会科学基金项目1项；参与陕西理工学院研究生创新基金科研项目2项。曾两次获得“挑战杯”大学生课外学术科技作品竞赛一等奖，2015年被评为陕西理工学院“优秀共产党员”，获得2015年硕士研究生国家奖学金。现从事高中语文教学工作。

绪　论

一　研究背景

“虽然A，但是B”句式属于典型的让步转折复句格式，对让步转折复句的研究可追溯至《马氏文通》。《马氏文通》对转折复句的解释是：“反正之句者，即前后句意义相背，中假连字以捩转也。捩转而不用连字者亦有焉，然不概见也。”[①] 此外，吕叔湘的《中国文法要略》将转折关系纳入“离合·向背”的语义范畴，认为“凡是上下两事不和谐的，即所谓句意背戾的，都属于转折句。所说不和谐或背戾，多半是因为甲事在我们心中引起一种预期，而乙事却轶出这个预期。因此由甲事到乙事不是一贯的，其间有一转折”[②]。

邢福义认为：“在我们看来，因果类各种关系和并列类各种关系反映了事物间最基本的最原始的关系。转折类各种关系则是在基本的原始的联系的基础上产生的异变性联系。”[③] 邢福义还把转折复句划分为三类：“纯转句”“让转句”和“否则句”。其中让步转折句又分为两类：第一类是以“虽然A，但是B”为代表的容认性让步转折句，第二类是以“即使A，也B”为代表的虚拟性让步句。[④]

近年来，对让步转折“虽然A，但是B”句式的研究也有不少，角度呈现出多元化，方式呈现出多样化。王维贤从逻辑语义关系角度对“虽然A，但是B”句式的语义关系进行了分析，认为：“转折复

---

① 马建忠：《马氏文通》，商务印书馆1983年版，第434页。

② 吕叔湘：《中国文法要略》，商务印书馆1982年版，第340页。

③ 邢福义：《语法问题探讨集》，湖北教育出版社1986年版，第285—293页。

④ 邢福义：《汉语复句研究》，商务印书馆2001年版，第302页。

句表示的就是这种实际与较大可能性之间的对立”[①]，并用预设 A→M1－B 来说明“虽然 A，但是 B”复句中分句之间的逻辑语义关系。吴凯风在其论文《“虽然”的语法化探析》中探讨了连词“虽然”的形成，认为“虽然”在古代汉语中是一个具有充当让步从句功能的词组，在语法化的过程中，指示代词“然”虚化成为连词“虽”的后缀，共同构成了现代汉语中表示预设转折作用的连词“虽然”。[②]陈蓓在其论文《基于中介语语料库的容认性让步复句连词研究》中讨论了关于使用容认类让步转折句产生偏误的类型、原因和教学策略，从而对容认类让步转折复句的教学研究进行了有益的补充。[③] 郑晓晓在其论文《试析现代汉语容认性让步句》中认为，容认性让步句的形式标记包括“虽然”“虽说”“尽管”“固然”等让步词，结果分句用“但是”“但”“可是”“可”“然而”“却”等表示转折的词。其容认性让步句的形式标记不仅具有关联作用，还具有预设触发语的作用。除以上两点外，还对容认性让步句和其他转折句进行了区分，这种差异主要表现为“形式标记上的不同”和“语义关系上的差异”[④]。郑晓晓还在其论文《现代汉语容认性让步句的形式分类》中从关联词语的配置方式上将容认性让步句分为“关联词语单用类”和“关联词语连用类”两种情况。从让步分句的标记类型方面，将容认性让步句分为“虽然类”“尽管类”和“固然类”三种类型。又从转折分句的标记类型方面，将容认性让步分句分为“强转型和弱转型容认性让步句”[⑤]。徐燕青在其论文《“虽然 P，但是 Q”句式的语用条件》中，讨论了“虽然 A，但是 B”句式在议论文体和叙述文体中不同的语用意图、P 和 Q 所属的信息类型以及上下句提供的信息三

---

① 王维贤：《现代汉语复句新解》，华东师范大学出版社 1994 年版，第 172—177 页。

② 吴凯风：《“虽然”的语法化探析》，载《井冈山学院学报》2006 年第 11 期，第 68—69 页。

③ 陈蓓：《基于中介语语料库的容认性让步复句连词研究》，载《高等函授学报》2009 年第 10 期，第 59—61 页。

④ 郑晓晓：《试析现代汉语容认性让步句》，硕士学位论文，湖北师范学院，2014 年。

⑤ 郑晓晓：《现代汉语容认性让步句的形式分类》，载《忻州师范学院学报》2014 年第 3 期，第 59—61 页。

个方面，从而解释使用“虽然A，但是B”句式的外部条件，并认为此观点具有普遍性，符合所有句式的语用条件①。徐榕在其论文《话语联系语“虽然……但是”的幽默功能探析》中运用斯坡博和威尔逊的关联理论和明示—推理会话模型分析了“虽然……但是”的幽默效果②。

此外，还有学者运用对比的方法区分了现代汉语中存在的一些功能相似，都可以充当让步标和应接标的成分。刘清平在其论文《“却”与“但是”的异同考察》中认为，“却”与“但是”在语法意义、语用价值、连接功能和句法功能上都存在着差异，且二者的共现也受到“语义”和“语用”等各种因素的制约③。陈琳在其论文《转折复句的语义语用修辞研究》中将“虽然A，但是B”与“A，但是B”进行了比较。作者认为，“虽然A，但是B”中的“虽然”既有暗示转折的作用，还有突出事件B的作用。此外，“虽然A，但是B”可以将让步分句后置，而“A，但是B”不能出现让步分句后置的情况④。张文贤在其论文《“但是”、“可是”之辨》中对都可以充当“虽然”句应接标的连词“可是”和“但是”进行了区分。在句法方面，“但是”只能用于主语前，“可是”既可出现在主语前，也可出现在主语后。在话语类型方面，“可是”用于叙述性话语，“但是”用于论证性话语⑤。相关的研究还有很多，如杨月蓉的《“但是”与“却”的相容性和相斥性——兼论转折句的语义关系》⑥，刘

---

① 徐燕青：《“虽然P，但是Q”句式的语用条件》，载《汉语学习》2015年第4期，第32—35页。

② 徐榕：《话语联系语“虽然……但是”的幽默功能探析》，载《黑河学刊》2015年第8期，第127—128页。

③ 刘清平：《“却”与“但是”的异同考察》，硕士学位论文，暨南大学，2001年。

④ 陈琳：《转折复句的语义语用修辞研究》，硕士学位论文，湘潭大学，2009年。

⑤ 张文贤：《“但是”、“可是”之辨》，载《对外汉语研究》2012年第00期，第153—155页。

⑥ 杨月蓉：《“但是”与“却”的相容性和相斥性——兼论转折句的语义关系》，载《中国语文》2000年第2期，第109—113页。

佳平的《转折连词“但是”与“不过”的比较》[①]，张建军和吴长安的《“但是”与“却”的转折强度》[②]，雷二毛的《语篇环境下的让步连接成分“诚然、固然、虽然”的多角度分析》[③] 等。

学界对“虽然 A，但是 B”句式的研究总结起来主要包括以下几个方面：第一，“虽然 A，但是 B”句式的界定。第二，“虽然 A，但是 B”句式的分类。第三，“虽然 A，但是 B”句式的语义研究。第四，“虽然 A，但是 B”句式的语用功能和修辞特点研究。第五，对功能相似的让步标和应接标的对比研究。本编则用“添加、替换、删除、位移和分析归纳”等方法，以邢福义的“小三角”理论为依据，从语表形式、语里内容和语用价值三个方面对“虽然 A，但是 B”句式进行系统研究。

二 研究价值

在理论意义方面，本编对“虽然 A，但是 B”句式的语表形式、认知层面、语义关系、语法环境、心态特征等诸多方面进行系统的阐释，具有一定的新意，力求对以往的让步转折“虽然 A，但是 B”句式的研究进行有益补充。

在现实意义方面，“虽然 A，但是 B”句式在日常的教学和使用过程中常常出现疑惑，本编从“虽然 A，但是 B”句式语表、语里和语值三个方面进行系统研究和阐述，不仅有利于汉语使用者正确掌握和理解“虽然 A，但是 B”句式，还对汉语教学和学术研究工作具有一定的参考价值。

三 理论依据及研究方法

本编在研究和撰写的过程中，以邢福义的“小三角”理论为依

---

① 刘佳平：《转折连词“但是”与“不过”的比较》，载《语文学刊》2008 年第 17 期，第 48 页。

② 张建军、吴长安：《“但是”与“却”的转折强度》，载《语言教学与研究》2010 年第 3 期，第 57—61 页。

③ 雷二毛：《语篇环境下的让步连接成分“诚然、固然、虽然”的多角度分析》，硕士学位论文，华中师范大学，2013 年。

据，从语表、语里和语值三个方面对让步转折“虽然A，但是B”句式进行系统研究。此外，在系统归纳语料、尊重语言事实的基础上，本编运用添加法、删除法、替换法、移位法、分析归纳法对“虽然A，但是B”句式的语表、语里和语值进行了研究。第一，添加法：如在“虽然A，但是B”句式的后一分句中添加“又”“也”“却”“倒”等虚词，对应接标“但是”与相关虚词的同现关系问题进行研究。第二，删除法：如通过删除让步标“虽然”研究让步标在“虽然A，但是B”中的作用。第三，替换法：如将应接标“但是”替换为“其实”探讨二者各自出现的条件。第四，移位法：如通过将“虽然A，但是B”句式中的事件A和事件B进行移位，发现“虽然A，但是B”句式的主观推测层面必须满足$0<P\{B/A\}\leqslant 0.5$。第五，分析归纳法：如通过观察语料、分析语料，归纳总结其内在的必然的规律性联系和本质特征。本编语料来源于北京大学语料库和语料库在线。语料具有客观性和普遍性。

四 基本思路

本编主要从邢福义的“小三角”理论入手，从语表形式、语里内容和语用价值三个方面对“虽然A，但是B”句式进行研究。第一章主要研究“虽然A，但是B”句式的语表形式，共分为五个小节，分别是让步标“虽然”“虽然”和“固然”的异同、应接标“但是”“但”与“却、倒、又、也”等副词的同现关系以及“但是”与“不过”和“只是”的异同研究。

第二章主要研究“虽然A，但是B”句式的语里内容，共分为两个小节，分别是“虽然A，但是B”句式的语义关系和“虽然A，但是B”句式的认知层面。在语义关系方面，并列类逆转转折“虽然A，但是B”句式中事件A和事件B之间既可以互为可比述谓结构，也可以互为不可比述谓结构。因果类逆转转折句中事件A和事件B之间具有因果逆转转折关系，前后分句之间互为对方的间接类可比述谓结构。在认知层面方面，“虽然A，但是B”句式其主观推测层面所反映的内容是$0<P\{B/A\}\leqslant 0.5$；客观反映层面所反映的内容是

P {A} =1 并且 P {B} =1。

最后一章主要讨论了“虽然A，但是B”句式的语用价值，共分为两个小节。第一小节主要研究了“虽然A，但是B”句式的三种主要语用环境，分别是“虽然A，但是B，所以C”“如果C，虽然A，但是B”以及“只要C，虽然A，但是B”。第二小节主要研究了说话者在使用并列逆转“虽然A，但是B”句式和因果逆转“虽然A，但是B”句式时的不同心态特征。

第一章 “虽然A,但是B”句式的语表形式

让步转折“虽然A，但是B”句式的语表形式比较复杂。我们将“虽然A，但是B”句式的语表形式分为两大部分。在“虽然A，但是B”句式前一分句的语表形式研究中，我们主要讨论让步标“虽然”的作用及其让步标“虽然”和“固然”的异同。在对“虽然A，但是B”句式后一分句语表形式的研究中，我们主要讨论应接标“但是”的作用、应接标“但是”与副词“却”“倒”“又”“也”的同现关系问题以及应接标“但是”与“不过”和“只是”的异同。

第一节 让步标“虽然”

让步转折复句“虽然A，但是B”句式的标志是连词“虽然”和“但是”。为了方便，我们将以“虽然”为代表的标志词命名为“让步标”，将以“但是”为代表的标志词命名为“应接标”。除让步标“虽然”以外，常见的同类让步标还包括“虽、虽说、固然、尽管”等。例如：

（1）你虽然殷勤留我，但是这件事情是要自己个人愿意的。

（2）带兵虽不是他的长处，但是也有百折不挠的气概。

（3）虽说摄影棚开张了，但是条件还很简陋。

（4）朱贤弟这话固然不错，但是为父母的，在儿女身上也要用点情才好。

（5）尽管他半道上办错事，被老师逐出门墙，但是他到底跟我有乡里之情啊。

以上几个例子都属于“虽然”类的让步转折句，其中例（1）的让步标是“虽然”，例（2）、例（3）、例（4）和例（5）的让步标分别是“虽”“虽说”“固然”和“尽管”。虽然这五个句子的语表形式略有不同，但其表达的效果基本上是一致的。因此，我们将这些让步标视为一类，同属“虽然”类让步转折句。

在“虽然 A，但是 B”句式中的让步标“虽然”具有两个作用：首先，可以起到预设转折的作用，即听话人可以通过前一分句，推测出后一分句将出现与前一分句相反的表达内容。其次，让步标“虽然”可以表达事件 A 的真实性，即事件 A 是客观存在的或已经发生的事件。

一 让步标“虽然”具有预设转折的作用

让步标“虽然”具有预示事件 A 和事件 B 之间转折关系的作用。没有让步标“虽然”，听话人就无法通过前一分句，推测得知后一分句即将发生的转折。例如：

（6）a. 他家虽然官员多，气魄大，但是我老头子说话，他还是要信一两句。

b. 他家官员多，气魄大，但是我老头子说话，他还是要信一两句。

（7）a. 职道虽然上了年纪，但是根基浅薄，尘根未断。

b. 职道上了年纪，但是根基浅薄，尘根未断。

例（6）a 属于让步转折句，例（6）b 属于突转转折句。当说话人说突转转折句的前一分句的时候，听话人的预设应该是，在他家官员多，气魄大的情况下，他是不会信一个老头子的话的，对听话人来讲属于消极信息，所谓“消极信息”是指听话人不愿接受的消息。

而当说话人说出让步转折句的前一分句的时候，给听话人的预设应该是，后一分句即将发生转折，即“他会信老头子的话”的积极信息，所谓“积极信息”是指听话人愿意或乐于接受的信息。例（7）也是如此，当说话人说出突转转折句的时候，听话人的预设是在职道上了年纪的情况下，职道应该是根基深厚，尘根已断的积极信息。而当说话人说出让步转折句的时候，听话人产生的预设是，即将发生转折，即“他根基浅薄，尘根未断”的消极信息。简单来说，当让步标“虽然”出现在前一分句中时，听话人的预设内容与前一分句的语义关系应该是顺向因果联系。而“虽然”不出现在前一分句中时，听话人的预设内容与前一分句的语义关系应该是逆向因果关系。

二 让步标“虽然”表示事件 A 的真实性

当说话人选择用让步标“虽然”的时候，就表示说话人主观上认为事件 A 在客观上是真实存在的或已经发生过的事实，不是虚拟或假设的事件。这与另一类让步标“即使”不同，让步标“即使”可以表示虚拟，其后的事件 A 往往为假设成立的事件，未必是真实存在的。例如：

(8) a. 这位 33 岁的阿根廷队队长虽然暂不结束自己的足球生涯，但是参加世界杯这是最后一次了。

b. 这位 33 岁的阿根廷队队长即使暂不结束自己的足球生涯，也是最后一次参加世界杯了。

c. *别说这位 33 岁的阿根廷队队长已经退役了，虽然暂不结束自己的足球生涯，但是参加世界杯赛这是最后一次了。

d. 别说这位 33 岁的阿根廷队队长已经退役了，即使暂不结束自己的足球生涯，也是最后一次参加世界杯了。

通过以上四个例子我们可以看出，让步标为“虽然”的让步转折句的句前是不能加“别说¬A”分句的，而由“即使”充当让步标的让步转折句则可以。造成这种情况的原因是，进入“虽然 A，但是

B”句式的事件 A 必须是客观存在的事实。而进入“即使 A，但是 B”句式中的事件 A 则可以是虚拟的、假设的事件。如例（8）a 进入“虽然 A，但是 B”句式中的事件 A“这位 33 岁的阿根廷队队长暂不结束自己的足球生涯”是真实的，即这位阿根廷队队长事实上没有结束自己的足球生涯。例（8）b 则不同，“即使 A，也 B”句式对事件 A 的要求不像“虽然 A，但是 B”句式那么严格，事件 A 可以是一种假设。如例（8）b 中，说话人强调的内容是在这位 33 岁的阿根廷队队长暂不结束自己足球生涯的情况下，这也是他最后一次参加世界杯了。而这位 33 岁的阿根廷队队长是否结束了自己的足球生涯是不得而知的。

第二节 “虽然”和“固然”的异同

在让步转折“虽然 A，但是 B”句式中，其前一分句中的连词“虽然”起到预设转折和表示让步的作用，为事件 B 提出的转折提供了铺垫。雷二毛在其论文《语篇环境下的让步连词成分“诚然”、“固然”、“虽然”的多角度分析》中对连词“虽然”解释道：“连词，用在上半句，下半句多有‘但是’、‘可是’等词跟它呼应，表示承认甲事为事实，但乙并不因为甲事而不成立。”同时，他认为连词“固然”和“虽然”具有相同的性质，“固然”有“虽然”的意思，表示先承认原来的事实，后转入相反的情况，同“倒”“但是”“不过”等虚词配合使用，加强转折语气①。

连词“虽然”和“固然”具有相同的预设转折的性质，并都可以和转折连词“但是”呼应，因此在让步转折复句句式“虽然 A，但是 B”中的让步标“虽然”往往可以被“固然”所代替。例如：

① 雷二毛：《语篇环境下的让步连词成分“诚然”、“固然”、“虽然”的多角度分析》，硕士学位论文，华中师范大学，2013 年。

(9) a. 飞机的性能虽然无与伦比，但是这种飞机已非驾驶员所能驾驭。

b. 飞机的性能固然无与伦比，但是这种飞机已非驾驶员所能驾驭。

(10) a. 大战虽然可能推迟，但是一些偶然的、局部的情况是难以完全预料的。

b. 大战固然可能推迟，但是一些偶然的、局部的情况是难以完全预料的。

例（9）和例（10）在“虽然A，但是B”句式前一分句中的让步标“虽然”被连词“固然”替换后仍然是一个合法的句子。但是句子的语里内容却发生了一些细微的变化。而且，并不是所有的“虽然A，但是B”句式中的让步标“虽然”都可以被连词“固然”所代替。例如：

(11) a. 这种风气虽然渐衰，但是仍然一直地延续到唐初。

b. *这种风气固然渐衰，但是仍然一直地延续到唐初。

(12) a. 虽然正负双方互有主张，但是主张维持现行学历的将占大多数。

b. *固然正负双方互有主张，但是主张维持现行学历的将占大多数。

以上两例“虽然A，但是B”句式中的让步标“虽然”就无法被“固然”所代替。这正说明了“固然”对“虽然A，但是B”句式中让步标“虽然”的替换不是任意的、无条件的。

一 “固然”替换“虽然”情况1：“虽然A，但是B”句式具有评价性内涵

“虽然A，但是B”句式所表达的语里内容与“固然A，但是B”句式是有差别的。“虽然A，但是B”句式既可以表达客观事实，又

可以表达主观的评价和判定。而“固然A，但是B”句式与“虽然A，但是B”句式的不同之处则在于只能表达说话人的主观评价和判定。因此在“虽然A，但是B”句式中的事件A具有评价性，事件B对事件A中评价性言论提出悖逆观点的条件下，前一分句中的让步标“虽然”可以被“固然”所替换。例如：

（13）a. 此事虽然关系重大，但是萧家镇上的百姓素来奉公守法，都是安善之民，镖行的人决不能与萧家镇上的百姓有关系。

b. 此事固然关系重大，但是萧家镇上的百姓素来奉公守法，都是安善之民，镖行的人决不能与萧家镇上的百姓有关系。

（14）a. 郭象的理论虽然高，但是到了后来就碰到佛教了，出现了佛玄合流。

b. 郭象的理论固然高，但是到了后来就碰到佛教了，出现了佛玄合流。

如例（13）前一分句中的事件A，说话人先对事件的重要性做出了主观性的评价“此事关系重大”，而后一分句中的事件B提出了与事件A相悖逆的观点，那就是“不能牵扯到萧家镇的老百姓”。因为事件A含有评价性的内涵，所以“虽然A，但是B”句式中的让步标“虽然”可以被只能表示评价和判定义的连词“固然”替换。例（14）中“虽然”和“固然”之所以能够互相替换也是相同的道理。在事件A中，说话人对郭象的理论给予了极高的评价，而事件B则话风突转，在郭象理论高超的情况下，依然出现了佛玄合流的现象。正是因为事件A中依然含有评价性的内涵，所以例（14）中的让步标“虽然”同样可以被“固然”替换。

在“虽然A，但是B”句式中的这种评价性内涵，不仅仅可以表现在前一分句的事件A中，还可以隐藏在全句之中。这种情况下的“虽然A，但是B”句式中的让步标“虽然”同样可以被“固然”所代替。例如：

（15）a. 虽然堵车了，但是我还是及时赶到了会场。

b. *固然堵车了，但是我还是及时赶到了会场。

（16）a. 虽然堵车了，但是他还是及时赶到了会场。

b. 固然堵车了，但是他还是及时赶到了会场。

如例（16）“虽然A，但是B”句式前一分句的事件A是在描述“堵车”这一客观现实，但结合全句的内容，说话者是在表达“在堵车的情况下，他依然及时赶到了会场。他的这种行为，是应该被大家所赞同的”。也就是说，说话人对“他在堵车的情况下依然及时赶到了会场”这件事做出了肯定的、积极的评价。因此让步标“虽然”在这句话中，可以被连词“固然”所替换。例（15）“虽然A，但是B”句式中的让步标“虽然”之所以不能被“固然”替换，原因就是句子没有了评价性内涵。例（15）中的“虽然A，但是B”句式是说话人对自己在堵车的情况下，还及时赶到会场这件事的客观陈述。

二　“固然”替换“虽然”情况2：“虽然A，但是B”句式具有判断性内涵

“虽然A，但是B”句式中的让步标“虽然”若想被“固然”替换，必须满足具有评价性内涵或者判定性内涵的条件。所谓判定性内涵是指，事件A对某种行为或者事物做出判断，而事件B包含着与事件A做出相反判断的内容。例如：

（17）a. 我们虽然是包办婚姻，但是婚后也想和和睦睦地过日子。

b. 我们固然是包办婚姻，但是婚后也想和和睦睦地过日子。

（18）a. 虽然明珠和索额图都是大贪官，但是也为我大清立下过汗马功劳。

b. 固然明珠和索额图都是大贪官，但是也为我大清立下过汗马功劳。

在以上两个例子中，事件 A 并不包含评价性的内涵，而是对客观的现象和人物做了判定。例（17）的前一分句是对我们婚姻的性质做了判定，即说话人对我们的婚姻下的定义是包办婚姻。全句表达了“在我们是包办婚姻的情况下，仍然希望婚后和和睦睦地过日子”的内容。例（18）也是如此，事件 A 对索额图和明珠做官的性质下了定义，即“两个人都是大贪官”。全句表达了“两个人是大贪官的情况下，也为大清立下过汗马功劳”的内容。正是由于在“虽然 A，但是 B”句式的前一分句中的事件 A 都含有判断内涵，所以让步标“虽然”可以被连词“固然”所替代。

三　让步转折句中“固然”和“虽然”之差异

让步转折“虽然 A，但是 B”句式既可以用来表达主观评价和主观判定，又可以用来描述客观事实。而“固然 A，但是 B”则不同，它只能用来表达说话人的主观评价和判定，不能单纯地用以描述客观事实。基于此，我们认为，当“虽然 A，但是 B”句式具有主观评价性和主观判定性内涵的时候，其让步标“虽然”可以被连词“固然”替换。

此外，通过对可以互相替换的“虽然 A，但是 B”句式和“固然 A，但是 B”句式进行比较发现，虽然“虽然 A，但是 B”句式中前一分句的事件 A 含有评价成分或判断成分，但说话人的主要意图还是在陈述客观事实。而“固然 A，但是 B”句式则是在强调主观上的评价或判断。例如：

（19）边省虽然要紧，但是腹地倘有损失，国家的大势就去了。

（20）边省固然要紧，但是腹地倘有损失，国家的大势就去了。

在以上两个例子中，例（19）是由连词“虽然”充当让步标的让步转折复句，其前一分句是在陈述“边防要紧”这一客观事实。

而例（20）由连词“固然”充当让步标的让步转折复句的前一分句则侧重于评价“边防的要紧性”。也就是说，能被“固然”所替换的“虽然 A，但是 B”句式的事件 A 侧重于事件的陈述，而“固然 A，但是 B”句式的事件 A 则更加侧重于对事件的评价与判断。

第三节 应接标“但是”

“虽然 A，但是 B”句式中让步标“虽然”与应接标“但是”前后呼应，分别引导前后分句。除应接标“但是”外，常见的同类应接标还有“不过”“只是”“可是”“可”“然而”等。例如：

（21）虽然积累了丰富的思想材料，但是从整体上看，他们都没能真正达到科学的形态。

（22）玻璃小钢人虽然跑不起来了，不过他的心情也踏实多了。

（23）虽然进行了大量的模拟实验，只是效果并不理想。

（24）虽然规定必须大学毕业才能取得出国的资格，可是大学毕业的程度也太不整齐。

（25）虽然病魔没有夺去他的生命，可腰疼，头发脱落，留下了病根。

（26）黄金的价格虽然也有高涨的可能性，然而不像白银那样大。

以上六个“虽然”类让步转折句式中的应接标分别是“但是”“不过”“只是”“可是”“可”“然而”几个不同的转折连词，虽然在语表形式上不同，但在表达效果上是基本一致的，因此我们将其归为“但是”类应接标。

应接标“但是”是转折连词，属于虚词，语法特点是没有实在意义，不起修饰作用，不能单独充当句子成分，连接词组、分句和句子，表示转折关系，与让步标“虽然”连用，表示具有预测性的转折。在一般情况下删除了应接标“但是”的“虽然A，但是B”句式是不能独立存在的。例如：

(27) a. 虽然几何画板有很多优势性，但是它的局限性和优势性是一致的。

b. *虽然几何画板有很多优势性，它的局限性和优势性是一致的。

(28) a. 中国也在进行工业化，虽然比西方迟了许多，但是迟总比不化好。

b. *中国也在进行工业化，虽然比西方迟了许多，迟总比不化好。

例（27）和例（28）由于后一分句中删去了应接标“但是”而成了不合法的句子。然而，当应接标“但是”引导的后一分句中出现“仍然”“还是”“依然”和“也”等具有重复含义的副词时，删除了应接标“但是”的让步转折复句依然成立。例如：

(29) a. 虽然在宪法上作明确规定，但是在实际工作中这种自由权利还是受到了某些干涉。

b. 虽然在宪法上作明确规定，在实际工作中这种自由权利仍然受到了某些干涉。

(30) a. 虽然杏干子和葡萄干有些被虫子蛀过了，但是还是吃得一干二净了。

b. 虽然杏干子和葡萄干有些被虫子蛀过了，还是吃得一干二净了。

(31) a. 虽然教育管理者口头上不得不说要大力搞素质教育，但是他们的内心深处依然恋着应试教育。

b. 虽然教育管理者口头上不得不说要大力搞素质教育，他们的内心深处依然恋着应试教育。

(32) a. 虽然桂圆有这么多的养颜妙处，但是单一吃桂圆也难免会让姐妹们生腻。

b. 虽然桂圆有这么多的养颜妙处，单一吃桂圆也难免会让姐妹们生腻。

通过以上几组例句可以看出，当“虽然A，但是B”句式的后一分句中含有“仍然”“还是”“依然”和“也”这样的副词的时候，应接标“但是”是可以省略的，省略应接标“但是”之后仍然是一个合法的句子。造成这种情况的原因是，副词“仍然”“还是”“依然”以及“也”与应接标转折连词“但是”具有相似的表示反预期的作用。在删去应接标“但是”的“虽然”句中，由表示重复的副词“仍然”“还是”“依然”和“也”担负起了“但是”的职责，与让步标“虽然”相呼应。但删除了应接标“但是”后的句子与原句又有着细微的差别。有应接标“但是”的让步转折句更加凸显事件A与事件B的转折关系。删去应接标“但是”的让步转折句，更加注重强调的是后一分句的补充说明作用，而转折的语气变弱了。

此外，当“虽然A，但是B”句式的前后分句发生倒装的时候也可以将应接标“但是”省去。例如：

(33) a. 语言中的有些用法虽然不符合语言的发展规律，但是在人们的交际中已被广泛使用。

b. 语言中的有些用法在人们的交际中已被广泛使用，虽然不符合语言的发展规律。

在例（33）中，当前后分句发生位移的时候，应接标“但是”是可以删掉的。但是句子的语义重心发生了变化。例（33）a的语义重心强调的是“但是”分句的内容，即“这些用法在人们的交际中已被广泛使用”。例（33）b的语义重心强调的是“虽然”分句的内容，即“这些用法不符合语言的发展规律”。

第四节 “但是”与“却、倒、又、也”等副词的同现关系

在让步转折“虽然A，但是B”句式的后一分句中，应接标“但是”可以与同样表示转折、相反、对立的虚词“却”和“倒”配合出现，也可以与都表示重复意义的虚词“也”和“又”配合出现。在“虽然A，但是B”句式的后一分句中，“却”和“倒”往往可以互换，“也”和“又”往往可以相互替换。

一 “但是”与副词“却”“倒”的同现关系

具有转折性质的语气副词“却”和“倒”都可以出现在让步转折复句“虽然A，但是B”的后一分句中，与应接标“但是”同现。岑泽丽在其论文《“却”、“倒”及“但是”》中对副词“却”的解释是：“却”修饰动词，表示某个动作或行为是和前面所提出的动作或行为相反或对立的，是出乎意料或超乎常情的。同时“却”有强调的作用，句中是否出现“却”意味是不同的①。对于副词“倒”，吕叔湘将其用法归纳为：“（1）表示跟一般情理相反；反而；反倒。（2）表示与事实相反。（3）表示出乎意料。（4）表示转折，后用表示积极意义的词语。（5）表示让步，一般用在复句的前一分句。（6）舒缓语气。（7）用于追问或催促”②。让步转折“虽然A，但是B”句式的后一分句中相对于没有副词“倒”和“却”的情况，有副词“倒”和“却”的“虽然A，但是B”句式的主观色彩更加浓厚。例如：

（34）a. 虽然明神宗不懂圣经，也不知道圣母是什么人，但是对自鸣钟很感兴趣。

---

① 岑泽丽：《“却”、“倒”及“但是”》，载《科教文汇》2007年第2期，第47页。

② 吕叔湘：《现代汉语八百词》，商务印书馆1981年版，第153—154页。

b. 虽然明神宗不懂圣经，也不知道圣母是什么人，但是对自鸣钟却很感兴趣。

c. 虽然明神宗不懂圣经，也不知道圣母是什么人，但是对自鸣钟倒很感兴趣。

在没有副词“却”“倒”的“虽然A，但是B”句式中，说话人没有带入自己的主观色彩，只是对“明神宗不对圣经感兴趣，对自鸣钟感兴趣”这件事做了客观的陈述。而在应接标与“却”和“倒”同现的句子中说话人添加了自己的主观色彩，表现出说话人觉得不可思议和前后两种状态的对比。

但正是因为语气副词“却”和“倒”在语义上都具有表示“反预期”“对比”和“转折”的意义，语用上都有加强主观评定的语气，这两个语气副词在用法上具有共性。因此，在“虽然A，但是B”句式中与应接标同现的副词“却”往往可以和副词“倒”互相替换。例如：

（35）a. 虽然房间不大，但是陈设却很讲究。

b. 虽然房间不大，但是陈设倒很讲究。

（36）a. 虽然显得好像有点文学青年一点，但是我觉得这个道理说起来却挺性感的。

b. 虽然显得好像有点文学青年一点，但是我觉得这个道理说起来倒挺性感的。

如例（35）和例（36）两个“虽然A，但是B”句式中与应接标“但是”同时出现在后一分句中的副词“却”都可以被副词“倒”所代替，两个句子的语义也出现了细微的变化。在“虽然A，但是B”句式中并不是所有的与应接标同现的副词“却”都可以被副词“倒”所替代，而是有条件的。那就是后一分句中含有副词“倒”的“虽然A，但是B”句式中的事件A和事件B之间要有对比的内涵。其中包括直接对比和间接对比。

(一) 直接对比

直接对比是指在让步转折“虽然A，但是B”句式中，事件A和事件B之间含有明显的具有矛盾关系的成分。例如：

(37) a. 汉明帝虽然平时对佛教的道理并不关心，但是对前来送经的两位沙门却挺尊敬。

b. 汉明帝虽然平时对佛教的道理并不关心，但是对前来送经的两位沙门倒挺尊敬。

(38) a. 虽然平时挤公交车对于我来说是件苦差事，但是今天却觉得乐在其中。

b. 虽然平时挤公交车对于我来说是件苦差事，但是今天倒觉得乐在其中。

在以上两个例子中，与应接标“但是”同现的副词“却”都可以被副词“倒”所代替，原因在于两个句子中的事件A和事件B都明显地存在着对比的情况。如例(37)存在着汉明帝平时对佛教的漠不关心与当沙门来送佛经时所表现出的尊敬之情的对比。又如例(38)中事件A和事件B之间存在着平时挤公交车的苦和今天挤公交车的乐之间的比较。与此同时，“虽然A，但是B”句式中后一分句含有副词“倒”和“却”在语义方面表达的内容也是不同的。副词“倒”更加强调的是对比，如例(37)b中，强调的内容是，汉明帝平时对佛教道理的漠不关心，与当两位沙门来送经的时候汉明帝所表现出来的尊敬形成的鲜明对比。而例(37)a中虽然也同样存在着对比成分，但是强调的内容却发生了变化。例(37)a强调的内容是，在汉明帝平时对佛教不关心的情况下，说话人对汉明帝如此尊敬为送经而来的两位沙门这一行为感到惊讶。例(38)也是如此，例(38)a强调的是今日挤公交车的开心与平时挤公交车的苦闷之间的反差，而(38)b强调的是说话人对今天挤公交车开心心情的不可思议。

通过对以上两个例句的分析，可以看出在“虽然A，但是B”句式中与应接标同现的副词“却”和“倒”往往可以互换，但语义上出现了细微的变化。副词“倒”强调的是事件B与事件A之间形成了鲜明的对比。而副词“却”则是强调说话人对在事件A成立的情况下，事件B仍然成立感到出乎意料。

在事件A和事件B具有直接对比关系的“虽然A，但是B”句式中还有一种特殊的情况，那就是虽然事件A和事件B之间不包含具有矛盾关系的成分，但是具有程度递进的关系。在程度上形成鲜明的对比，同样可以使与应接标“但是”同现的副词“却”和副词“倒”互相代替。例如：

(39) a. 虽然全家人都喜欢住在家乡，但是我却更喜欢北京。

b. 虽然全家人都喜欢住在家乡，但是我倒更喜欢北京。

从例（39）中我们可以看出，事件A和事件B之间本没有矛盾对立的关系，全家人喜欢住在家乡，我也喜欢住在家乡，这并不冲突，只是我喜欢住在北京的程度超过了住在家乡，由此形成了事件A和事件B之间程度上的对比关系，所以副词“却”仍然可以被副词“倒”所代替。

（二）间接对比

间接对比其实是一种现实与预设之间的对比，说话人通过事件A的语表形式为听话人提供了一个预设A’，该预设与事件B中的某些成分形成对比。我们可以理解为事件A和事件B之间的对比，是通过预设A’这个媒介来实现的。例如：

(40) a. 虽然这老头已经年过花甲，但是穿着却十分的整齐。

b. 虽然这老头已经年过花甲，但是穿着倒十分的整齐。

(41) a. 辛弃疾去了燕京，虽然没有考取进士，但是却对祖父的嘱托特别留心。

b. 辛弃疾去了燕京，虽然没有考取进士，但是倒对祖父的嘱托特别留心。

在以上两个例子中，从语表形式上看，并不能看出事件 A 和事件 B 中存在含有对比关系的成分。但事件 B 中的副词“却”仍然可以被副词“倒”代替的原因在于，事件 A 为听话人提供了预设信息，预设信息与事件 B 可以构成对比关系。如例（40）中的事件 A，给人提供的预设是，一般人结合自己的经验可以推断出，年过花甲的老人一般对穿着的要求并不那么高，甚至会有点邋遢。所以例（40）可以转化为“虽然一般的老头穿着比较邋遢，但是这老头穿着却十分的整齐”。说话人是将“这个老头的整齐”和“一般的老头不讲究穿着”进行了比较。这样就使得事件 A’和事件 B 之间存在了具有矛盾关系的内容，与应接标同现的副词“却”就可以被副词“倒”代替了。例（41）也是相同的道理，事件 A 提供的预设信息 A’是“辛弃疾对考进士不留心”与事件 B“他对祖父的嘱托特别留心”形成了对比关系。因此事件 B 中的“却”可以被副词“倒”替换。

通过上述分析我们发现，只有当“虽然 A，但是 B”句式中的事件 A 和事件 B 之间存在具有直接或间接对比关系内容的时候，与应接标“但是”同现的副词“却”才能被同样具有转折性质的副词“倒”所代替。不具有上述条件的与应接标同现的副词“却”是不能被“倒”所替换的。例如：

（42）a. 模拟投资项目虽然只有三个月长，但是它却影响了女儿的一生。

b. *模拟投资项目虽然只有三个月长，但是它倒影响了女儿的一生。

c. 没用的补习班上了三年，模拟投资项目虽然只有三个月长，但是它倒影响了女儿的一生。

例（42）中的副词“却”之所以不能被副词“倒”替换，原因是前后分句之间没有隐含比较，只是表达了说话者对“模拟投资项目时间之短”而对“女儿影响之大”的惊叹。而在例（42）c前加上“没用的补习班上了三年”句子就合法了，原因是前后分句中产生了比较，将“三个月长的模拟投资项目”和“三年补习班”的功效进行了对比。

二 “但是”与副词“也”“又”的同现关系

毛婧雅在其论文《“还、再、又、也”重复义的比较与二语习得的偏误分析》中认为：“又”表示一个动作重复发生，两个动作相继发生或反复交替；“又”表示同一个动作重复发生，同一个状态再次出现①。《现代汉语八百词》对副词“也”的解释是：“表示两事相同。‘也’用在前后两小句，或只用在后一小句。”“表示无论假设成立与否，后果都相同。”②

（一）应接标“但是”与副词“又”的同现关系

在事件B中包含表示重复意义的副词“又”的时候，“虽然A，但是B”句式不仅仅包含事件A和事件B，还包含着事件B’。因为事件A和事件B是我们可以在“虽然A，但是B”句式的语表形式中找到的内容，所以我们称之为本项A和本项B。由于事件B’是隐含在语表形式内部的内容，我们称之为关项B’。例如：

（43）虽然简宁生病了，但是在这次考试中又取得了好成绩。

（44）虽然这支笔很好用，但是我又想买支新笔了。

如例（43）表示重复意义的副词“又”与应接标“但是”同时出现在事件B中。这时“虽然A，但是B”句式包含了三个命题。本项A是“简宁生病了”，本项B是“简宁在这次考试中取得了好成绩”，关项B’是“简宁在之前的考试中取得过好成绩”。例（44）

① 毛婧雅：《“还、再、又、也”重复义的比较与二语习得的偏误分析》，硕士学位论文，华中师范大学，2011年。

② 吕叔湘：《现代汉语八百词》，商务印书馆1981年版，第595—596页。

也是相同的道理，同样包含A、B、B’三个命题。本项A是“这支笔很好用”，本项B是“我想买一支新笔”，关项B’是“我之前买过一支笔”。

与此同时，还要注意一点，在有些应接标“但是”和副词“又”同现的让步转折“虽然A，但是B”句式中，由于重音位置的不同，句子的语义也会发生变化。例如：

(45) 虽然这次任务重大，但是我们又不用去。

当重音在副词“又”上，主语“我们”轻读的时候，副词“又”仍然表示重复义，其整句话的语义内容是本项A“这次任务重大”，本项B“我们不用去”，关项B’“之前的重要任务我们就没去”。而当重音在主语“我们”上，副词“又”轻读的时候，整句话表示的内容是本项A“这次任务重大”，本项B“我们不用去”，关项B’“跟我们毫无关系”。

(二) 应接标“但是”与副词“也”的同现情况

当副词“也”与转折连词“但是”同时出现在事件B中的时候，“虽然A，但是B”句式包含的是本项A，本项B以及关项A’和关项B’。与上文提到的关项B’相同，关项A’和B’也是隐藏在“虽然A，但是B”句式语表形式下的命题。例如：

(46) 虽然简宁生病了，但是在这次考试中也取得了好成绩。

(47) 虽然这支笔很好用，但是我也想买支新笔。

在例(46)中当表示重复意义的副词“也”与转折连词“但是”同时出现在事件B中的时候，这时“虽然A，但是B”句式中出现了四个命题。本项A是“简宁生病了”，本项B是“简宁在这次考试中取得了好成绩”、关项A’是“简宁没生病”、关项B’是“简宁在这次考试中同样更能取得好成绩”。例(47)中本项A是“这支笔很好用”，本项B是“我想买支新笔”，关项A’是“这支笔不好用”，关项B’是“我同样更想买支笔”。

其中，本项A与关项A’之间具有语义的对立性。在与副词“也”同现的“虽然A，但是B”句式中，本项A的成立对本项B的成立应该有消极的影响，也就是说，在事件A成立的条件下事件B成立的可能性小。而关项A’的成立对本项B的成立却具有积极的影响，也就是说，在关项A’成立的条件下事件B成立的可能性大。本项A和关项A’之间具有语义的对立性。而这种对立性主要表现为“本项A和关项A’的谓词间的对立”“本项A和关项A’的变元之间具有矛盾关系”，“本项A和关项A’的变元之间具有级差关系”这三种情况。

第一种情况下的本项A与关项A’之间的语义对立性表现在关项A’对本项A的谓词加以否定上。例如：

(48) 虽然我的视力不好，但是也能分辨黑白。

(49) 虽然我未掌握确切的根据，但是也不是没有蛛丝马迹可寻。

例(48)和例(49)都是因果类逆转转折句且后一分句存在副词“也”与应接标“但是”同现。其中包括本项和关项四个命题，例(48)中本项A为“我的视力不好”，本项B为“能分辨黑白”，关项A’为“我的视力好”，关项B’为“依然能分辨黑白”。关项A’是本项A的否定形式，本项A的成立对本项B的成立是具有阻碍作用的，但本项B依然成立了。由于关项A’是本项A的否定形式，关项A’的成立对事件B的成立具有促进作用，因此关项B’“能分辨黑白”依然成立。例(49)也是相同的道理，在本项A“我未掌握确切的根据”成立的情况下，本项B“不是没有蛛丝马迹可寻”成立。在本项A的否定形式关项A’“我掌握确切的根据”成立的情况下关项B’“不是没有蛛丝马迹可寻”则依然成立。

后一分句中存在副词“也”与应接标“但是”同现的“虽然A，但是B”句式中的本项A和关项A’之间对立的第二种情况，表现在两个可比述谓结构之中的变元互为反义词的形式上。例如：

(50) 你笑得真好看，虽然我是女人，但是也忍不住想多瞧几眼。

(51) 虽然是白天，但是李寻欢见了这四个人也不觉倒抽了口冷气。

以上两个例句中本项A和关项A’的对立则表现在了变元“女人”和“男人”的对立以及变元“白天”和“晚上”的对立上。在本项A“我是女人”成立的条件下，本项B“忍不住想多瞧几眼”成立。那么在关项A’“我是男人”成立的条件下，关项B’“忍不住想多瞧几眼”则更加成立了。例（51）也是如此，在本项A“白天”成立的条件下，本项B“李寻欢见了这四个人也不觉倒抽了口冷气”成立，那么关项A’在“黑天”成立的条件下，关项B’“李寻欢要倒抽口冷气”则必然会成立。

在后一分句中存在副词“也”与应接标“但是”同现的“虽然A，但是B”句式中本项A和关项A’之间的对立，还可以具体表现为，本项A中的变元相对于关项A’中的变元具有等级上的差异。例如：

(52) 虽然校长在场，但是我一点也不紧张。

出现在这种句式中的本项A的变元往往相对于关项A’的变元有更进一层的含义。人们按照常理推断，在校长在场的情况下我一点也不紧张的可能性，相对于班主任在场我一点也不紧张的可能性应该更小一些。因为本项A中的变元“校长”从职位到威慑力上都要高出关项A’的变元“班主任”。因此，在本项A“校长在场”成立的条件下，本项B“我一点也不紧张”成立，那么在关项A’“班主任在场”成立的条件下，关项B’“我一点也不紧张”则同样会成立。

本项A和关项A’之间具有语义的对立性，而本项B与关项B’

之间具有语义的一致性。在后一分句中存在副词“也”与应接标“但是”同现的“虽然A，但是B”句式中的本项B和关项B’之间的语义一致性主要表现为双方有共同的蕴含。其中断定B是A的蕴含要遵循两点：第一，B是A断言部分所表达的内容。第二，一个句子和它的蕴含之间有上下位关系或整体部分关系[①]。例如：

(53) a. 我哥哥买了一台冰箱。

b. 我哥哥买了一台电器。

(54) a. 我的姐夫是唐山人。

b. 我的姐夫是河北人。

例（53）我哥哥买了一台冰箱中蕴含着我哥哥买了一台电器，因为冰箱是电器的下位词。例（54）也是相同的道理，我的姐夫是唐山人，蕴含着我的姐夫是河北人，因为唐山市归属河北省。

在后一分句中副词“也”与应接标“但是”同现的“虽然A，但是B”句式中的本项B和关项B’之间都具有一个共同的蕴含，我们用C来表示这个共同的蕴含。也就是说，如果本项B成立，那么蕴含C一定成立，如果关项B’成立，那么蕴含C也一定成立。例如：

(55) 虽然我当时很气愤，但是也抗不住长期的疲劳与困倦。

如果我当时不气愤，那么更抗不住长期的疲劳与困倦了。

(56) 虽然天气已经回暖，但是他也穿着那件大棉袄。

如果天气没有回暖，那么他更会穿着那件大棉袄。

例（55）中本项B是“我也抗不住长期的疲劳与困倦”，关项B’是“我更抗不住长期的疲劳与困倦了”。关项B’相对于本项B具有递进关系，所以都具有共同的蕴含C，那就是“我抗不住长期的

---

① 刘哲：《谈蕴含和预设的区别问题》，载《解放军外国语学院学报》2001年第3期，第62页。

疲劳与困倦”。例（56）也是相同的道理，本项B是“他也穿着那件大棉袄”，关项B’“他更会穿着那件大棉袄”都蕴含着C“他穿得厚”。这里要强调的是，本项B和关项B’之间可能还包含着其他的蕴含，但是这并不是构成后一分句中存在副词“也”与应接标“但是”同现的“虽然A，但是B”句式的关键。这里谈到的共同蕴含C是有要求的。首先，本项A和共同蕴含C要具有逆向因果关系或者并列性转折关系。其次，关项A’和共同蕴含C之间要具有顺向因果或并列关系①。如例（56）中本项B和关项B’之间还有共同的蕴含“他穿衣服”，但这个蕴含就不能充当C，因为“他穿衣服”并不能与本项A构成逆向因果关系或逆向并列关系。

（三）副词“又”与“也”的重复义比较

通过上文的描述，我们发现，与应接标“但是”同现的副词“又”强调表达的内容是本项A、本项B和关项B’之间的关系。而与应接标“但是”同现的副词“也”虽然表达重复义，但其强调表达的内容是本项A、本项B和关项A’、B’之间的关系。这也是在有些“虽然A，但是B”句式的后一分句中副词“又”和“也”不能互相替换的原因。例如：

（57）a. 我虽然想跟他谈谈，但是又没有机会。

b. *我虽然想跟他谈谈，但是也没有机会。

例（57）a同时含有三个命题：本项A“我想跟他谈谈”，本项B“没有机会”，关项B’“之前一直都没有机会”。例（57）b不能成立的原因是无法满足副词“也”要求出现的四个命题。本项A是“我想跟他谈谈”，本项B是“没有机会”。而不能满足“也”和应接标“但是”同现的问题出在了关项上，在关项A’“我不想跟他谈”成立的情况下，也就无所谓“有没有机会了”，也就是说，关项A’无法满足关项B’出现的条件。例如：

---

① 丁力：《汉语语法问题研究》，三秦出版社2011年版，第78—81页。

(58) a. 小弟虽然发了财，但是也没忘恩负义。

b. ＊小弟虽然发了财，但是又没忘恩负义。

例（58）a满足表示重复意义的副词“也”出现的四个命题。即本项A“小弟发了财”，本项B“小弟没忘恩负义”，关项A’“小弟没发财”，关项B’“小弟更不会忘恩负义”。例（58）b不能成立的原因是，不能满足关项B’的成立条件。因为“忘恩负义”是一个一直持续的状态，是一种品质。而且“发财”这种事在人的一生中只能发生一次，不存在反复发财的可能。

第五节 “但是”与“不过”和“只是”的异同

连词“不过”和“只是”与“虽然A，但是B”句式中的应接标“但是”的逻辑意义相同，都可以表示转折。因此三个连词“不过”“只是”和“但是”往往可以互换，和让步标“虽然”分别构成“虽然A，但是B”“虽然A，不过B”以及“虽然A，只是B”三种类似的复句格式。例如：

(59) a. 虽然这些现象还是发生于少数部门和城市，但是从发展的角度来看，这反映了一种趋势。

b. 虽然这些现象还是发生于少数部门和城市，只是从发展的角度来看，这反映了一种趋势。

c. 虽然这些现象还是发生于少数部门和城市，不过从发展的角度来看，这反映了一种趋势。

例（59）“虽然A，但是B”句式中的应接标“但是”被同样具有转折意义的连词“不过”和“只是”替换后，仍然是一个符合汉语规范的句子，且语义并没有发生大的变化，只是程度上发生了细微的变化。

一 “但是”与“不过”的异同

“虽然A，但是B”句式中的应接标“但是”和“不过”之间是可以替换的，但并不是任意的，也是受相应条件限制的。因此就出现了二者不能相互替换的情况。例如：

（60）a. 京剧作为国粹，在影片中虽然被作为一个多姿多彩的东方景观来表现，不过表现得比较肤浅罢了。

b. ＊京剧作为国粹，在影片中虽然被作为一个多姿多彩的东方景观来表现，但是表现得比较肤浅罢了。

（61）a. 虽然上海一直是我向往的地方，不过呢，武汉才是我的家。

b. ＊虽然上海一直是我向往的地方，但是呢，武汉才是我的家。

例（60）和例（61）中的应接标连词“不过”之所以不能被同样具有转折性质的连词“但是”替换的原因是，具有“量大”意义的词和具有“量小”意义的词不能在一个句子中同现，否则会造成“量”上的冲突。所谓“量大”简单地说就是指强调，语气比较重。所谓“量小”就是指委婉，语气比较轻。连词“不过”相对于“但是”其转折的语气就比较轻，因此可以和同样表示“量小”的词语“罢了”“呢”“而已”等词语在句中同现。而转折程度比较大的连词“虽然”自然不能和量小的词语配合使用，因此例（60）和例（61）中的应接标“不过”不能被“但是”替换。

此外，我们还可以借用相对于连词“虽然”让步程度更高的“尽管”来说明“但是”的转折程度要强于“不过”。刘佳平在论文《转折连词“但是”与“不过”的比较》中通过统计得出结论：“在收集到的599个含有‘不过’的例子中，无一例与‘尽管’配合使用”①。例如：

（62）a. 农民群众尽管有意见，有怨言，但是热爱党、拥护党的信念，是坚定的。

b. *农民群众尽管有意见，有怨言，不过热爱党、拥护党的信念，是坚定的。

（63）a. 尽管《禁止通婚法》和《不道德修正案》第16条已于1985年被废除，但是根据《集团居住法》，有色人及其白人配偶仍不能在白人区居住。

b. *尽管《禁止通婚法》和《不道德修正案》第16条已于1985年被废除，不过根据《集团居住法》，有色人及其白人配偶仍不能在白人区居住。

以上两个例子中，让步标“尽管”可以和应接标“但是”配合使用，却不能和“不过”同现。原因是“尽管”的让步程度相对于“虽然”要强，即“尽管”属于“量大”的成分。“尽管”之所以能够跟“但是”配合使用，不能跟“不过”配合使用，是因为“但是”的转折程度要大于“不过”，与“尽管”相同，属于量大的词。如若将“尽管”与表示“量小”的应接标“不过”同时使用，那么就会造成“量”的冲突，出现句子不合法的情况。由此，再次证明了“但是”的转折程度相对于“不过”的转折程度要强。

二　“但是”与“只是”的异同

连词“但是”和连词“只是”都是具有转折性质的连词，因此都可以和让步标“虽然”配合使用，构成让步转折复句格式。二者的区别与“但是”和“不过”的区别有相似的地方，那就是连词“但是”的转折强度要大于“只是”。在《“但是”、“不过”和“只

① 刘佳平：《转折连词“但是”与“不过”的比较》，载《语文学刊》2008年第17期，第48页。

是”的程序意义》中，周琳、邹立志将“不过”与“只是”进行了比较，“连词‘只是’和连词‘不过’用法相近，‘只是’的转折语气比‘不过’更轻，后面不能停顿”。上文论述过连词“但是”的转折程度要大于“不过”，因此三个连词在强弱程度上的关系是“但是 > 不过 > 只是”[①]。

连词“但是”和“只是”的不同，除了表现在转折程度上的强弱外，还表现在让步转折复句中后一分句的色彩意义上。应接标“但是”引导的分句，其语义特征可以具有“积极色彩、消极色彩和中性色彩”，而应接标“只是”只能引导具有“消极色彩”的分句。例如：

(64) a. 虽然国民政府也向日本提出过警告，但是从来没有采取过实际行动。

b. 虽然国民政府也向日本提出过警告，只是从来没有采取过实际行动。

(65) a. 虽然天色尚早，但是顾客甚稀，几乎没有人问价。

b. 虽然天色尚早，只是顾客甚稀，几乎没有人问价。

以上两句中的应接标“但是”和“只是”引导的后一分句中的事件 B，表达的都是消极的色彩，因此既可以用连词“但是”来表示转折，又可以用连词“只是”来表示转折。例（64）中国民政府在日本侵占了我国东三省的情况下，仍然没有对日本采取任何制裁的实际行动，国民政府这样的行为对于说话者来说自然是消极的，使得事件 B 具有消极色彩。例（65）同样，事件 B 表达的内容是，顾客太少了，东西卖不出去，这对商人来讲自然是消极的现象。因为例（64）和例（65）都具有消极色彩，所以“虽然 A，但是 B”句式中的应接标“但是”都可以被“只是”替换。

① 周琳、邹立志：《“但是”、“不过”和“只是”的程序意义》，载《西北大学学报》2011 年第 6 期，第 173 页。

当“虽然A，但是B”句式中的应接标“但是”所引导的后一分句中的事件B不具有消极色彩，即具有积极色彩和中性色彩的时候，连词“只是”就不能替换“但是”了。例如：

(66) a. 虽然他们的世界观还是资产阶级的，但是他们所作的某些历史研究工作，在当时曾经起了一定的作用。

b. ＊虽然他们的世界观还是资产阶级的，只是他们所作的某些历史研究工作，在当时曾经起了一定的作用。

(67) a. 这虽然是一场百年未遇的大洪水，但是我们也有充分的经验来和洪水战斗。

b. ＊这虽然是一场百年未遇的大洪水，只是我们也有充分的经验来和洪水战斗。

在以上两个例子中，应接标“但是”引导的后一分句中的事件B，表达的是积极的色彩，因此句中的“但是”就不能被连词“只是”代替了。如例（66）中的事件B，是肯定资产阶级世界观在特定历史条件下的作用，因此具有积极的色彩。例（67）中的事件B所表达的内容是，我们的经验足以应付这次洪水，因此也表达了说话人对事件看法积极乐观的一面。例如：

(68) a. 虽然她是名女工，但是也是孩子的妈妈。

b. ＊虽然她是名女工，只是也是孩子的妈妈。

例（68）中应接标“但是”引导的后一分句中的事件B既没有消极色彩又没有积极色彩，属于中性色彩。这样的“虽然A，但是B”句式中的应接标“但是”同样不能被“只是”所代替。例（68）中事件B只是对女性的身份进行了确定，并没有褒贬在里面，所以不能用“只是”替换“但是”。

本章主要对“虽然A，但是B”句式的语表形式进行了研究。第一节讨论了让步标“虽然”的两种作用，分别是预设转折和表示事件A的真实性。第二节是对同样具有预设转折作用的连词“但是”和“固然”进行了比较和区分，认为让步转折“虽然A，但是B”句式既可以表达主观评价和主观判定，又可以用来描述客观事实。而“固然A，但是B”则不同，它只能用来表达说话人的主观评价和判定。因此,“固然”替换“虽然”是有条件的，不是任意的。第三节讨论了应接标“但是”的出现和使用情况，应接标“但是”与“虽然”连用可以表示具有预设性的转折，但当“虽然A，但是B”句式的后一分句中出现“仍然、还是、依然、也”等具有重复含义的副词时，应接标“但是”可以不用出现，让步转折复句仍然成立。第四节讨论了应接标“但是”与“却、倒、又、也”等副词的同现关系问题。当“虽然A，但是B”句式中的事件A和事件B之间存在直接对比或者间接对比关系的时候，与应接标“但是”同现的副词“却”可以被“倒”所替换。当应接标“但是”与副词“又”同现的时候,“虽然A，但是B”句式中包含着本项A、B和关项B’。当应接标“但是”与副词“也”同现的时候,“虽然A，但是B”句式中不仅包含本项A、B还包含关项A’、B’。本章的最后一节讨论了应接标“但是”与同样具有转折作用的连词“不过”和“只是”的不同。“但是”与“不过”的不同主要表现在转折程度的轻重上。而“但是”与“只是”的不同点不仅表现在二者转折程度的差异上，还表现在两个连词所引导的后一分句的色彩意义的不同上。

第二章　“虽然 A，但是 B”句式的语里内容

让步转折“虽然 A，但是 B”句式在不同的语言环境中可以表达相同的语里内容。本章主要从“虽然 A，但是 B”句式的语义关系和“虽然 A，但是 B”句式的认知层面对“虽然 A，但是 B”句式的语里内容进行讨论。

第一节　“虽然 A，但是 B”句式的语义关系

“虽然 A，但是 B”是一种典型的让步转折类复句。因果逆转类“虽然 A，但是 B”句式强调事件 A 本来会影响事件 B，然而事件 B 的成立却不受事件 A 的影响。并列逆转类“虽然 A，但是 B”句式强调事件 A 对事件 B 没有影响①。邢福义在《复句问题论说》中指出：“在我们看来，因果类各种关系和并列类各种关系反映了事物间最基本的最原始的联系。转折类各种关系则是在基本的原始的联系的基础上产生的异变性联系。”② 这种异变性联系的一种重要表现形式，就是将并列类复句或因果类复句的后一分句加以否定，从而使它们转化成转折类复句③。本章以此为依据将“虽然 A，但是 B”句式划分为并列类逆转转折句和因果类逆转转折句。例如：

① 邢福义：《汉语复句研究》，商务印书馆 2001 年版，第 302 页。
② 邢福义：《语法问题探讨集》，湖北教育出版社 1986 年版，第 291 页。
③ 同上书，第 285—293 页。

(69) a. 这个人长得丑，成分也不好。

b. 这个人虽然长得丑，但是成分好。

(70) a. 中国家电业在制造成本方面具有比较优势，交易成本也很低。

b. 中国家电业虽然在制造成本方面具有比较优势，但是交易成本却很高。

(71) a. 我虽然学西方哲学，但是中国哲学是我的最爱。

b. 因为我学西方哲学，所以中国哲学不是我的最爱。

(72) a. 我的人生虽然一无所有，但是我的内心却非常富足。

b. 因为我的人生一无所有，所以我的内心非常苦闷。

例（69）和例（70）就是通过对并列类复句的后一分句加以否定而产生的并列类逆转转折句。这类让步转折句式前一分句中的事件 A，对后一分句中的事件 B 不具有制约性，也就是说，事件 A 的成立不会对事件 B 的成立造成任何不利的或是有利的影响。如例（69）中一个人相貌的丑与美对其自身的成分是“农民阶级”还是“地主阶级”并不造成任何影响。又如例（70）中中国家电在制造方面的成本高低并不影响其在交易成本上的优势。而例（71）和例（72）则是通过对因果类复句的后一分句加以否定所产生的因果类逆转转折句。这类让步转折句式前一分句中事件 A 的成立会对后一分句中事件 B 的成立产生负面影响，具有逆向制约作用。在例（71）中一般人选择专业是从自己的兴趣和爱好出发的，因此在我学习西方哲学成立的条件下，中国哲学是我最爱的可能性较小。又如例（72），一个人一无所有，其内心往往是比较苦闷的，也就是说在我的人生一无所有的条件下，我的内心非常富足的可能性是小的。

一　并列类逆转“虽然 A，但是 B”句式的语义关系

并列类逆转转折“虽然 A，但是 B”句式中事件 A 和事件 B 之间的语义关系具有非制约性，且具有两种情况。第一种是事件 A 和事件

B互为可比述谓结构。第二种是事件A和事件B之间互为不可比述谓结构。

（一）事件A、B之间互为可比述谓结构

并列类逆转转折句的前后分句之间互为对方的可比述谓结构，满足可比述谓结构的条件有二。条件一，满足可比述谓结构的两个分句必须同为一位述谓结构或同为二位述谓结构。条件二，对应变元及对应谓词之间至少存在一个共同的语义场①。例如：

（73）我虽然数学好，但是语文差。

（74）虽然他姐姐是天津人，但是他的姐夫是上海人。

一个句子是一位述谓结构还是二位述谓结构，取决于这个句子中存在几个变元。例（73）前一分句中的形容词“好”是一个谓词，名词“数学”做主语则是一个变元，我们称这个句子为一位述谓结构。例（73）后一分句中的形容词“差”为一个谓词，名词“语文”做主语是一个变元，也是一位述谓结构。因为前后两个分句都是一位述谓结构，所以例（73）满足前后分句互为对方可比述谓结构的第一个条件。同样，例（73）前一分句中的谓词“好”和后一分句中的谓词“差”相对应，且具有共同的语义场“评判”，相互对应的变元“数学”和“语文”有着共同的语义场“学科”，满足互为可比述谓结构的第二个条件，因此例（73）就是一个合法的句子。

例（74）的前后分句都是以判断动词“是”作为谓词的，与例（73）的不同之处则在于其前后分句都有两个变元，前一分句的变元是主语“他姐姐”和宾语“天津人”，而后一分句的变元是主语“他姐夫”和宾语“上海人”。因此前后分句同属于二位述谓结构。前后分句都以“是”为谓词，自然具有共同的语义场，而前后分句对应的变元“他姐姐”和“他姐夫”具有共同的语义场“亲属”，“天津

① 刘哲：《谈蕴含和预设的区别问题》，载《解放军外国语学院学报》2001年第3期，第62页。

人”和“上海人”也具有共同的语义场“祖籍”。因此例（74）也同样满足前后分句互为可比述谓结构的两个条件。

（二）事件A、B之间互为不可比述谓结构

这种并列类逆转转折“虽然A，但是B”句式中的事件A和事件B之间之所以互为不可比述谓结构是因为不能满足互为可比述谓结构的条件二，也就是说事件A和事件B中的对应变元和对应谓词之间不存在一个共同的语义场。例如：

（75）虽然他走进了房间，但是并没有见到其多日未见的媳妇。

例（75）满足并列类逆转转折句的前后分句之间互为对方的可比述谓结构的条件一，前后分句分别由“走进”和“见到”充当谓词。代词“他”分别作为前后分句的主语，名词“房间”和定中短语“其多日未见的媳妇”分别作为前后分句的宾语，因此前后分句均属于二位述谓结构。但前后分句中的对应变元和谓词并不具备共同的语义场。例（75）中谓词“走进”和“见到”就没有共同的上位意义，变元“房间”是谓词“走进”的终点，属于处所，变元“其多日未见的媳妇”是谓词“见到”的受事，属于亲属。前后分句不能构成可比述谓结构。

二 因果类逆转“虽然A，但是B”句式的语义关系

因果类逆转转折句的事件A和事件B之间具有因果逆转关系，前后分句互为对方的可比述谓结构，但与并列类逆转转折句的第一种情况不同，是间接类可比述谓结构。从因果类逆转转折句的语表形式中并不能看出前后分句中的成分同为一位述谓结构或二位述谓结构，也无法看出对应项是否含有共同的语义场。但前一分句中往往蕴含着另一个命题，这个蕴含命题所具有的语义结构可以和后一分句的语义结构构成可比述谓结构。例如：

(76) 他深沉地说：“这个职业虽然很苦，但是有乐趣。”

(77) 虽然他们有分歧，但是她不恨自己的丈夫。

从语表形式上我们并不能看出例（76）的前后分句可以构成可比述谓结构，后一分句中的变元由宾语“乐趣”充当，而在前一分句中没有出现宾语。因此例（76）不满足“虽然A，但是B”句式的前后分句同为一位述谓结构或二位述谓结构的条件。此外，前后分句的谓词“很苦”和“有”也不具备共同的语义场。但这并不影响复句的成立，因为前一分句“这个职业很苦”蕴含着“没有乐趣”。“没有乐趣”这一隐含命题可以和后一分句“有乐趣”构成可比述谓结构。谓词同为“有”，变元同是由宾语充当的“乐趣”。至于前一分句中的副词“没”，杰费里认为是逻辑作用词，并不影响句子是一位述谓结构还是二位述谓结构。因此我们认为，前一分句中的隐含命题和后一分句构成直接可比述谓结构，前一分句与后一分句构成间接可比述谓结构。例（77）也是相同的道理，前后分句从语表形式上看并不构成可比述谓结构，但是前一分句“他们有分歧”中蕴含着命题“她恨自己的丈夫”，隐含命题“她恨自己的丈夫”与“她不恨自己的丈夫”只少了一个具有逻辑作用的词“不”，所以构成可比述谓结构，可以共同构成“虽然A，但是B”让步转折句。

因果类逆转转折句中的事件A和事件B之间除了具有因果逆转关系和互为间接类可比述谓结构外，事件A和非事件B之间具有隐含关系。所谓隐含关系就是事件A真，那么事件B很可能真。例如：

(78) 虽然小王是中国人，但是他是黄头发。

(79) 虽然他是男孩子，但是喜欢针线活。

例（78）中事件A“小王是中国人”为真，那么非事件B“他不是黄头发”则很可能为真，因为中国人大部分是黑头发，只有少数人由于基因遗传、混血或者疾病等问题，是黄头发。例（79）也是相同的道理，事件A“他是男孩子”为真，那么非事件B“他不喜欢针线活”则很可能为真，因为大部分男孩子都是不喜欢针线活的，可也有一些优秀的男性缝纫师的存在。

第二节 “虽然A,但是B”句式的认知层面

“虽然A，但是B”是一种典型的让步转折类复句。因果类逆转转折“虽然A，但是B”句式强调事件A本来会影响事件B，然而事件B的成立却不受事件A的影响。并列类逆转转折复句“虽然A，但是B”句式强调的是事件A和事件B之间的非制约性[①]。从认知层面来说，“虽然A，但是B”反映了大脑思维两种不同认知层面所具有的不同认识。并列类逆转转折句的主观推测层面是说话人认为，事件A的成立对事件B的成立是没有影响的；因果类逆转转折句的主观推测层面是说话人认为，在A成立的情况下B成立的可能性小。然而并列类和因果类逆转转折句的客观反映层面是相同的，即说话人知道，A成立并且B也成立。用信赖程度表述就是：主观推测层面 $0 < P\{B/A\} \leqslant 0.5$；客观反映层面，$P\{A\}=1$ 并且 $P\{B\}=1$。

主观推测层面是大脑思维中的一个认知层面，该层面所反映的认识不是客观现实情况在大脑中的直接反映，而是人们根据自己的生活经验、背景知识等，对客观现实情况所进行的一种主观猜测或判断[②]。客观反映层面是大脑思维中不同于主观推测层面的另一认知层面，该层面所反映的认识不是人们依据自己的生活经验、背景知识等对客观现实情况所进行的一种主观猜测或判断，而是客观现实情况在大脑中的直接反映[③]。

为了便于理解，首先简单介绍一下信赖程度。信赖程度是美国数学家G. 波利亚提出的概念，用来描述人们对命题的相信程度，用 $P\{X\}$ 刻画（X表示任意命题），其取值区间为 $[0, 1]$。比如，$P\{X\}=0$，表示人们认为X假；$P\{X\}=0.5$，表示人们不知道X是

---

① 邢福义：《汉语复句研究》，商务印书馆2001年版，第302页。

② 丁力：《汉语语法问题研究》，三秦出版社2011年版，第44页。

③ 同上书，第47页。

真是假；P {X} =1，表示人们认为X真；0 < P {X} < 0.5，表示人们认为X成立的可能性小；0.5 < P {X} < 1，表示人们认为X成立的可能性大①。

一 并列类逆转“虽然A，但是B”句式的认知层面

所谓并列类逆转转折句，是指由并列类复句转化成的“虽然A，但是B”让步转折句。事件A和事件B之间具有非制约性。其主观推测层面反映的内容是事件A的成立并不影响事件B的成立，其客观反映层面反映的内容是事件A成立，事件B也成立。

（一）并列类逆转转折句的主观推测层面

具有并列关系的“虽然A，但是B”中，事件A和事件B是平等的、独立的，不受主观信赖程度的制约，人们主观上认为A事件是否成立，并不对B事件的成立与否产生任何影响，即P {B/A} =0.5。例如：

（80）a. 我同意你的意见，也同意他的意见。

b. 虽然我同意你的意见，但是不同意他的意见。

c. 虽然我不同意他的意见，但是同意你的意见。

（81）a. 杨丞琳既漂亮，又有脑子。

b. 杨丞琳虽然漂亮，但是没有大脑。

c. 杨丞琳虽然没有大脑，但是漂亮。

（82）a. 那些人既不许他外出就诊，也不准许医生登门治疗。

b. 那些人虽然不许他外出就诊，但是准许医生登门治疗。

c. 那些人虽然准许医生登门治疗，但是不许他外出就诊。

例（80）中依据人们的生活经验和背景知识，一般不会认为，我同意了你的意见，就一定会或者不会同意他的意见。即在P {我同意

① G. 波利亚：《数学与似真推理》，福建人民出版社1985年版，第457页。

你的意见｝=1 的前提下，P｛我不同意他的意见｝=0.5。例（81）和例（82）也是相同的道理，在 P｛漂亮｝=1 的前提下，P｛没有大脑｝=0.5。在 P｛不许他外出就诊｝=1 的前提下，P｛准许医生登门治疗｝=0.5。

由于并列类逆转转折句的事件 A 和事件 B 是各自独立、互不影响的，因此事件 A 和事件 B 互换位置后依然满足其主观推测层面所反映的内容是 P｛B/A｝=0.5，因此在并列类逆转转折句中事件 A 和事件 B 可以无条件发生移位。例如：

（83）a. 曹军虽然将士十分勇猛，但是粮食没有我们多。

b. 曹军虽然粮食没有我们多，但是将士十分勇猛。

（84）a. 中国虽然地大物博，但是人口众多。

b. 中国虽然人口众多，但是地大物博。

上述两例说明，在并列类逆转转折句中的事件 A 和事件 B 是可以相互移位的。这是因为事件 A 和事件 B 移位后同样满足主观推测层面是 P｛B/A｝=0.5 的条件。根据我们的生活经验和背景知识，例（83）中曹军将士勇猛的情况并不会影响曹军粮食的多与少。曹军粮食没有我们多，也不会影响其将士的勇猛程度。所以在位移之后，其主观推测层面反映的内容是 P｛将士十分勇猛/曹军粮食没有我们多｝=0.5。但事件 A 和事件 B 发生位移后，句子表达的内容发生了变化。例（83）a 传达的信息是：“给自己的将士以鼓励，传递曹军没有那么强，我们有取胜的机会。”而例（83）b 传递的信息是：“给自己的将士以提醒，不要小视曹军，曹军很强。”例（84）也是如此，中国的地大物博并不会影响中国的人口数量。反言之，中国的人口数量也不会影响中国的面积和物产。因此位移后复句的主观推测层面仍然是 P｛地大物博/中国人口众多｝=0.5。位移后表达的内容同样发生了变化，例（84）a 传达的信息是：“中国的物产资源紧张”，例（84）b 传递的信息是：“中国的物产资源还是比较富裕的。”

（二）并列类逆转转折句的客观反映层面

并列类“虽然A，但是B”复句，在客观反映层面的认识是，事件A成立，事件B也成立，即P{A}=1，P{B}=1。例如：

（85）虽然我同意你的意见，但是不同意他的意见。

（86）虽然他是个医生，但是他不是个军人。

在例（86）中，当说出“虽然他是个医生，但是他不是个军人”这句话时，客观现实或说话人认为“他确确实实是个医生，不是个军人”，即P{A}=1，P{B}=1。例（85）也是如此，P{我同意你的意见}=1，P{我不同意他的意见}=1。

二 因果类逆转“虽然A，但是B”句式的认知层面

所谓因果类逆转转折句，就是由因果类复句转换而成的“虽然A，但是B”句式，是邢福义提出的另一种转折类复句的重要表现形式，对因果类复句的后一分句加以否定。

（一）因果类逆转转折句的主观推测层面

在具有因果关系的“虽然A，但是B”中，事件A和事件B具有主观信赖程度的顺向制约性，人们可以根据事件A的成立，推测出事件B成立的可能性比较小的结论，即0<P{B/A}<0.5。例如：

（87）a. 因为黑夜笼罩着他，所以我看不到他脸上的忧伤。

b. 虽然黑夜笼罩着他，但是我看到了他脸上的忧伤。

（88）a. 因为对眼前的男人的不可一世深恶痛绝，所以我没有接受他的名片。

b. 虽然对眼前的男人的不可一世深恶痛绝，但是我接受了他的名片。

（89）a. 因为我的孙子已不会讲布农话，所以通过世世代代相传的布农歌谣也断了根。

b. 虽然我的孙子已不会讲布农话，但是通过世世代代相传的

布农歌谣不会断了根。

例（87）中根据生活经验和背景知识，人们一般会认为在黑夜笼罩着他的前提下，能看到他脸上的忧伤这么细小的表情的可能性非常小，即在P｛黑夜笼罩着他｝=1的前提下，0<P｛我看到了他脸上的忧伤｝<0.5。例（88）和例（89）也是如此，在P｛对眼前的男人的不可一世深恶痛绝｝=1的前提下，0<P｛我接受了他的名片｝<0.5。在P｛我的孙子不会讲布农话｝=1的前提下，0<P｛通过世世代代相传的布农歌谣不会断了根｝<0.5。

在因果类逆转转折句中，通过对事件A和事件B的位移，可以更加清楚地观察到，事件A和事件B只有满足0<P｛B/A｝<0.5的特征，才能进入“虽然A，但是B”这一复句格式之中。有的事件A可以和事件B在“虽然A，但是B”复句中发生移位，而有的事件A和事件B就不能发生移位。后者不能发生移位的原因正是由于其主观推测层面不能满足0<P｛B/A｝≤0.5这一要求。观察下列例句：

（90）a. 虽然这种人在党内外都是极少数，但是应该重视他们的作用。

b. 虽然应该重视他们的作用，但是这种人在党内外都是极少数。

（91）a. 虽然科比受伤了，但是他可以上场比赛。

b. 虽然科比可以上场比赛，但是他受伤了。

（92）a. 虽然病人们都被排除“非典”的可能了，但是我们一个也不敢疏忽。

b. *虽然我们一个也不敢疏忽，但是病人们都被排除“非典”的可能了。

前两个例子之所以可以移位，是因为不但移位前的“虽然A，但是B”复句在主观推测层面满足0<P｛B/A｝<0.5，移位后的“虽然B，但是A”也满足0<P｛B/A｝<0.5。例（90）中移位前以P

{这种人在党内外都是极少数} =1 为前提，0 < P {应该重视他们的作用} <0.5。移位后在 P {应该重视他们的作用} =1 为前提，P {这种人在党内外都是极少数}依然是大于 0 小于 0.5 的。例（91）也是如此，在 P {科比可以上场} =1 的前提下，0 < P {他受伤了} <0.5。在这里要注意的是，可以位移的由因果类复句转化成的“虽然 A，但是 B”复句往往要表达字表外的含义。例（90）中说话人要表达的真正含义是“我们不应该过度重视他们的作用”。而例（91）要表达的含义是“不让科比上场比赛”。

与前两个例子不同，例（92）中 A 和 B 移位后句子就不成立了，这是因为 A、B 移位后句子的主观推测层面不能满足 0 < P {B/A} ≤ 0.5 的要求了。如例（92），在“我们一个也不敢疏忽”的前提成立的情况下，“病人们都被排除‘非典’”的可能性应该是大的，即 0.5 < P {病人们都被排除“非典”的可能了/我们一个也不敢疏忽} <1。

（二）因果类逆转转折句的客观反映层面

由因果类复句转化而成的“虽然 A，但是 B”句式，其客观反映层面所反映的认识与并列类逆转转折句相同，都是事件 A 成立，事件 B 也成立，即 P {A} =1，P {B} =1。例如：

（93）虽然堵车，但是我还是及时赶到了会场。

（94）虽然先后输给格鲁吉亚和苏格兰队，但是中国队毕竟开始得分。

例（93）中说话人说出这句话，正是因为他刚刚经历了堵车，而且通过努力及时赶到了会场，即 P {堵车} =1，并且 P {我还是及时赶到了会场} =1。例（94）也是相同的道理，P {先后输给格鲁吉亚和苏格兰队} =1，并且 P {中国队开始得分} =1。

（三）间接因果类逆转转折句的主观推测层面

间接因果类逆转转折句是因果类逆转转折句中的一种特殊类型，其因果逆转关系不直接表现在事件 A 和事件 B 之间，而是表现在事件 A 和事件 C 之间。而事件 B 和事件 C 往往具有某种因果关系。例如：

（95） a. 这块布料虽然价格很贵，但是质量上乘。

b. 这块布料虽然价格很贵，但是质量上乘，所以值得买。

（96） a. 地方志里的资料虽然丰富，但是传抄错误多。

b. 地方志里的资料虽然丰富，但是传抄错误多，所以要仔细衡量。

一般地，对“虽然 A，但是 B”复句我们可以解释为：虽然 A，但是并不因为 A，而¬B。而“虽然 A，但是 B，所以 C”复句我们则要解释为：虽然 A，但是因为 B，而 C，且并不因为 A，而¬C。因此，“虽然 A，但是 B”句式的因果逆转关系实际上表现在 A 和 C 之间，如例（95）“这种衣料虽然很贵，但是值得买”。从主观推测层面看，根据人们的生活经验和背景知识，在衣料很贵的前提下，值得购买的可能性很小，即在 P｛这种衣料很贵｝=1 的前提下，0 < P｛值得买｝<0.5。例（96）也是相同的道理，“地方志里的资料虽然丰富，但是要仔细衡量”。从主观推测层面看，根据人们的生活经验和背景知识，在地方志里资料丰富的情况下，还要仔细衡量的可能性应该是小的，即在 P｛地方志里的资料丰富｝=1 的前提下，0 < P｛需要仔细衡量｝<0.5。

此外还有一种更加独特的间接因果类逆转转折句，这种间接因果类逆转转折句的事件 B 是由问句充当的。其因果逆转关系也表现在事件 A 和事件 C 之上，其中事件 C 表达的内容是“说话人有疑惑”。例如：

（97） 虽然出国留学是个好差事，但是派谁去好呢？

（98） 虽然他平时积极主动，但是这次还能自告奋勇地发言吗？

以上两个例子中的事件 B 分别由特指疑问句和是非疑问句充当，其因果逆转关系仍然表现在事件 A 和事件 C 之上。两个句子的事件 C

是“说话人不知道派谁去”和“说话人不知道他这次是否能自告奋勇地发言”。如例（97），人们根据自己的背景知识推断，在出国留学是个好差事的前提下，说话人不知道派谁去的可能性应该是小的。用信赖程度表示其主观推测层面所反映的内容是P｛出国留学是个好差事｝=1的前提下，0<P｛说话人不知道派谁去｝<0.5。例（98）同理，在他平时积极主动的基础上，说话人不知道他这次是否能自告奋勇地发言的可能性是小的，用信赖程度表示是P｛他平时积极主动｝=1的前提下，0<P｛说话人不知道他这次是否还能自告奋勇地发言｝<0.5。

（四）间接因果类逆转转折句的客观反映层面

间接因果类逆转转折句的客观反映层面所反映的内容要比普通的因果类逆转转折句更加丰富。因为其复句句式中除了包含语表形式中可以发现的事件A和事件B以外，还有可以根据事件B推理出的结果事件C。例如：

（99）a. 虽然是夏天，但是草原早晚温差大。

b. 虽然是夏天，但是草原早晚温差大，所以最好准备一件外套以防着凉。

（100）虽然爷爷平时最宠爱她，但是这次会答应她的无理要求吗？

例（99）中当说话人说出这句话的时候，当时必然是夏天，且草原早晚温差大。用信赖程度表示例（99）的客观反映层面是P｛是夏天｝=1并且P｛草原早晚温差大｝=1。但因为间接因果类逆转转折句其因果逆转关系是表现在事件A和事件C上的，所以客观反映层面也要考虑事件C的情况。由于上文中提到事件B和事件C具有顺向因果关系，当事件B成立时，事件C也应该成立，所以事件C的客观反映层面应该是P｛C｝=1。例（99）b的客观反映层面所反映的完整内容是P｛是夏天｝=1并且P｛草原早晚温差大｝=1并且P｛最好准备一件外套以防着凉｝=1。例（100）是由疑问句充当事件

B 的间接因果类逆转转折句。当说话人说出这句话的时候，其客观事实应该是，爷爷平时最宠爱她是真实的，说话人不知道爷爷是否会答应她的无理要求也是真实的。用信赖程度表示就是 P {爷爷平时最宠爱她} = 1 并且 P {说话人不知道爷爷这次是否会答应她的无理要求} = 1。

“虽然 A，但是 B”让步转折句，在人类大脑思维的主观推测层面的认识是 0 < P {B/A} ≤0.5；在人类大脑思维的客观反映层面的认识是 P {A} = 1，P {B} = 1。那么这两组认识的不同是否会造成对“虽然 A，但是 B”让步转折句理解上的冲突呢？其实，不会造成冲突，因为 P {B/A} = 1 和 0 < P {B/A} ≤0.5 所反映的是人脑思维中不同认知层面的认识。例如：

（101）“一国两制”，虽然是从我们自己的实际提出来的，但是这个思路可以延伸到某些国际问题的处理上。

例（101）中说话人主观推测“一国两制”这个方针是从中国的实际提出来的，按道理来说，能解决国际问题的可能性很小，即 0 < P {这个思路可以延伸到某些国际问题的处理上/“一国两制”是从我们自己的实际提出来的} < 0.5。但是说话人看到的实际情况是，“一国两制”方针确实能处理一些国际问题，即 P {“一国两制”是从我们自己的实际提出来的} = 1，P {这个思路可以延伸到某些国际问题的处理上} = 1。

其实“虽然 A，但是 B”让步转折句的这种主观推测层面和客观反映层面的“冲突”正是其语用价值所在。说话人使用“虽然 A，但是 B”让步转折句正是为了表示主观推测层面 0 < P {B/A} ≤0.5 和客观反映层面 P {A} = 1，P {B} = 1 的这种不一致性。表明虽然事件 A 成立不会对事件 B 的成立产生任何积极的影响，甚至会产生阻力，但是事件 B 照样可以成立。如果说话人不想反映这种主客观的不一致关系，就可以这样说：“一国两制”，只要是从我们自己的实际提出来的，就可以将这个思路延伸到某些国际问题的处理上。

本章主要研究了“虽然 A，但是 B”句式的语里内容。第一节主要讨论了“虽然 A，但是 B”句式的语义关系。并列类逆转转折“虽然 A，但是 B”句式的事件 A 和事件 B 之间在不同的条件下既可以互为可比述谓结构，也可以互为不可比述谓结构。而因果类逆转转折“虽然 A，但是 B”句式中的事件 A 和事件 B，不仅具有因果逆转转折关系，还互为对方的间接可比述谓结构。第二节则讨论了“虽然 A，但是 B”句式的认知层面，其主观推测层面反映的内容是“$0 < P\{B/A\} \leqslant 0.5$”；其客观反映层面反映的内容是“$P\{A\} = 1$ 并且 $P\{B\} = 1$”。

第三章 “虽然A,但是B”句式的语用价值

“虽然A，但是B”句式作为典型的让步转折复句格式，具有反预期的语用价值。陈琳在其硕士论文《转折复句的语义语用修辞研究》中将“虽然A，但是B”句式的语用归纳为“正反对比功能”“补充功能”“强调功能”“语义顿跌功能”以及“委婉功能”①。徐燕青在其论文《“虽然P，但是Q”句式的语用条件》中讨论了“虽然P，但是Q”句式在叙述问题和议论文体中的语用意图②。在前人研究的基础上，本章主要从“虽然A，但是B”句式的“语用环境”和“心态特征”两个角度对“虽然A，但是B”句式的语用价值进行研究。

第一节 “虽然A,但是B”句式的语用环境

所谓“语用环境”就是将“虽然A，但是B”句式放在更大的语言环境中使用。语用环境中各要素相互联系、相互制约，构成了一个有机的整体。本节主要讨论关于“虽然A，但是B”句式的三个语用环境，分别是“虽然A，但是B，所以C”“如果C，虽然A，但是B”以及“只要C，虽然A，但是B”。

---

① 陈琳：《转折复句的语义语用修辞研究》，硕士学位论文，湘潭大学，2009年。

② 徐燕青：《“虽然P，但是Q”句式的语用条件》，载《汉语学习》2015年第4期，第32—35页。

一 语用环境1:“虽然A，但是B，所以C”

在语用环境1中，当“虽然A，但是B”句式是由因果类复句转化而来的时候，无论主语和谓语是否相同，事件A和事件B具有因果逆转关系，事件A和事件C具有因果逆转关系，事件B和事件C具有因果关系。例如：

(102) 虽然没有月经，但是仍有排卵，所以如不避孕，就可能受孕。

(103) 虽然安全部门领导人控制了政权，但是他们的威信、威望不足以起到阿拉法特的作用，所以阿拉法特现在还不能走。

例（102）中事件A“没有月经”与事件B“仍能排卵”之间具有因果逆转关系，人们根据自己的生活经验和科学常识可以推断出，一般来讲，女性没有了月经，也就不能排卵了。而事件B表达的内容与人们的推断相反，“在没有了月经的基础上，还能够排卵”。因此事件A和事件B具有因果逆转关系。同样的道理，根据常理推断“没有了月经的女性”也就不能“受孕了”，所以事件A“没有月经”和事件C“如不避孕，就可能受孕”也具有因果逆转关系。而人们则可以通过事件B“仍能排卵”顺利地推断出事件C“如不避孕，就可能受孕”，因此事件B和事件C具有顺向的因果关系。又如例(103)，由于安全部门领导人控制了政权，可以推断出阿拉法特没有存在的必要了，所以事件A“安全部门领导人控制了政权”与事件C“阿拉法特现在还不能走”具有因果逆转关系。事件A“安全部门领导人控制了政权”与事件B“他们的威信、威望还不足以起到阿拉法特的作用”同样具有因果逆转关系。正是由于安全部门领导人的威信和威望不足，才有必要留住阿拉法特来稳固政权，所以事件B“他们的威信、威望不足以起到阿拉法特的作用”和事件C“阿拉法特现在还不能走”具有因果关系。

在语用环境1中，当“虽然A，但是B”句式是由并列类复句转化而来的时候，事件A和事件B以及事件C之间的关系则相对比较复杂。可以分为四种情况：前后分句中主语相同，谓语不同；前后分句中主语相同，谓语相同；前后分句中主语不同，谓语不同；前后分句中主语不同，谓语相同。

当并列类逆转转折“虽然A，但是B”句式中前后分句主语相同，谓语不同的时候，事件A和事件B具有并列关系，事件A和事件C具有因果关系，事件B和事件C同样具有因果关系。例如：

(104) 虽然我不同意他的意见，但是同意你的意见，所以让你去当主管。

事件A和事件B具有并列关系，也就是说，我是否同意他的意见并不影响我是否同意你的意见。事件A“我不同意他的意见”和事件C“让你去当主管”具有顺向因果关系，即“因为不同意他的意见，所以让你去当主管”。事件B“同意你的意见”和事件C“让你去当主管”同样具有顺向因果关系，即“因为我同意你的意见，所以让你去当主管”。

当并列类逆转转折“虽然A，但是B”句式中前后分句的主语、谓语都相同的时候，事件A和事件B具有并列关系，二者各自独立。事件A和事件C具有因果逆转关系，事件B和事件C具有顺向因果关系。例如：

(105) 虽然我不同意你的意见，但是也不同意他的意见，所以让你去当主管。

例(105)前后分句中的主语都是由“我”充当的，谓语都是由“不同意”充当的。事件A“我是否同意你的意见”并不影响“我是否同意他的意见”，因此二者具有并列关系。事件A“我不同意你的意见”和事件C“让你去当主管”具有因果逆转关系，即“因为事件A，所以非事件C”。事件B和事件C具有顺向因果关系，即“因为我不同意他的意见，所以让你去当主管”。在前后分句的主语和谓语都相同的并列类逆转转折“虽然A，但是B”句式的语表形式内部还具有额外的附加内容，即事件A“我不同意你的意见”，事件B“我不同意他的意见”，事件D“相对于你的意见我更不同意他的意见”。

当并列类逆转转折“虽然A，但是B”句式中前后分句的主语和谓语都不相同时，事件A和事件B同样各自独立并具有并列关系，事件A和事件C具有因果逆转关系，事件B和事件C具有顺向因果关系。例如：

(106) 虽然我同意你的意见，但是他不同意你的意见，所以不能让你当主管。

例（106）前后分句中的主语和谓语都不同，事件A“我同意你的意见”与事件B“他不同意你的意见”没有内在联系，具有并列关系。事件A“我同意你的意见”和“不能让你当主管”具有因果逆转关系，即“因为我同意你的意见，所以应该让你当主管”。事件B和事件C具有顺向因果关系，即“因为他不同意你的意见，所以不能让你当主管”。

当并列类逆转转折“虽然A，但是B”句式中前后分句的主语不同，谓语相同的时候，事件A和事件B同样是并列关系，事件A和事件C具有因果逆转关系，事件B和事件C同样具有因果逆转关系。例如：

(107) 虽然我同意你的意见，但是他也同意你的意见，所以不能让你当主管。

例（107）中主语由前后分句的“我”和“他”分别充当，谓语则由“同意”充当。事件A和事件B同样是具有各自独立的并列关系，事件A和事件C具有因果逆转关系，即“因为我同意你的意见，所以不能让你当主管”。事件B和事件C同样具有因果逆转关系，即“因为他同意你的意见，所以不能让你当主管”。

事件A和事件B与事件C都构成了因果逆转关系，但句子仍然符合现代汉语的语法规范，原因是除了语表形式所能反映出来的事件A、事件B和事件C外，还有一个隐含项，即事件D。是事件D与事件C构成了顺向的因果关系。事件D就是“我和他之间的矛盾关系”，即“他同意的意见，我全部不同意”。

二 语用环境2：“如果C，虽然A，但是B”

在语用环境2中，让步转折“虽然A，但是B”句式整体充当“如果”句的结果分句。当由因果类逆转“虽然A，但是B”句式充当“如果”句的后一分句时，事件A、事件B和事件C之间的关系有两种情况：第一种情况是“事件C与事件A是因果逆转关系，事件C与事件B是因果关系，事件B与事件A是因果逆转关系”。例如：

(108) 如果生产队或生产组已经完成或超额完成它们的原定单位面积产量计划，虽然还低于集体农庄的平均数，但是不扣减其劳动日数。

例(108)中事件C和事件A具有因果逆转关系，即“在生产队或生产组已经完成或超额完成它们的原定单位面积产量计划的前提下，不会低于集体农庄的平均数”。事件C和事件B具有顺向因果关系，即“因为生产队或生产组已经完成或超额完成它们的原定单位面积产量计划，所以不扣减其劳动日数”。事件A和事件B具有因果逆转关系，即“因为低于集体农庄的平均数，所以不扣减其劳动日数”。

另外一种情况是事件C和事件B是因果逆转关系，事件C和事件A是因果关系，事件A和事件B是因果逆转关系。例如：

(109) 如果我们投入全部精锐部队强攻坚城，用几十天时间虽然也可以攻下来，但是那样做将会给我们的部队造成很多伤亡。

例（109）中事件C和事件A具有顺向因果关系，即“因为我们投入全部精锐部队强攻坚城，所以用几十天时间可以攻下来”。事件C和事件B具有因果逆转关系，即“因为我们投入全部精锐部队强攻坚城，所以会造成我们部队很多伤亡”。事件A和事件B具有因果逆转关系，即“在攻下坚城的情况下，会造成我们的部队很多伤亡”。

由并列类逆转转折句“虽然A，但是B”充当“如果”句后一分句时，事件C和事件A是顺向因果关系，事件C和事件B同样是顺向因果关系，事件A和事件B是相互独立的并列关系。例如：

（110）如果没有新的成分，虽然欣赏者容易理解，但是也会觉得枯燥乏味。

例（110）中事件A和事件B之间具有相互独立的并列关系，即“一本书是否容易理解，并不影响其是否枯燥”。事件C和事件A之间的关系是顺向因果关系，即“因为没有新的成分，所以欣赏者容易理解”。事件C和事件B同样具有顺向因果关系，即“因为没有新的成分，所以欣赏者觉得枯燥乏味”。

三 语用环境3：“只要C，虽然A，但是B”

在语用环境3中，让步转折“虽然A，但是B”句式整体充当“只要”句的结果分句。由因果类逆转“虽然A，但是B”句式充当“只要”句的后一分句时，事件A、事件B和事件C三者之间的关系同样具有两种情况。其一是事件C和事件A具有因果逆转关系，事件C和事件B具有因果关系，事件A和事件B具有因果逆转关系。例如：

（111）只要识别之、警觉之、抑制之，虽然不能完全消除欲望，但是还可以保证是一个有操守的人。

例（111）中事件C和事件A具有因果逆转关系，即“因为我们识别之、警觉之、抑制之，所以可以完全消除欲望”。事件C和事件B具有因果关系，即“因为我们识别之、警觉之、抑制之，所以可以保证是一个有操守的人”。事件A和事件B具有因果逆转关系，即“因为我们不能完全消除欲望，所以不可以保证是一个有操守的人”。

其二是事件C和事件A具有非制约关系，事件C和事件B具有因果关系，事件A和事件B同样具有因果逆转关系。例如：

(112) 只要战友们团结在一起，虽然天气恶劣，但是心里暖暖的。

例（112）中事件C和事件A具有非制约性，即“战友们团结在一起不会导致天气的恶劣或晴朗”，事件C和事件B具有因果关系，即“因为战友们团结在一起，所以心里暖暖的”。事件A和事件B具有因果逆转关系，即“因为天气恶劣，所以心里不会暖暖的”。

第二节 “虽然A,但是B”句式的心态特征

所谓使用“虽然A，但是B”句式的心态特征是指说话人在使用“虽然A，但是B”句式之前对听话人的心态、背景的猜测或认识。听话人对事件A和事件B的认识不同，会导致说话人在使用“虽然A，但是B”句式时的差异。不同的心态特征反映的是不同的语用环境，上文中提到的语用环境是句法语用环境，属于语言语用环境，而心态特征的语用环境属于非语言语用环境。

一 使用并列类逆转“虽然A，但是B”句式的心态特征

并列类逆转转折句是通过对具有并列关系复句的后一分句加以否定所形成的让步转折“虽然A，但是B”句式，因此事件A和事件B

之间的关系是平等的、独立的、不受主观信赖程度制约的。但通过对“虽然A，但是B”句式进行更深一步的观察和探析发现，说话人在使用并列类逆转转折“虽然A，但是B”句式时，在其内心中事件A和事件B是存在微妙关系的。这主要体现在后一分句谓词成分的肯定与否定上。例如：

（113）a. 虽然我赞成你的观点，但是也赞成他的观点。
b. 虽然我赞成你的观点，但是不赞成他的观点。
（114）a. 虽然他是个作家，但是也是个老师。
b. 虽然他是个作家，但是不是个老师。

按照并列类逆转转折句的主观推测层面所反映的内容来说，例（113）a中的观点1和观点2应该是相互独立的，说话人是否赞成观点1并不会影响其是否赞成观点2。例（113）b也是如此，例（113）b中的观点1和观点2同样各自独立、互不影响。而我们在对例（113）a和例（113）b进行比较时发现，说话人关于听话人对观点1和观点2之间关系的理解是不同的。说话人在说出例（113）a之前，其内心的背景机制是“听话人认为说话人赞成我的观点，不应该赞成他的观点”，也就是说，听话人认为“我的观点和他的观点异大于同”。说话人在说出例（113）b之前，其内心的背景机制反映的内容是“听话人认为说话人既会赞成我的观点，又会赞成他的观点”，换言之是“我的观点和他的观点就听话人来说是同大于异的”。按照并列类逆转转折句的主观推测层面所反映的内容，例（114）中听话人和一般人会认为，一个人是不是作家，并不会影响他是不是一名老师。同样，我们在对例（114）a和例（114）b的比较中发现事件A和事件B之间细微的关联，当说话人说出这句话之前，听话人对“他是作家”和“他是否是老师”之间关系的理解是不同的，并不是完全的各自独立的关系。说话人在说出例（114）a之前，对听话人的认识是“听话人认为他是个作家，就不应该是个老师”。当说话人说出例（114）b之前，对听话人的认识是“听话人认为他是个作家，也很可能是个老师”。说话人对事件B的肯定，其实就是对听话人对事件B观点的否定。

通过对以上两个例句的分析，虽然并列类逆转转折句的主观推测层面所反映的内容是在事件A成立的情况下，并不影响事件B是否成立，但从听话人对事件A和事件B之间关系的理解上看，二者并不是完全独立、互不相关的。当说话人对事件A和事件B都进行肯定的时候，听话人认为事件A和事件B的矛盾大于一致。当说话人肯定事件A而否定事件B的时候，那么听话人则认为事件A和事件B的一致大于矛盾。

二 使用因果类逆转“虽然A，但是B”句式的心态特征

与使用并列类逆转转折句相同，当说话人使用因果类逆转转折句时，不仅要考虑事件A和事件B是否具有因果逆转关系，也要考虑听话人的看法和预期。例如：

（115）虽然她希望遇到一个可以把一切献给自己的男人，但是她把自己交付给了他。

（116）虽然她希望遇到一个可以把一切献给自己的男人，但是她不能把自己交付给他。

以上两个例句只有后一分句中的肯定否定形式是不同的，两个例句都能成立的原因在于，例（115）是通过对“因为她希望遇到一个可以把一切献给自己的男人，所以她不能把自己交付给他”的后一分句加以否定转化而来的因果类逆转转折句。而例（116）是通过对“因为她希望遇到一个可以把一切献给自己的男人，所以她可以把自己交付给他”的后一分句加以否定转化而来的因果逆转转折句。例（115）和例（116）虽然只有后一分句中的肯定否定形式不同，但句子的来源是不同的。例（115）后一分句中的“他”，听话人应该是认为“他不够好，达不到女生嫁给他的标准”。而例（116）后一分句中的“他”，听话人的预期应该是“他已经很好了，女生是值得

嫁给他的”。

本编的最后一章研究了“虽然 A，但是 B”句式的语用价值，主要从“虽然 A，但是 B”句式的语用环境和心态特征两个方面进行讨论。在第一节“虽然 A，但是 B”句式语用环境的研究中，将“虽然 A，但是 B”句式放入更大的语言环境中去使用，分别构成“虽然 A，但是 B，所以 C”句式，“如果 C，虽然 A，但是 B”句式和“只要 C，虽然 A，但是 B”句式，讨论事件 A、事件 B 以及事件 C 三者之间的关系。第二节则讨论了说话人在使用并列类逆转“虽然 A，但是 B”句式和因果类逆转“虽然 A，但是 B”句式之前对听话人心态、背景的猜测以及认识。

结　语

对让步转折“虽然A，但是B”句式的研究是汉语复句研究的一个热点问题，自近代的《马氏文通》以来，语言学家就从逻辑关系、语义重心、联系变换、语用价值等方面对其进行分析。本编以邢福义的“小三角”理论为依托，从语表、语里和语值三个方面对“虽然A，但是B”句式进行了系统研究。

让步标“虽然”具有两个作用：首先，可以起到预设转折的作用，即听话人可以通过前一分句，推测出后一分句将出现与前一分句相反的表达内容。其次，让步标“虽然”可以表达事件A的真实性，即事件A是客观存在的或已经发生的事件。

同样具有预设转折性质的让步标“固然”在一定情况下是可以替换“虽然A，但是B”句式中让步标“虽然”的。“固然”替换“虽然”的第一种情况是：“虽然A，但是B”句式具有评价性内涵。“固然”替换“虽然”的第二种情况是：“虽然A，但是B”句式具有判断性内涵。但“虽然A，但是B”句式和被“固然”替换后的“固然A，但是B”句式的注重点不同，前者更加强调的是对事件客观上的陈述，而后者更加强调的是对事件主观上的评价和判断。

应接标“但是”与让步标“虽然”相互呼应，表示具有预设性的转折。在一般情况下“虽然A，但是B”句式中的应接标“但是”是不能删去的，但当后一分句中存在同样具有反预期作用的副词“仍然”“还是”“依然”和“也”时，删除应接标“但是”的“虽然”句式仍然成立。但句子由强调事件A和事件B之间的转折关系，变为强调事件B对事件A的补充说明。

副词“却”“倒”与应接标“但是”在“虽然A，但是B”句式的后一分句中同现，为复句格式增添了不同的主观色彩。由于两个语气副词在用法和语义上具有共性，在“虽然A，但是B”句式满足具备“直接对比”和“间接对比”的情况下，与应接标同现的副词“却”可以被副词“倒”替换。副词“又”与应接标“但是”同现的“虽然A，但是B”句式中含有三个命题，分别是本项A、本项B和关项B’。副词“也”与应接标“但是”同现的“虽然A，但是B”句式中包含四个命题，分别是本项A、本项B、关项A’和关项B’。本项A和关项A’具有语义的对立性，本项B和关项B’具有语义的一致性。连词“不过”和“只是”都具有表达转折的性质，因此在一定条件下可以与让步转折句中的应接标“但是”相互替换。但是，“不过”和“只是”与“但是”又存在着明显的差异。“不过”与“但是”的差异主要表现在转折程度的强弱上。“但是”表示转折的强度要强于“不过”，所以不能与表示“量小”的“而已”“罢了”“呢”等虚词同现。“但是”与“只是”的不同，除了表现在“但是”的转折强度强于“只是”上外，还表现在对事件B的色彩意义的限制上。让步标“虽然”引导的事件B表达的色彩意义，既可以是消极的，又可以是积极的，还可以是中性的。而“只是”引导的事件B所表达的，只限于消极意义。

说话人选用“虽然A，但是B”让步转折句就是为了反映说话人大脑思维中的主观推测层面和客观反映层面对客观现象认识的不一致性。并列类逆转“虽然A，但是B”句式的主观推测层面所反映的内容是$P\{B/A\}=0.5$，客观反映层面所反映的内容是$P\{A\}=1$，$P\{B\}=1$。因果类逆转“虽然A，但是B”句式的主观推测层面所反映的内容是$0<P\{B/A\}<0.5$，因果类逆转“虽然A，但是B”句式的客观反映层面所反映的内容与并列类逆转句式相同，都是$P\{A\}=1$，$P\{B\}=1$。因果类逆转“虽然A，但是B”句式中还存在着一种特殊的类型，就是间接因果类逆转“虽然A，但是B”句式，其因果逆转关系不直接表现在事件A和事件B之间，而是表现在事件A和事件C之间，其中事件B和事件C具有因果关系。其主观推测层

面所反映的内容是 $0 < P\{C/A\} < 0.5$，其客观反映层面所反映的内容是 $P\{A\} = 1$，$P\{C\} = 1$。

本编的最后一部分讨论了“虽然 A，但是 B”句式的语用价值，其中包括两个部分。第一部分主要研究了“虽然 A，但是 B”句式的三种主要语用环境：“虽然 A，但是 B，所以 C”“如果 C，虽然 A，但是 B”以及“只要 C，虽然 A，但是 B”。第二部分研究了并列类逆转“虽然 A，但是 B”句式和因果类逆转“虽然 A，但是 B”句式的心态特征，具体说来就是说话人在使用“虽然 A，但是 B”句式之前对听话人的心态、背景的猜测或认识的不同，导致了使用“虽然 A，但是 B”句式的差异。

本编以邢福义的“小三角”理论为基础，对“虽然 A，但是 B”句式的语表、语里和语值进行了系统研究，但是由于时间紧、底子薄，研究内容还有很多欠缺和不足，笔者会在今后的努力中进行有益的完善。

参考文献

一　专著

吕叔湘：《汉语语法分析问题》，商务印书馆1979年版。

朱德熙：《现代汉语语法研究》，商务印书馆1980年版。

吕叔湘：《现代汉语八百词》，商务印书馆1981年版。

吕叔湘：《中国文法要略》，商务印书馆1982年版。

马建忠：《马氏文通》，商务印书馆1983年版。

G. 波利亚：《数学与似真推理》，杨讯文译，福建人民出版社1985年版。

邢福义：《语法问题探讨集》，湖北教育出版社1986年版。

王维贤：《现代汉语复句新解》，华东师范大学出版社1994年版。

朱德熙：《语法讲义》，商务印书馆2000年版。

邢福义：《汉语复句研究》，商务印书馆2001年版。

邢福义：《汉语语法三百问》，商务印书馆2002年版。

陆俭明、沈阳：《汉语和汉语研究十五讲》，北京大学出版社2004年版。

陆俭明：《现代汉语语法研究教程》，北京大学出版社2005年版。

邵敬敏：《现代汉语通论》，上海教育出版社2007年版。

丁力：《汉语语法问题研究》，三秦出版社2011年版。

二　学术期刊

杨月蓉：《“但是”与“却”的相容性和相斥性——兼论转折句的语义关系》，《中国语文》2000年第2期。

刘哲：《谈蕴含和预设的区别问题》，《解放军外国语学院学报》2001 年第 3 期。

王霞：《转折连词“不过”的来源及语法化过程》，《河北师范大学学报》2003 年第 2 期。

方绪军：《表示转折的“倒”和“却”》，《语言科学》2004 年第 5 期。

沈家煊：《说“不过”》，《清华大学学报》2004 年第 5 期。

李宗江：《副词“倒”及相关副词的语义功能和历时演变》，《汉语学报》2005 年第 2 期。

吴凯风：《“虽然”的语法化探析》，《井冈山学院学报》2006 年第 11 期。

岑泽丽：《“却”、“倒”及“但是”比较》，《科教文汇》2007 年第 2 期。

王岩：《表示转折关系的“不过”和“就是”》，《汉语学习》2007 年第 5 期。

薛秋宁：《连词“不过”、“但是”的异同及教学》，《科教文汇》2008 年第 7 期。

刘佳平：《转折连词“但是”与“不过”的比较》，《语文学刊》2008 年第 17 期。

陈蓓：《基于中介语语料库的容认性让步复句连词研究》，《高等函授学报》2009 年第 10 期。

张健军、吴长安：《“但是”与“却”的转折强度》，《语言教学与研究》2010 年第 3 期。

周琳、邹立志：《“但是”、“不过”和“只是”的程序意义》，《西北大学学报》2011 年第 6 期。

张文贤：《“但是”、“可是”之辨》，《对外汉语研究》2012 年第 00 期。

郑晓晓：《现代汉语容认性让步句的形式分类》，《忻州师范学院学报》2014 年第 3 期。

徐燕青：《“虽然 P，但是 Q”句式的语用条件》，《汉语学习》

2015 年第 4 期。

徐榕：《话语联系语“虽然……但是”的幽默功能探析》，《黑河学刊》2015 年第 8 期。

三 学位论文

刘清平：《“却”与“但是”的异同考察》，暨南大学，2001 年。

刘永红：《现代汉语转折复句的逻辑语义分析》，广西师范大学，2003 年。

陈琳：《转折复句的语义语用修辞研究》，湘潭大学，2009 年。

毛婧雅：《“还、再、又、也”重复义的比较与二语习得的偏误分析》，华中师范大学，2011 年。

雷二毛：《语篇环境下的让步连词成分“诚然”、“固然”、“虽然”的多角度分析》，华中师范大学，2013 年。

孙洪威：《现代汉语转折副词语义功能研究》，吉林大学，2014 年。

王雪：《汉语转折复句语义关系的认知研究》，渤海大学，2014 年。

郑晓晓：《试析现代汉语容认性让步句》，湖北师范学院，2014 年。

第二编

“宁可 A，也不 B”句式探析

王红恬

作者简介：王红恬（1989.5—　），女，河南商丘人，陕西理工大学2013级汉语言文字学专业硕士研究生，师从丁力教授，研究方向为现代汉语语法。读研期间发表学术论文3篇：《“宁可A，也不B”认知层面考察》《语气副词“偏偏”认知层面考察》《汉英是非问句不同答语认知层面考察》。现在上海从事高中英语教学工作。

绪　　论

本编考察现代汉语“宁可 A，也不 B”句式。在考察之前，先简单介绍一下“宁可 A，也不 B”句式的研究现状、研究意义、创新之处、研究方法、研究视角、存在的局限以及需进一步研究的课题和语料来源。

一　研究现状

“宁可”类复句是汉语中一种常见的复句。学术界对于“宁可”类复句的研究呈现出深入和细微的态势。对“宁可”句的研究，最早可追溯到《马氏文通》。《马氏文通》明确指出，“宁可”具有比较的功能。该书指出：其余连字用以较量者，又以“与”“岂”“宁”“孰”等字互为呼应①。但只是对“宁”字的语义解释，并没有以句为框架进行分析研究。吕叔湘、朱德熙《语法修辞讲话》在讲到复合句时，则笼统地例说：“宁可将可作小说的材料缩成速写，决不将速写的材料拉成小说（鲁迅）”，这句话是比较得失关系的②。丁声树在《现代汉语语法讲话》中并没有涉及对“宁可”的描写，而是对交替句下了简单的定义。他指出，交替句中选择项是不确定的并且可以互换，通常用“或（或者、或是）”“还是”“要么……要么”来联结。而“宁可”句与交替句不同，“宁可”句中有一项是确定的，隐含着“宁可”复句具有非交替性之意③。居志良在《试谈语法修辞

① 马建忠：《马氏文通》，商务印书馆 1983 年版，第 320 页。

② 吕叔湘、朱德熙：《语法修辞讲话》，中国青年出版社 1952 年版，第 25 页。

③ 丁声树等：《现代汉语语法讲话》，商务印书馆 1961 年版，第 186 页。

结合教学——从“宁可……也不……”谈起》中指出，“宁可……也不……”是选择复句，与其他类型的选择复句相比较，“宁可 A，也不 B”句式所表达的取舍态度更明确，喜恶态度也更明显[①]。吕叔湘在《中国文法要略》中首次指出，“宁可”类复句与比较类复句不同。该书在谈到它们的异同高下关系时，指出比较两件事情的利害得失，不仅是认识的问题，而且与行动有关。使用句法和判别两物高下的句子也颇有异同，可以分成用“宁”和“不如”两类，两类都可以加用“与其”。这句话实际上表明了由“宁”联结的句子虽然具有比较性，但却不同于比较句[②]。孙云在《谈谈即使句、宁可句和无论句》中认为：“宁可”句和“即使”句很相近，只是即使句偏重于客观情况，有进一步着想的意思，“宁可”句偏重于主观意志，有情愿如此的意思。在一般情况下，“宁可”句与“即使”句不可以互换，只有在少数情况下可以互换[③]。王力在《中国现代语法》中指出：“宁可”是表示相对必要性，并指出“宁可”具有主观性[④]。和《马氏文通》一样，该书也没有以句为框架对“宁可”进行分析研究。王维贤等在《现代汉语复句新解》中认为，“宁可……也不……”和一般选择句不同，它比一般选择句多两层意思：其一，它的预设是要么 A，要么 B；其二，带有说话者选择 A 的心理因素[⑤]。王维贤在《现代汉语语法理论研究》中把“宁可……也不……”归入选择复句。不过他指出这种选择是二者择一的[⑥]。张志公的《语法学习讲话》注意到了“宁可……也不”“与其……宁可”等格式，以偏正为前提将其归入“联合复句”[⑦]。赵恩芳在《现代汉语复句研究》中指出，“宁可”句

---

① 居志良：《试谈语法修辞结合教学——从“宁可……也不……”谈起》，《中国语文》1979 年第 1 期。

② 吕叔湘：《中国文法要略》，商务印书馆 1982 年版，第 364 页。

③ 孙云：《谈谈即使句、宁可句、无论句》，《内蒙古师范大学学报》1983 年第 2 期。

④ 王力：《中国现代语法》，《王力文集》第 2 卷，山东教育出版社 1984 年版，第 72 页。

⑤ 王维贤等：《现代汉语复句新解》，华东师范大学出版社 1994 年版，第 267 页。

⑥ 王维贤：《现代汉语语法理论研究》，语文出版社 1997 年版，第 112 页。

⑦ 张志公：《张志公汉语语法教学论著选》，山西教育出版社 1997 年版，第 132 页。

先取后舍，应该归入“取舍句”[①]。郭志良在《现代汉语转折词语研究》中详细分析了“宁可”类复句。依据前后分句是否具有转折关系，从让步复句中细分出让步复句和让步转折复句[②]。杨玉玲在《谈“宁可……也……”的语用条件和教学》中，针对对外汉语中实际遇到的问题，指出“宁可……也不……”在使用时有严格的语用要求，不是在任何表示比较的情况下都可以使用[③]。吕冀平在《汉语语法基础》中把“宁可……也不……”归为取舍复句[④]。邢福义的《汉语复句研究》在复句三分系统下，指出“宁可”类复句具有忍让转折的特征[⑤]。何宛平在《说“宁可”》中分析了“宁可”类复句的表现形式，从词典释义的角度把“宁可”归为“两害相权取其轻”。王灿龙在《“宁可”的语用分析及其他》中认为“宁可”总是带有假设推论的性质，由“宁可”引出的分句并不是真正供人们选择的内容，后面分句的内容才是说话人真正的追求。王彦杰的硕士论文《“宁可”句式的选择原则及其否定功能》从语篇的角度分析“宁可”句式的语义选择原则及其否定功能。王义娜在《“would rather”和“宁可”的语义对比》中，从语言对比的角度分析了“宁可”类复句。“would rather”和“宁可”虽然在辞典中的释义基本相同，但由于汉英两种语言的不同，二者在句法结构、表达方式以及使用范围上均有不同。周有斌在《现代汉语选择范畴研究》中提出“宁可”类复句的语法意义是主观择爱性和反驳求异性。邵敬敏在《建立以语义特征为标志的汉语复句教学新系统刍议》中把“宁可”类归为先取后舍复句。

二　研究意义

对“宁可 A，也不 B”句式进行分析研究的意义主要表现在三个

---

① 赵恩芳：《现代汉语复句研究》，山东教育出版社 1998 年版，第 76 页。

② 郭志良：《现代汉语转折词语研究》，北京语言大学出版社 1999 年版，第 238 页。

③ 杨玉玲：《谈“宁可……也……”的语用条件和教学》，《首都师范大学学报》2000 年增刊。

④ 吕冀平：《汉语语法基础》，商务印书馆 2000 年版，第 391 页。

⑤ 邢福义：《汉语复句研究》，商务印书馆 2001 年版，第 471 页。

方面:

其一，对“宁可A，也不B”句式进行分析研究有助于中文信息处理。就当前中文信息处理技术而言，句处理问题是一个关键并且亟须解决的问题。“宁可A，也不B”句式作为汉语当中一类不容忽视的句子格式，是句处理过程中必须解决的一个案例。因此，对“宁可A，也不B”句式进行分析研究，弄清该句式的语表形式、语里内容和语用价值之间的相互关系，能够为计算机的输入提供充足的应用条件。

其二，对“宁可A，也不B”句式进行分析研究有助于对外汉语教学。“宁可A，也不B”因其独特的用法而一直是留学生学习汉语的一个重点和难点。从意愿选择层面对“宁可A，也不B”句式进行分析研究，有助于留学生更明确地知晓“宁可A，也不B”不同于一般的取舍句式，从而更好地理解、运用“宁可A，也不B”句式。

其三，对“宁可A，也不B”句式进行分析研究有助于母语教学。中国人（母语是汉语）在生活中一般都能准确、恰当地使用“宁可A，也不B”句式。然而，如果问他们为什么有的“宁可A，也不B”句式可以成立，有的“宁可A，也不B”句式不能成立，他们却不能给出准确、科学的解释。对“宁可A，也不B”句式进行分析研究有助于提高他们学习“宁可A，也不B”句式的自觉性。

三　创新之处

根据美国数学家G. 波利亚提出的信赖程度[①]，笔者创造性地提出意愿选择层面。意愿选择层面包括主体意愿选择层面和客体推测选择层面，并从这两个方面对“宁可A，也不B”句式进行分析研究。

四　研究方法

本编的研究方法主要以大规模真实文本语料库为基础，通过汉语

① G. 波利亚:《数学与似真推理》，杨讯文译，福建人民出版社1985年版，第457—458页。

事实、语言现象、语言运用行为等对现代汉语“宁可A，也不B”这一句式进行全面的考察和研究，主要采取以下三种方法：

其一，定量分析与定性分析相结合：建立语料库，总结整理“宁可A，也不B”句式，并在此基础上进行一系列的量化统计，然后在定量的基础上进行定性分析。

其二，共时横向对比研究：对“宁可A，也不B”句式及其变型进行共时研究、横向对比。

其三，事实描写与理论解释相结合：结合现代认知语言学等理论，对“宁可A，也不B”句式的语表形式、语里内容、语用价值进行考察和分析，力求对“宁可A，也不B”句式有更深入、细致的分析。

五 研究视角

本编根据邢福义的“小三角”理论，从语表形式、语里内容和语用价值三个方面考察和分析“宁可A，也不B”句式。

其一，关于“宁可A，也不B”的语表形式，主要考察分析了“宁可A，也不B”前一分句的语表形式、后一分句的语表形式、整体语表形式和“宁可A，也不B”的主语及其位置。

其二，关于“宁可A，也不B”的语里内容，主要考察分析了“宁可A，也不B”的关项C、其意愿选择层面、选择项A和舍弃项B以及“宁可A，也不B”的着意焦点。

其三，关于“宁可A，也不B”的语用价值，主要考察分析了两个方面：一是“宁可A，也不B”常规式的语用价值；二是“宁可A，也不B”变换式的语用价值。

六 存在的局限以及需进一步研究的课题

限于时间和材料的不足，以及笔者能力有限，只选取了“宁可”句式中“宁可A，也不B”进行研究，而且对“宁可A，也不B”句式的研究也未能全面展开，只运用邢福义的“小三角”理论，从语表形式、语里内容和语用价值三方面对其进行分析研究，分析得出的结论难免片面，但也具有一定的意义。

“宁可”句式所包含的内容十分丰富，已有的研究材料虽然从广度和深度来讲，都有一定的学术价值，但“宁可”句式还有进一步挖掘的空间。可以搜索到的已发表的论文都没有涉及“宁可说”这一句式。

七　语料来源

本编研究语料主要来自现当代著名小说、北京大学中国语言学研究中心现代汉语语料库（CCL）和调查后自拟的语料，另外还从平常所见的网络以及报纸杂志中收集了语料，将其作为补充语料，以便为语言研究分析提供坚实的语言事实基础。

第一章 “宁可A,也不B”句的语表形式

关于“宁可A，也不B”的语表形式笔者主要考察了前一分句的语表形式、后一分句的语表形式、整体语表形式和“宁可A，也不B”的主语及其位置。

第一节 “宁可A,也不B”前一分句的语表形式

关于“宁可A，也不B”前一分句的语表形式，主要考察三个问题：一是“宁可”的基本功能；二是“宁可”与“宁愿”“宁肯”的异同；三是“宁可”叠用以及和“宁愿”“宁肯”的同现；四是关系词语“宁可”“宁愿”“宁肯”不能省略；五是“宁可”的缩略式“宁”。

一 “宁可”的基本功能

吕叔湘在《现代汉语八百词》中指出：“宁可”表示在比较利害得失之后选取的一种做法[①]。邢福义在《汉语复句研究》中指出，“宁可”是表忍让之词，加“宁可”表示在别无选择的情况下对不乐意而为之的事情不得不有所忍让，以便实现某种决心[②]。由此“宁可”的基本功能可概括为在比较利害得失之后所作的忍让。这里“宁可”的基本功能包含三层意思：其一，如果所说情况不要求忍

① 吕叔湘：《现代汉语八百词》，商务印书馆2013年版，第418页。

② 邢福义：《汉语复句研究》，商务印书馆2003年版，第471页。

让，则不能使用“宁可”。其二，如果换用其他的联结词，则原句所表达的忍让之情就会改变。其三，如果原句去掉“宁可”，那么原句所表达的忍让之情会消失。

其一，如果所说情况不要求忍让，则不能使用“宁可”。

(1) 他宁可牺牲生命，也不肯泄露机密。①

→*他宁可升官发财，也不肯泄露机密。

(2) 我宁愿酗酒吸毒34岁就家破人亡成为人们晚餐桌上的话题，也不愿意腰缠万贯满面红光活到90岁，但是没有人记得我。(电影《爆裂鼓手》)

→*我宁愿功成名就成为人人羡慕的对象，也不愿意腰缠万贯满面红光活到90岁，但是没有人记得我。

根据《现代汉语八百词》和《汉语复句研究》对“宁可”的描述可知，两个分句之间选用“宁可”进行联结，由“宁可”联结的分句必须有所忍让，否则的话不能进入“宁可”句。例(1)中为了“不泄露机密”而不得不有所忍让，选择“牺牲生命”。与“宁可”句所要求的有所忍让相一致，所以“牺牲生命”是可以进入“宁可”句的。与之相反，例(1)中的仿写句却是不可说的。究其原因是进入“宁可”句的“升官发财”是人们乐于接受甚或是努力追求的，与“宁可”句所要求的有所忍让相悖，所以“升官发财”是不可以进入“宁可”句的。例(2)与之相类似，这里不再详细说明。

其二，如果换用其他的联结词，则原句所表达的忍让之情就会改变。

(3) 他们宁可舍着脸去逢迎谄媚他，也不肯失掉了地位。(老舍《不成问题的问题》)

→他们即使舍着脸去逢迎谄媚他，也不肯失掉了地位。

---

① 本编凡未标注出处的例句均来自北大语料库。

→他们哪怕舍着脸去逢迎谄媚他，也不肯失掉了地位。

(4) 作为母亲，宁可自己吃苦受累，也不委屈孩子。

→作为母亲，即使自己吃苦受累，也不委屈孩子。

→作为母亲，哪怕自己吃苦受累，也不委屈孩子。

例（3）中原句换用“即使”和“哪怕”虽然都可以成句，但却由原来的忍让句变成虚让句。虚让句用来揭示事物之间的联系或关联，但是和心理上意志上的让步无关①。

其三，如果原句去掉“宁可”，那么原句所表达的忍让之情会消失。

(5) 再偶然一个抓不着，他便高飘远举，宁可老死空山，也不飞回来重受那鹰师的喂养。(文康《儿女英雄传》)

→再偶然一个抓不着，他便高飘远举，老死空山，也不飞回来重受那鹰师的喂养。

(6) 宁可得罪一百个群众，也不要得罪一个干部。

→得罪一百个群众，也不要得罪一个干部。

例（5）中“宁可老死空山”表达了说话人为了不“飞回来重受那鹰师的喂养”所作出的忍让。如果去掉“宁可”，那么原句所表达的忍让之情则消失了。

二 “宁可”与“宁愿”“宁肯”的异同

关于“宁可”与“宁愿”“宁肯”的异同主要分析考察了“宁可”与“宁愿”“宁肯”的相同点及不同点两个方面。相同点主要考察分析了在不考虑语用的因素下，“宁可”与“宁愿”“宁肯”可以互换。不同点从意愿强度和希望强度上比较“宁可”与“宁愿”“宁肯”，并从取舍的主观性来尝试解释三者意愿强度和希望强度的不同。

---

① 邢福义:《汉语复句研究》，商务印书馆2003年版，第473页。

（一）“宁可”与“宁愿”“宁肯”的相同点

在现代汉语中，同“宁可”类似，“宁愿”“宁肯”也可引导让步句，而且“宁愿”“宁肯”与“宁可”在语义和功能上有很多相类似的情况。所以在不考虑语用因素的情况下，“宁愿”“宁肯”可以和“宁可”互换。

（7）大家都认为去北京工作比去西藏好，但他宁可去西藏工作也不去北京工作。

→大家都认为去北京工作比去西藏好，但他宁愿去西藏工作也不去北京工作。

→大家都认为去北京工作比去西藏好，但他宁肯去西藏工作也不去北京工作。

（8）宁可去省级示范高中当老师，也不留校当助教。

→宁愿去省级示范高中当老师，也不留校当助教。

→宁肯去省级示范高中当老师，也不留校当助教。

吕叔湘在《现代汉语八百词》中指出，“宁愿”同于“宁肯”，同时认为“宁愿”“宁肯”表示“用于选择的做法主要取决于人的意愿时，不是这种情况就只能用‘宁可’”①。根据我们对大量例句的考察发现，情况并非如此。和“宁愿”“宁肯”一样，“宁可”也表示说话人选择的做法主要取决于说话人的意愿，只不过相较于“宁愿”“宁肯”，“宁可”所表示的意愿性不是那么明显。所以例（7）中，“宁愿”“宁肯”和“宁可”可以互换，只不过互换之后所表示的说话人的意愿性有所不同，具体将会在下面的“宁可”与“宁愿”“宁肯”的不同点中进行说明。

（二）“宁可”与“宁愿”“宁肯”的不同点

《现代汉语八百词》指出“宁愿”同于“宁肯”，同时认为“宁愿”“宁肯”表示“用于选择的做法主要取决于人的意愿”，不是这

① 吕叔湘：《现代汉语八百词》，商务印书馆2013年版，第419页。

种情况就只能用“宁可”。由此可知,《现代汉语八百词》认为“宁可”有别于“宁愿”和“宁肯”,但“宁愿”与“宁肯”的用法一致。该部分还讨论了“宁可”与“宁愿”“宁肯”的区别,并尝试解释该区别。

“宁可”“宁愿”和“宁肯”虽然都有意愿和希望的含义,但意愿和希望的强度却有所不同。从意愿强度来看,“宁可”“宁愿”与“宁肯”的意愿强度不同;从希望强度来看,“宁可”“宁愿”与“宁肯”的希望强度不同(见表1-1)。

表1-1 “宁可”与“宁愿”与“宁肯”的共同内涵

	意愿	希望
宁可	+	+
宁愿	+	+
宁肯	+	+

注:+表示具有该性质;-表示不具有该性质。

其一,“宁可”“宁愿”“宁肯”三者都含有说话人的意愿,但其意愿强度有强弱之分。

意愿强度:宁愿>宁肯>宁可(>表示前一项的意愿强度强于后一项的意愿强度)。请观察下面的例句:

(9)宁愿用自己所有的成就去换取家庭的完整,也不愿意现在学有所成,母亲离去。(电影《风雨哈佛路》)

→宁肯用自己所有的成就去换取家庭的完整,也不愿意现在学有所成,母亲离去。

→宁可用自己所有的成就去换取家庭的完整,也不愿意现在学有所成,母亲离去。

(10)宁愿在宝马车上哭,也不在单车上笑。(电视节目《非诚勿扰》)

→宁肯在宝马车上哭,也不在单车上笑。

→宁可在宝马车上哭，也不在单车上笑。

例（9）中，"用自己所有的成就去换取家庭的完整"前面的"宁愿""宁肯"和"宁可"，三者的意愿强度是递降的。在"用自己所有的成就去换取家庭的完整"前使用"宁愿"的意愿强度强于"宁肯"，而"宁肯"强于"宁可"。

其二，"宁可""宁愿""宁肯"三者都含有说话人的希望，但其希望强度也有强弱之分。

希望强度：宁愿 > 宁肯 > 宁可。

（11）宁愿常年无敌情，不可一日无防备。（吕叔湘《现代汉语八百词》）

→宁肯常年无敌情，不可一日无防备。

→宁可常年无敌情，不可一日无防备。

例（11）中，"常年无敌情"前面的"宁愿""宁肯"和"宁可"，三者的希望强度也是递降的。在"常年无敌情"前使用"宁愿"的希望强度强于"宁肯"，而"宁肯"强于"宁可"。

"宁可""宁愿"和"宁肯"都含有意愿和希望的意思，为什么在意愿强度和希望强度方面会有强弱之分？无论是意愿强度还是希望强度，都与人们取舍的主观性有关。取舍的主观性越强，意愿强度和希望强度也就越强。取舍的主观性是一个很难量化的概念，不过我们通过观察大量的例句发现，取舍主观性强，该行为就越容易与他人的取舍形成对立，反映在语篇上就是比较容易出现在表"转折"的语境中。由此，取舍的主观性就可以量化。量化的标准是该句式是否较多较容易地进入表"转折"的语境里。

在现代汉语中，"宁可"和"宁愿""宁肯"引导的让步复句经常出现在表转折的语境中。

（12）男人宁可喜欢一个永远捉摸不透的小魔鬼，丨但罗小

梅和金冉冉都不是这种小魔鬼。(王晓芳《驻京办主任》)

(13) 逢星期六，别的律师总想方设法回春田去和家人欢度周末，| 而林肯宁可常年住在条件恶劣的客栈里，也不回家去忍受妻子不断地吹毛求疵。

(14) 虽然大型国有菜店某些菜的质量好，| 但对于大多数顾客来说，还是宁愿去方便灵活的集贸市场。

(15) 尽管我在美国居住很孤独，没有多少朋友亲属，| 可是我宁愿在这里孤独，也决不回台湾凑蒋某人的热闹，更不能在这种时候回去。

(16) 这给人们的印象是，他并不急于求成，| 宁肯走瓜熟蒂落、水到渠成的路子。

(17) 恰好海天建筑公司的莫经理为承包工程送来厚礼及现金，| 而孔繁森宁肯去献血，也不为所动，表现出他清正廉洁、克己奉公的高尚品德，令人肃然起敬。

无论是例（12）（14）（16）隐含了舍弃项 B 的隐含句式还是例（13）（15）（17）包含了选择项 A 和舍弃项 B 的完全句式，“宁可”和“宁愿”“宁肯”所在的分句与其同一层次的分句之间为转折的逻辑关系，也就是说竖线左右两边的分句之间为“转折”关系。虽然“宁可”和“宁愿”“宁肯”都可进入“转折”语境，但是进入频率却有所不同。我们对“宁可”和“宁愿”“宁肯”所引导的复句进行了考察，其中用于表“转折”复句关系的情况如表 1－2 所示。

表 1－2 **“宁可”和“宁愿”“宁肯”引导的复句用于表转折复句关系的情况**

类型	宁可类取舍句	宁愿类取舍句	宁肯类取舍句
所考察的总句数（句）	200	120	80
用于转折情况的句数（句）	30	35	22
转折所占百分比（%）	15	29	28

由表1－2可知，相较于“宁愿”“宁肯”，“宁可”引导的复句较少进入转折语境，而“宁愿”引导的复句比“宁肯”引导的复句进入转折语境的比例稍微高一点。

前面所考察的“宁可”和“宁愿”“宁肯”的意愿强度和希望强度与其进入“转折”语境的频率有关。在我们考察的200个句子中，“宁可”比“宁愿”“宁肯”进入“转折”语境的频率低，“宁肯”比“宁愿”进入“转折”语境的频率低，所以这就解释了我们之前得出的结论：

意愿选择强度：宁愿＞宁肯＞宁可。

希望选择强度：宁愿＞宁肯＞宁可。

三 “宁可”叠用以及和“宁愿”“宁肯”的同现

在一定条件下，为了增强说话人的某种决心，“宁可”引导的分句可以重复出现或者和“宁愿”“宁肯”引导的分句同现。

(18) 宁可妻离子散，宁可一无所有，宁可人头落地，我也不会辜负你。

(19) 等火车的时候，宁可去附近的酒店，宁可去德克士，宁可去网吧，也不去候车厅。

(20) 我宁可嫁给二癞子，宁肯出家当尼姑，我也不会嫁给你。

(21) 我宁可吃黄豆芽，宁肯吃榴梿，宁愿什么都不吃，我也不吃你的黑暗料理。

例（18）中“宁可”引导的三个排比句“宁可妻离子散”“宁可一无所有”“宁可人头落地”层层递进，强烈地表达了说话人不会辜负“你”的决心和意志。例（20）中“宁可”与“宁肯”或“宁愿”引导的分句同现，“宁可嫁给二癞子”“宁肯出家当尼姑”层层递进，强烈地表达了“我”不会嫁给“你”的决心。

上面提到“宁可”引导的分句可以重复出现或者和“宁愿”“宁

肯”引导的分句同现是有一定条件限制的。“宁可”和“宁愿”“宁肯”引导的分句，如果重复出现或者同现，选择项A和舍弃项B不能是矛盾关系，但可以是反对或者对义关系。关于这一点将会在第三章“宁可A，也不B”的语里内容中进行详细说明，这里不再详谈。

四 关系词语“宁可”“宁愿”“宁肯”不能省略

“宁可”句前一分句中的关系词语“宁可”“宁愿”“宁肯”一般不能省略，否则要么句子不成立，要么不但失去预示转折关系的作用，而且失去容忍让步的含义。

首先，“宁可”句前一分句中的关系词语“宁可”“宁愿”“宁肯”“宁”省略后句子不成立。

(22) 她宁可相信这善意的谎言，也不愿去正视那残酷而真实的事实。

→? 她相信这善意的谎言，也不愿意去正视那残酷而真实的事实。

(23) 他宁可煞了煞腰带，多饿一两顿，也不愿拉着这样的人去满街飞跑。(老舍《四世同堂》)

→ * 他煞了煞腰带，多饿一两顿，也不愿拉着这样的人去满街飞跑。

例(22)原句前一分句加上“宁可”后，语句通顺，语感自然。而例(22)去掉前一分句的关系词语“宁可”之后，则语感别扭，甚至是不可以说的。

其次，“宁可”句前一分句中的关系词语“宁可”“宁愿”“宁肯”省略后一句子虽然也可以说，但是省略之后，不但失去预示转折关系的作用，而且失去容忍让步的含义。

(24) 他知道：“五反”后工商界一些人都有点怕事，总觉得多一事不如少一事，宁可再吃点亏也不愿再提意见。(周而复

《上海的早晨》)

→他知道：“五反”后工商界一些人都有点怕事，总觉得多一事不如少一事，再吃点亏也不愿再提意见。

(25) 我宁可牺牲自己，也不能叫你有一丝一毫的损害。(周而复《上海的早晨》)

→我牺牲自己，也不能叫你有一丝一毫的损害。

例 (24) 原句中“宁可”不仅预示说话人下面将有转折，而且“宁可”是表忍让之词，该例中他姑且选择“再吃点亏”。加上“宁可”表明在别无选择的情况下对不乐意而为之的事情（吃亏）不得不有所忍让（再吃点亏），以便实现某种决心（不愿再提意见）。仿写句中去掉“宁可”则失去“宁可”所蕴含的意义。

五 “宁可”的缩略式“宁”

“宁可”的缩略式“宁”一般通行的说法是“宁”应用于成语、格言之类，其实不然，它不仅可以应用于成语、格言类，而且可以单独入句。“宁可”与缩略式“宁”还有一定的差异。

(一)“宁可A，也不B”的缩略式“宁”可单独入句

吕叔湘在《现代汉语八百词》中认为“宁”字应用于成语、格言之类①。

(26)“宁缺毋滥”是我们选拔干部的准则。

(27) 咱们中国人有着一种宁死不屈的民族气节。

其实，缩略式“宁”也可以单独入句。通行的说法是，缩略式“宁”字后接的都属于词汇系统，其实不然，“宁”字也可以单独入句。

① 吕叔湘：《现代汉语八百词》，商务印书馆2013年版，第419页。

（28）他宁叫自己烂醉如泥，三天伤酒吃不下去饭，也不肯叫朋友们撇着嘴说：“赵子曰不懂交情!”

（29）当她不是这样怪里怪气的时候，她就宁叫瑞丰太太陪着她，也不要招弟，因为女儿的年轻貌美天然地给她不少威胁。

（二）“宁可”与“宁”的差异

“宁可”与“宁”的差异主要从两个方面进行考察分析。首先是“宁”与“宁可”对单独后接谓词或者主谓分句主语的音节数要求不同。其次是“宁”与“宁可”对后接谓词或者主谓分句的词性要求不同。

首先，“宁”与“宁可”对单独后接谓词或者主谓分句谓词的音节数要求不同。

第一，“宁可A，也不B”的缩略式“宁”单独后接谓词只能是单音节词，而“宁可”后既可以接单音节词，也可以跟多音节词。

（30）我宁死，也不接受你的嗟来之食。

→我宁可死，也不接受你的嗟来之食。

（31）朱自清一身重病，宁可饿死，也不领美国的救济粮。

→＊朱自清一身重病，宁饿死，也不领美国的救济粮。

例（30）中原句“宁”单独后接谓词，谓词是单音节的“死”。因为“宁可”后既可以接单音节词，也可以跟多音节词，所以仿写句用“宁可”替换“宁”也可以说得通。但是例（31）中原句“宁可”后跟双音节词“饿死”，因为“宁”单独后接谓词只能是单音节词，仿写句说不通。

第二，“宁可A，也不B”的缩略式“宁”后接主谓分句的谓词也只能是单音节词，“宁可”后既可以接单音节词，也可以跟多音节词。

（32）早知道和兄弟会猎也得使心眼儿，早知道谁偷得多谁

得赏，儿子宁学八哥，歇着！（二月河《雍正皇帝·九子夺嫡》）

→早知道和兄弟会猎也得使心眼儿，早知道谁偷得多谁得赏，儿子宁可学八哥，歇着！

（33）人家宁可订娶一个名正言顺的寡妇，也不要一个不守贞洁的财东女子。（陈忠实《白鹿原》）

→＊人家宁订娶一个名正言顺的寡妇，也不要一个不守贞洁的财东女子。

例（32）中原句“宁”接主谓分句，谓词是单音节的“学”，因为“宁可”后既可以接单音节词，也可以跟多音节词，所以仿写句用“宁可”替换“宁”也可以说得通。但是例（33）中原句“宁可”后跟双音节词“订娶”，因为“宁”单独后接谓词只能是单音节词，仿写句说不通。

其次，“宁”与“宁可”对后接谓词或者主谓分句的词性要求不同。“宁”后接谓词或者主谓分句主要是单音节动词，而“宁可”后接谓词或者主谓分句除了动词外，还可以是名词、代词等。

（34）宁折不弯。

（35）宁让妻子受苦，也不丧失自尊。

（36）当局宁可呼吁将投机客吊死在街灯柱上，也不愿意花一点小小的心思自我检讨，看看自己什么地方犯了错误。

（37）宁可真白丁，不做假秀才。

（38）宁可她自己受苦，也不让孩子受苦。

例（34）中“宁”后接谓词“折”是单音节动词，例（35）中“宁”后接主谓分句“让”也是单音节动词。例（36）中“宁可”后接主谓分句，主谓分句的谓词“呼吁”是动词，例（37）中后接“真白丁”是名词，例（38）中后接“她自己”是代词。

第二节 “宁可A,也不B”后一分句的语表形式

关于“宁可A，也不B”后一分句的语表形式，主要考察三个问题：一是“宁可A，也不B”后一分句的“也”表类同；二是“也”字与“但”“却”等“但”类词的替换；三是“也”“却”“但”“但却”等“但”类词的不同心理认知。

一 “也”表类同

副词“也”的基本用法是表类同。吕叔湘在《现代汉语八百词》中对“也”的描述是：无论假设成立与否，后果都相同①。“宁可A，也不B”中的“也”表示类同。虽然其类同用法是隐含的，但是可以根据原句补充出来。

(39) 他宁可当负心汉，也不当你的负担。(电视剧《16个夏天》)

→不当负心汉，不当你的负担。(最优选择)

→当负心汉，也不当你的负担。(不得已的选择)

(40) 我这个人宁可和真小人打交道，也不愿睬他这个伪君子。(二月河《雍正皇帝·恨水东逝》)

→不和真小人打交道，不愿睬他这个伪君子。

→和真小人打交道，也不愿睬他这个伪君子。

例(39)“他宁可当负心汉，也不当你的负担”中的“也”表示类同。“也”表类同的用法是隐含的，但是可以根据原句补充出来：“不当负心汉，不当你的负担”和“当负心汉，也不当你的负担”。无论是“当负心汉”还是“不当负心汉”，结果都是一样的，即“不当你的负担”。

---

① 吕叔湘：《现代汉语八百词》，商务印书馆2013年版，第595页。

二 “也”与“但”类词的替换问题

“也”与“但”类词的替换问题主要从两个方面来分析考察。一是“也”与“但”类词可以替换的情况；二是“也”与“但”类词不能替换的情况。

（一）“也”与“但”类词可以替换的情况

“宁可A，也不B”中的“也”之所以可以和“但”类词替换，是因为“也”联结的两个分句隐含着对立。“也”的作用在于承接对立条件，即在相对的情况下，结果亦不改变。邢福义（1992）指出，转折句式的成立，取决于事物间存在转折关系的逻辑基础。具体来说，取决于事物间具有违逆性、对立性和差异性，并且取决于所用句式和逻辑基础的对立性①。这些特点可以看作转折复句成立的直接条件。“也”对隐含对立复句的承接可以看作转折复句的一个相关条件。因此“也”与“但”类词有了相互替换的逻辑基础。

（41）母亲无法，又来劝我，要我顾全大局，宁可去傅非家忍气吞声，也不能在家饿死。

→不去傅非家忍气吞声，不能在家饿死。（最优选择）

→去傅非家忍气吞声，也不能在家饿死。（不得已选择）

（42）宁可留在这个小地方自由自在过一辈子穷日子，也不愿住在大城市你让人瞧不起。

→不留在这个小地方自由自在过一辈子穷日子，不愿住在大城市你让人瞧不起。（最优选择）

→留在这个小地方自由自在过一辈子穷日子，也不愿住在大城市你让人瞧不起。（不得已选择）

例（41）中“也”联结的两个分句“去傅非家忍气吞声”和“也不能在家饿死”隐含着对立，即“不去傅非家忍气吞声，不能在

① 邢福义：《现代汉语转折句式》，《世界汉语教学》1992年第2期，第33页。

家饿死”和“去傅非家忍气吞声，也不能在家饿死”。在对立的情况“不去傅非家忍气吞声”和“去傅非家忍气吞声”，结果“不能在家饿死”不会改变。“也”对对立条件的承接，使得“也”联结的两个分句具有转折的逻辑基础。所以“也”可以被“但”“却”等“但”类词替换，因此例（41）（42）中的“也”可以被“但”“却”等“但”类词替换。

虽然“宁可A，也不B”中的“也”可以替换成“但”“却”等“但”类词，但是替换后说话人的心理认知发生了变化。

（43）宁肯舍弃爱情与婚姻，也不舍弃山里的孩子。

→宁肯舍弃爱情与婚姻，但不舍弃山里的孩子。

→宁肯舍弃爱情与婚姻，却不舍弃山里的孩子。

→宁肯舍弃爱情与婚姻，但却不舍弃山里的孩子。

（44）他们宁愿去死，也不愿受这个侮辱。（老舍《四世同堂·惶惑》）

→他们宁愿去死，但不愿受这个侮辱。

→他们宁愿去死，却不愿受这个侮辱。

→他们宁愿去死，但却不愿受这个侮辱。

虽然例（43）中原句“宁肯舍弃爱情与婚姻，也不舍弃山里的孩子”中的“也”可以替换成“但”“却”“但却”等“但”类词，但是在替换后的句子中，说话人的心理认知发生了变化。原句中说话人用“也”联结两个分句时，我们易于推知说话人的心理认知是：虽然在其他人眼中，爱情与婚姻可能是头等大事，甚至比山里孩子的前途重要，但在说话人心目中却不是如此。基于说话人的心理认知，这两个分句的转折关系不是那么明显，重在表类同，所以说话人选择用“也”联结两个分句。在用“但”“却”和“但却”替换“也”联结两个分句时，我们易于推知说话人的心理认知是：和其他人一样，说话人也认为爱情和婚姻是头等大事或者和山里孩子的前途一样重要，甚至比山里孩子的前途更重要。说话人经过激烈的思想斗争，放弃了爱情与婚姻。基于此时说话人的心理认知，这两个分句转折关系明显，所以说话人选择用“但”“却”“但却”联结两个分句。“但却”连用，其转折语气更强。

（二）“也”与“但”类词不能替换的情况

在通常情况下，“也”与“但”类词可以相互替换。但是通过对例句的观察，我们得知，在下面两种情况下，“也”与“但”类词不能替换。

其一，后一分句主语出现在句首。

后一分句主语出现在句首，“也”与“但”类词不能互换。这是由于“也”与“但”类词不同的词性造成的。吕叔湘在《现代汉语八百词》中指出：副词“也”，表示无论假设成立与否，后果都相同；“但”同于“但是”，连词，表示转折，引出同上文相对立的意思，或限制，补充上文的意思①。副词“也”经常出现在谓语前，“但”类词是连词，经常出现在主语前。因为主语承前省略致使“也”与“但”类词在“宁可”句里的位置同一。“宁可 A，主语 + 也不 B”在形式上体现为“宁可 A，也不 B”；“宁可 A，但 + 主语 + 不 B”在形式上也体现为“宁可 A，但不 B”。因此如果主语出现，“也”与“但”类词不能替换。

（45）宁可腆着大肚子每天挤着公共汽车上下班，她也不坐专车。

→ * 宁可腆着大肚子每天挤着公共汽车上下班，她但不坐专车。

（46）第一天上班的时候，宁可穿得过于正式，我也不穿得过于随便。

→ * 第一天上班的时候，宁可穿得过于正式，我但不穿得过于随便。

---

① 吕叔湘：《现代汉语八百词》，商务印书馆 2013 年版，第 147 页。

例（45）中后一分句“她也不坐专车”主语“她”出现在句首，副词“也”出现在“不坐”前，句子可以说得通。而经过仿写的后一分句“她但不坐专车”却不可以说，因为“但”是连词，连词应该出现在主语前，这里却出现在主语后。

其二，“宁可A，也不B”句充当其他分句的转折句。

“宁可A，也不B”句充当其他分句的转折句时，由于“宁可”类复句已经管辖了整个复句的转折关系，“也”与“但”类词不能互换。如果将“宁可A，也不B”中的“也”替换成“但”类词，则转折关系语义重叠，不符合语言学中的经济性原则。

(47) 虽然他明知山中有很多狼，｜但他宁可躲在山洞里受冷、受饿，被狼吃掉，也不愿意回去再受主人的辱骂和鞭打。（姚雪垠《李自成》）

→＊虽然他明知山中有很多狼，｜但他宁可躲在山洞里受冷、受饿，给狼吃掉，但不愿意回去再受主人的辱骂和鞭打。

(48) 有人劝崔明元到爱人单位去疏通一下，｜但崔明元宁可自己爱人失业，也不拿原则作交易。

→＊有人劝崔明元到爱人单位去疏通一下，｜但崔明元宁可自己爱人失业，但不拿原则作交易。

例（47）中“宁可躲在山洞里受冷、受饿，被狼吃掉”充当“虽然他明知山中有很多狼，但……”的转折句。因为“宁可躲在山洞里受冷、受饿，被狼吃掉，也不愿意回去再受主人的辱骂和鞭打”已经管辖了整个复句的转折关系，由于语言学中的经济原则，所以例（47）中“宁可A，也不B”中的“也”与“但”类词不能互换。

三 “也”与“但”类词的同现问题

“宁可A，也不B”中的“也”和“但”类词可以同现。“宁可A，也不B”中的“也”和“但”类词同现，是“也”的基本功能与“但”类词功能的叠加，也就是说，“也”在表类同的时候，叠加了

“但”类词强烈的转折意味。

(49) 我们的荒地和陋巷宁可照旧荒陋，但也不能用租让或引资的办法开发，免得洋人又挖去了心肝去熬油点灯。

(50) 宁可在这战死，但也不投降。

例(49)中，“也”与“但”类词同现，该句既蕴含着“也”表示类同的含义，也蕴含着“但”表强烈的转折意味。该句中的“也”隐含着“我们的荒地和陋巷不荒陋，不能用租让或引资的办法开发”和“我们的荒地和陋巷照旧荒陋，也不能用租让或引资的办法来开发”。该句中的“但”表示“我们的荒地和陋巷荒陋，需要开发”与“我们不能让洋人挖去了心肝去熬油点灯”之间的转折。这是该句中“也”和“但”同现所具有的双重含义。

第三节 “宁可A,也不B”句整体的语表形式

关于“宁可A，也不B”整体的语表形式主要考察分析四个问题：“宁可A，也不B”句的移位；“宁可A，也不B”句的缺省；“宁可A，也不B”与“如果”条件句和“为了”目的句的嵌套；“宁可A，也不B”中A项和B项是否为可比结构。

一 “宁可A，也不B”句的移位

“宁可A，也不B”句的移位是把“也不B”移位至“宁可A”前，同时，移位后“也不B”的“也”要删除，形成句式“不B，宁可A”。

(51) 寡妇门前是非多，不敢找没根底的户搭邻居，宁可少收钱，租与一家老中医。

(52) 我近来觉悟了，不再爱大学出身的都市女人，宁可娶一个老实、简单的乡下姑娘。

例（51）中“不B”是“不敢找没根底的户搭邻居”，“宁可A”是“宁可少收钱，租与一家老中医”。“不敢找没根底的户搭邻居”（即“不B”）提到“宁可少收钱，租与一家老中医”（即“宁可A”）的前面，形成“不敢找没根底的户搭邻居，宁可少收钱，租与一家老中医”。该句可以通过把“不B”移到“宁可A”的后面（移位），添加省略掉的“也”（添加）两种手段，形成“宁可少收钱，租与一家老中医，也不敢找没根底的户搭邻居”（“宁可A，也不B”的常规句式）。

二 “宁可A，也不B”句的缺省

“宁可A，也不B”句的缺省是指“宁可A”分句单独出现，“也不B”缺省。不过缺省的“也不B”可以根据上下语境补充出来。

（53）你怕阿其那情急把你的丑事张罗出来，所以遣散他的家人，故意不给他治病！宁可让你的皇阿玛背上屠弟杀臣的恶名。（二月河《雍正皇帝·恨水东逝》）

→你怕阿其那情急把你的丑事张罗出来，所以遣散他的家人，故意不给他治病！宁可让你的皇阿玛背上屠弟杀臣的恶名（也不愿你的丑事败露）。

（54）负责的矿工怕丢失，宁可在矿上睡一夜，第二天交给供应科。

→负责的矿工怕丢失，宁可在矿上睡一夜（也不回家舒舒服服地睡觉），第二天交给供应科。

例（53）中“宁可A”是“宁可让你的皇阿玛背上屠弟杀臣的恶名”，“也不B”缺省，没有出现在句中。不过缺省的“也不B”可以根据上下语境补出来。根据上下语境，“也不B”是“也不愿你的丑事败露”。

三 “宁可A，也不B”与“如果”条件句和“为了”目的句的嵌套

关于“宁可A，也不B”与“如果”条件句和“为了”目的句的嵌套主要考察分析了两个方面：一是“宁可A，也不B”与“如果”条件句的嵌套；二是“宁可A，也不B”与“为了”目的句的嵌套。

(一)“宁可A，也不B”与“如果”条件句的嵌套

关于“宁可A，也不B”与“如果”条件句的嵌套式主要考察分析了两个问题：第一是“如果（只要）E，宁可A”；第二是“如果（只要）E，宁可A”的缩略式“E，宁可A”。在“宁可A，也不B”与“如果”条件句的嵌套中，“宁可A，也不B”的后一分句“也不B”缺省了。缺省的“也不B”可以根据上下文语境补出来，也可以不补出来。根据语言学的经济学原则，一般通行的做法是不把它补出来。

第一，“宁可A，也不B”与“如果”条件句的嵌套：“如果（只要）E，宁可A”。

此时，“宁可A，也不B”的后一分句“也不B”缺省。缺省的“也不B”可以视上下文语境进行补充，一般情况下是不把它补出来。

(55) 只要你过得幸福，我宁愿折寿十年。

(56) 假使天下饥荒的时候，有点食物，给父亲不给呢？孔融的答案是：倘若父亲是不好的，宁可让给别人。

例（55）中，“只要你过得幸福，我宁愿折寿十年”是“宁愿我折寿十年，也不愿你不幸福”与“只要你过得幸福”条件句的嵌套。此时，“宁愿折寿十年，也不愿意你不幸福”的后一分句“也不愿意你不幸福”缺省。缺省的“也不愿意你不幸福”可以视上下文语境进行补充，但是上文语境已经蕴含了省略的“也不愿意你不幸福”，不补出来也可以。

第二，“只要（如果）E，宁可A”的缩略形式“E，宁可A”。

此句是“宁可A，也不B”与“如果”条件句嵌套的省略形式。其前一分句E省略了条件关系词语。虽然省略了条件关系词语，但前一分句E表示条件的关系依然保留着。

(57) 因为中国人怕事、自私，不杀到他的床上，他宁可闭着眼假寐。

→因为中国人怕事、自私，（只要）不杀到他的床上，他宁可闭着眼假寐。

(58) 家人对我如此信任，我就更应该尊重他们，他们不明确出版，我宁可等待。

→家人对我如此信任，我就更应该尊重他们，（只要）他们不明确出版，我宁可等待。

例（57）中“不杀到他的床上，他宁可闭着眼假寐”是“宁可闭着眼假寐，也不管闲事”与“只要不杀到他的床上”条件句嵌套的缩略形式。这里“不杀到他的床上，他宁可闭着眼假寐”的前一分句省略了关系词语“只要”。虽然省略了“只要”条件关系词语，但前一分句所表示的条件关系依然存在。

需要说明的是，这里省略条件关系词语并不是任意的，而是有一定的条件限制的。这里的条件限制是，前一分句如果不加“只要”，则该分句必须具有未然性，即前一分句［+未然性］。

(59) 我只要亲自腰斩了那个负义之徒，宁可肝脑涂地亦不顾及。(金庸《倚天屠龙记》)

→*我亲自腰斩了那个负义之徒，宁可肝脑涂地亦不顾及。

→我亲自腰斩那个负义之徒，宁可肝脑涂地亦不顾及。

(60) 只要你喜欢，我宁愿散了全身武功，弃去千蛛剧毒，跟我初见你时一模一样。(金庸《倚天屠龙记》)

→你喜欢，我宁愿散了全身武功，弃去千蛛剧毒，跟我初见你时一模一样。

例（59）去掉表示“条件”关系的词语“只要”之后，B就不能说，究其原因是“只要”表示条件，是未然的，而去掉“只要”之后“我亲自腰斩了那个负义之徒”则是已然的。保留“只要”和去掉“只要”前后含义不一致。而第三句又可以说，是因为第三句去掉了表示已然的“了”，所以“我亲自腰斩那个负义之徒”具有未然性，符合“只要”分句所要求的未然性。例（60）去掉表示“条件关系”的关系词语“只要”之后，该例句仍然成立。究其原因是“你喜欢”加上“只要”表示条件关系，去掉“只要”，有两层含义：第一层含义表示已然，表明“你确实喜欢”；另一层含义表示未然，表明“只要你喜欢”。虽然第一层含义与“只要”表示的未然情况不一致，但第二层含义却和“只要”表示未然的情况相符。所以例（60）在去掉关系词语“只要”之后，仍然可以说得通。

（二）“宁可A，也不B”与“为了”目的句的嵌套

和“宁可A，也不B”与“如果”条件句的嵌套式类似，对于“宁可A，也不B”与“为了”目的句的嵌套式，我们也主要从两个方面来分析考察：第一是“为了F，宁可A”；第二是“为了F，宁可A”的缩略式“F，宁可A”。和“宁可A，也不B”与“如果”条件句的嵌套一样，此时的“宁可A，也不B”的后一分句“也不B”也缺省了。缺省的“也不B”可以根据上下文语境补出来，也可以不补出来。不过根据语言学的经济性原则，一般通行的做法是不把它补出来。

第一，“宁可A，也不B”与“为了”目的句的嵌套：“为了F，宁可A”。

此时，“宁可A，也不B”的后一分句“也不B”缺省了。缺省的“也不B”可以视上下文语境进行补充，一般情况是不把它补出来。

（61）他为了一个女人，宁可忤逆父母，漠视世仇，从繁华都市，下到偏僻小县，窝在一个肮脏不堪的车间里，整天提把刀斯戮生灵。

(62) 为了艺术的创造，他宁肯牺牲安宁的岁月。

例（61）中，“他为了一个女人，宁可忤逆父母，漠视世仇，从繁华都市，下到偏僻小县，窝在一个肮脏不堪的车间里，整天提把刀斯戮生灵”是“宁可忤逆父母，漠视世仇，从繁华都市，下到偏僻小县，窝在一个肮脏不堪的车间里，整天提把刀斯戮生灵”与“为了一个女人”目的句的嵌套。此时，“宁可忤逆父母，漠视世仇，从繁华都市，下到偏僻小县，窝在一个肮脏不堪的车间里，整天提把刀斯戮生灵”的后一分句“也不愿意回到都市，安逸地生活”缺省了。缺省的“也不愿意回到都市，安逸地生活”可以视上下文语境进行补充，但是该上文语境已经蕴含了省略的“也不愿意回到都市，安逸地生活”，不补出来也可以。一般通行的做法是不把它补出来。

第二，“为了 F，宁可 A”的缩略形式：“F，宁可 A”。

“为了 F，宁可 A”的缩略式“F，宁可 A”是“宁可 A，也不 B”与“为了”目的句嵌套的缩略式。这里“为了 F，宁可 A”的缩略式“F，宁可 A”的前一分句 F 省略了条件关系词语，但前一分句 F 表示目的的关系依然保留。

(63) 她能幸福，我宁愿选择放手。

(64) 能再多瘦一点，我宁愿吃对身体有害的减肥药。

例（63）中“她能幸福，我宁愿选择放手”是“宁可选择放手，也不愿她不幸”与“为了她能幸福”目的句嵌套的缩略式。这里“她能幸福，我宁愿选择放手”的前一分句省略了关系词语“为了”，但前一分句表目的的关系依然存在。

需要说明的是，这里省略目的关系词语，并不是任意的，而是有一定条件限制的。这里的条件限制是，前一分句如果不加“为了”，则该分句必须是独立的分句[①]。

① 这里独立的分句指的是有主语谓语的句子。

(65) 首先是说提倡大众语文的，乃是“文艺的政治宣传员如宋阳之流”，本意在于造反，给带上一顶有色帽，是极简单的反对法。不过一面也就是说，为了自己太平，宁可中国有百分之八十的文盲。(鲁迅《门外文谈》)

→首先是说提倡大众语文的，乃是“文艺的政治宣传员如宋阳之流”，本意在于造反，给带上一顶有色帽，是极简单的反对法。不过一面也就是说，自己太平，宁可中国有百分之八十的文盲。

(66) 为了董大海，我宁可没日没夜地多接活，多挣钱。(电视剧《离婚律师》)

→* 董大海，我宁可没日没夜地多接活，多挣钱。

例（65）去掉表示“目的”关系的词语“为了”之后，句子还可以成立，究其原因是去掉“为了”，“自己太平”是独立的分句。保留“只要”和去掉“只要”前后含义差不多。例（66）去掉表示“目的”关系的词语“为了”之后，该例句不成立。究其原因是人名“董大海”不是一个独立的分句。所以例（66）去掉关系词语“为了”之后，句子不成立。

四 “宁可A，也不B”中A项和B项是否为可比结构

关于“宁可A，也不B”中A项和B项是否为可比结构主要考察分析了两个问题：一是“宁可A，也不B”中A项和B项是可比结构；二是“宁可A，也不B”中的A项和B项是不可比结构。

(一)“宁可A，也不B”中A项和B项是可比结构

“宁可A，也不B”中的A项和B项是可比结构，即A项和B项具有相同的结构。

(67) 一个理论家宁可要一个美的方程，也不要一个丑的但结果与实验数据更相近的方程。

(68) 我宁可去拿，也不愿意去乞求。(卢梭《忏悔录》)

例（67）中的A项是“要一个美的方程”，B项是“要一个丑的但结果与实验数据更相近的方程”。A项是动宾结构，B项也是动宾结构。A项和B项是具有相同结构的可比结构。

（二）“宁可A，也不B”中A项和B项是不可比结构

“宁可A，也不B”中的A项和B项是不可比结构，即A项和B项具有不同的结构。

（69）当赫鲁晓夫在1958年提出侵犯中国主权的一系列要求的时候，毛主席就坚决地决定，宁可决裂，也不屈服于苏联的压力。

（70）山区农民冬天端着洋芋糊汤碗，宁可在墙根底下晒暖暖，也不愿外出闯世界。

例（69）中的A项是“决裂”，B项是“屈服于苏联的压力”。A项是谓语结构，B项是动宾结构。A项和B项是具有不同结构的不可比结构。

第四节 “宁可A，也不B”句的主语及其位置

关于“宁可A，也不B”的主语及其位置主要考察分析了三个方面：一是主语必须是有生命的，而且具有主观能动性；二是两个分句主语一致的情况；三是两个分句主语不一致的情况。

一 主语是有生命的并具有主观能动性

这一部分我们主要考察分析了两个方面的问题：一是主语是有生命的；二是主语具有主观能动性。

（一）主语是有生命的

“宁可A，也不B”蕴含着取舍义，进入“宁可A，也不B”句的主语必须是有生命的事物。因为只有有生命的事物才有可能根据自己的意愿进行某个方面的取舍。无生命的事物就不可能做出这样的取

舍行为。

(71) 很多北漂的年轻人宁可要北京一张床,也不要家乡一套房。

→*一台电脑宁可要北京一张床,也不要家乡一套房。

→*一个杯子宁可要北京一张床,也不要家乡一套房。

(72) 他宁可坐公共汽车,也不向单位伸手要一滴油。

→*那双鞋子宁可坐公共汽车,也不向单位伸手要一滴油。

→*那部手机宁可坐公共汽车,也不向单位伸手要一滴油。

例(71)的主语是“很多北漂的年轻人”,是有生命的事物,有生命的事物可以根据自己的意愿对“要北京的一张床”还是“要家乡的一套房”进行选择取舍。而根据例句进行仿写的以无生命的事物“一台电脑”和“一个杯子”为主语的句子则说不通,因为无生命的事物不能根据自己的意愿进行选择取舍。

(二)主语具有主观能动性

虽然进入“宁可A,也不B”句中的主语必须具有生命,但是并不是所有的有生命的主语都可以进入“宁可A,也不B”句。主语是有生命的事物是“宁可A,也不B”句对主语要求的其中一个条件。有生命的主语还要具有主观能动性才可以满足“宁可A,也不B”对主语的要求。有生命的主语如果不具有主观能动性也不能进入“宁可A,也不B”句。

(73) *小树苗宁可去死,也不接受主人的灌溉。

(74) *那只小猫宁可饿死,也不吃主人拿过来的食物。

例(73)的主语是“小树苗”,是有生命的事物,但是它虽有生命,但缺乏主观能动性。它不可能改变周围的环境,只能顺应周围的环境被动地生长。所以“小树苗”作为主语进入“宁可A,也不B”句是不适当的。

其实也不是说没有主观能动性的有生命的名词绝对不能进入“宁可A，也不B”句，在修辞的条件下，也可以进入。

（75）小树宁可迎着凛冽的寒风向上生长，也不愿弯腰向寒风低头。

（76）小苗宁可钻出地面呼吸新鲜空气，也不愿在大地温暖的怀抱里继续沉睡。

例（75）主语是“小树”，在一般情况下，“小树”是没有主观能动性的，因而不能进入或者说很难进入“宁可A，也不B”句，但是在修辞的条件下，这些没有主观能动性的名词被临时赋予了主观能动性，因而可以进入“宁可A，也不B”句。

二 两个分句主语一致

两个分句主语一致包括两个方面：一是主语为第一人称；二是主语为非第一人称。

（一）主语为第一人称

在主语为第一人称时，主要考察分析两个方面的问题：第一，当主语是第一人称时，主语可以省略也可以不省略；第二，当主语是第一人称时，“宁可A，也不B”经常出现在陈述句中，很少出现在疑问句中。

第一，当主语是第一人称时，主语可以省略也可以不省略。如果不省略，主语既可以在“宁可”前面，也可以放在后一分句的句首。但在一般情况下，主语不会在两个地方同时出现。

（77）我宁可做国家的鬼，也不做你们的将军。

→宁可做国家的鬼，我也不做你们的将军。

→宁可做国家的鬼，也不做你们的将军。

→？我宁可做国家的鬼，我也不做你们的将军。

（78）我宁可把他枪毙，也不让他离开美国。

→宁可把他枪毙，我也不让他离开美国。

→宁可把他枪毙，也不让他离开美国。

→？我宁可把他枪毙，我也不让他离开美国。

例（77）中，前后分句的主语一致，都是第一人称“我”。在这种情况下，第一人称“我”可以省略，也可以不省略。该例中仿写的第一句第一人称“我”放在后一分句前面，仿写的第二句第一人称“我”省略，仿写的第三句第一人称“我”在前后分句同时出现。但是在一般情况下，主语不会在两个地方同时出现，所以不会出现仿写的第三句这种说法。

第二，当主语是第一人称时，经常出现在陈述句中，很少出现在疑问句中。

（79）我们宁可放弃一场好看的电影，也不愿意放弃这个难得的机会。

→？我们宁可放弃一场好看的电影，也不愿意放弃这个难得的机会？

→？我们是不是宁可放弃一场好看的电影，也不愿意放弃这个难得的机会？

→？我们难道宁可放弃一场好看的电影，也不愿意放弃这个难得的机会？

（80）这条街上的人们靠着租外国人发财的不少，差不多只剩下我这一处宁可少赚钱，也不租外国人。（老舍《二马》）

→？这条街上的人們靠着租外国人发财的不少，差不多只剩下我这一处，宁可少赚钱，也不租外国人？

→？这条街上的人們靠着租外国人发财的不少，差不多只剩下我这一处，是不是宁可少赚钱，也不租外国人？

→？这条街上的人們靠着租外国人发财的不少，差不多只剩下我这一处，难道宁可少赚钱，也不租外国人?[①]

在例（79）“我们宁可放弃一场好看的电影，也不愿意放弃这个难得的机会”中，主语为第一人称“我们”，该句式出现在原句陈述句中，在仿写的第一、二和第三句疑问句中使用的频率较低。

为什么“宁可A，也不B”句在主语是第一人称时经常出现在陈述句中，而不能用于疑问句？我们认为，“宁可A，也不B”句在主语是第一人称时，陈述的是说话人的主观态度，除非在特殊的情况下，否则说话人不会对自己的观点和态度提出质疑的。

这里我们对说话人对自己的观点和态度表示质疑的特殊情况进行说明。如前所述，说话人一般不会对自己的观点和态度表示质疑，但是如果说话人同时又是听话人，也就是说，当说话人自己问自己的时候，这个时候“宁可A，也不B”句就可以出现在疑问句中。

（81）我自己问自己：我宁可在外交上蒙受耻辱，也不愿意打一场有风险的战争?

（82）我自己问自己：我宁可在浅浅的池塘、小小的河渠中游戏，自得其乐，也不愿受国君的约束?

例（81）中，说话人是第一人称“我”，并且说话人同时又是听话人。说话人可以对自己的“我宁可在外交上蒙受耻辱，也不愿意打一场有风险的战争”进行质疑。

（二）主语为非第一人称

在主语为非第一人称时，主要考察分析了三个方面的问题：第一是主语为第二人称时；第二是主语为第三人称时；第三是主语为非第一人称时既能出现在陈述句中又能出现在疑问句中。

第一，当主语为第二人称时，第二人称“你”不可以省略，主语

---

① 该句在特殊语境中可以成立，比如在否定自己做过“宁可放弃一场好电影，也不愿意放弃这个难得的机会”的情况下，该句成立。

“你”既可以放在“宁可”前面，也可以放在后一分句的句首，但一般情况下不会在两个地方同时出现。请观察下面例句：

(83) 你宁可早点回家休息，也不肯继续加班。

→宁可早点回家休息，你也不肯继续加班。

→? 你宁可早点回家休息，你也不肯继续加班。

(84) 你当时宁可去海南经商，也不愿留在这里教书。

→当时宁可去海南经商，你也不愿留在这里教书。

→? 你当时宁可去海南经商，你也不愿留在这里教书。

例(83)中，前后分句的主语一致，是第二人称“你”。在这种情况下，第二人称“你”不能省略，如果省略了，则容易引起误解[①]。第二人称主语“你”既可以放在“宁可”的前面（原句），也可以出现在后一分句的句首（仿写第一句）。但一般情况下，主语很少在前后分句同时出现，所以仿写的第二句出现在日常会话和书面语中的频率较低。

第二，当主语为第三人称时，第三人称“他”不可以省略，主语“他”既可以放在“宁可”前面，也可以放在后一分句的句首，但一般情况下不会在两个地方同时出现。

(85) 他宁愿让世俗的社会抛弃他，也不抛弃自己内心的真爱。

→宁愿让世俗的社会抛弃他，他也不抛弃自己内心的真爱。

→? 他宁愿让世俗的社会抛弃他，他也不抛弃自己内心的真爱。

(86) 他宁可饿死，也不要经商。

→宁可饿死，他也不要经商。

---

① 让听话人弄不清说话人所指的对象：如果“你”不省略，则很明确的是指“你”；如果省略“你”，则出现所指不明，这里的所指可以是“你”，也可以是说话人自己。

→？他宁可饿死，他也不要经商。

在例（85）中，前后分句的主语一致，主语是第三人称“他”。在这种情况下，第三人称“他”不能省略，如果省略了，和例（83）一样也容易引起误解，让听话人弄不清楚说话人所指对象。第三人称主语“他”既可以放在“宁可”的前面（原句），也可以出现在后一分句的句首（仿写第一句）。但一般情况下，主语很少在前后分句同时出现，所以仿写第二句出现在日常会话和书面语中的频率较低。

第三，主语为非第一人称时既能出现在陈述句中又能出现在疑问句中。与“宁可A，也不B”句主语为第一人称不同，其主语为非第一人称时，“宁可A，也不B”既能出现在陈述句中，也能出现在疑问句中。

（87）你们宁愿吃苦受罪，也不愿出卖自己的同志。

→你们宁愿吃苦受罪，也不愿出卖自己的同志？

→你们是不是宁愿吃苦受罪，也不愿出卖自己的同志？

→你们难道宁愿吃苦受罪，也不愿出卖自己的同志？

（88）他们宁可文不对题，答非所问，不断地谈些不相干的事，也不愿涉及他们关系中最根本的东西。

→他们宁可文不对题，答非所问，不断地谈些不相干的事，也不愿涉及他们关系中最根本的东西？

→他们是不是宁可文不对题，答非所问，不断地谈些不相干的事，也不愿涉及他们关系中最根本的东西？

→他们难道宁可文不对题，答非所问，不断地谈些不相干的事，也不愿涉及他们关系中最根本的东西？

例（87）“你们宁愿吃苦受罪，也不愿出卖自己的同志”句的主语为第二人称“你们”，该句式既能出现在原句中，也能出现在仿写的疑问句中。

为什么“宁可A，也不B”句在主语是非第一人称时既能用于陈述句，也能用于疑问句，我们认为“宁可A，也不B”句在主语是非第一人称时所陈述的是说话人对其他人的所作所为的主观态度，因为不同的人观点和态度不同，说话人对其他人的所作所为提出质疑是合情合理的。所以“宁可A，也不B”句在主语是非第一人称时既能用于陈述句也能用于疑问句。

三　两个分句主语不一致

两个分句主语不一致，此时两个不同的主语都不能省略，并且前一分句的主语只能放在“宁可”的后面。

(89) 宁可天下人负我，我不负天下人。

→*宁可负我，我不负天下人。

→*宁可天下人负我，不负天下人。

→*宁可负我，不负天下人。

→ *天下人宁可负我，我不负天下人。

(90) 宁可你出家当和尚，我也不愿看到你寻死觅活。

→*宁可出家当和尚，我也不愿看到你寻死觅活。

→*宁可你出家当和尚，不愿看到你寻死觅活。

→*宁可出家当和尚，也不愿看到你寻死觅活。

→*你宁可出家当和尚，我也不愿看到你寻死觅活。

例（89）中，前一分句的主语是“天下人”，后一分句的主语是“我”，前后分句的主语不一致。此时不同的两个主语不能省略，所以仿写的第一、二句和第三句都说不通，而且前一分句的主语只能放在“宁可”后面，所以仿写的放在“宁可”前面的第四句也说不通。

第二章 “宁可A，也不B”句的语里内容

关于“宁可A，也不B”句的语里内容主要从四个方面加以考察分析：一是“宁可A，也不B”句的关项C；二是“宁可A，也不B”句的意愿选择层面；三是“宁可A，也不B”句的选择项A和舍弃项B；四是“宁可A，也不B”句的着意焦点。

第一节 “宁可A，也不B”句的关项C

关于“宁可A，也不B”句的关项C[①]，我们主要考察分析两个方面的问题：一是“宁可A，也不B”句的本项A、B和关项C；二是“宁可A，也不B”句的关项C不能出现在语表里。

一 “宁可A，也不B”句的本项A、B和关项C

“宁可A，也不B”句除语表形式所显示的选择项A和舍弃项B外，还隐藏着另外的选择项C。A项和B项出现在“宁可A，也不B”句的语表形式中，我们称之为本项。C项不出现在“宁可A，也不B”句的语表形式里，我们称之为关项。关项C是“宁可A，也不B”句式存在的前提。C项是说话人最想选择的选择项，用意愿选择度来表示是P［C］=1。但是C项不具有现实性，只能有所忍让，选

---

① 关项C最早是由高书贵提出的，他指出C项是“宁可A，也不B”的第三种选择，潜存于句子底层。本章从意愿选择层面对之做出进一步阐释。

取不是最优的A项和B项，用意愿选择度来表示是P［C］>P［A］>P［B］。关项C可以近似地转换成“既不A，也不B”。

(91) 我宁可看到妹妹死去，也不愿意让她嫁给一个仅仅在上海就找了两个女人的荒唐男人。

(92) 你要我怎么样，我宁可牺牲自己，也不能叫你有一丝一毫的损害。(周而复《上海的早晨》)

例（91）中，出现在“宁可A，也不B”语表形式里的A项是“看到妹妹死去”，B项是“让她嫁给一个仅仅在上海就找了两个女人的荒唐男人”，A项和B项是“宁可A，也不B”的本项。C项隐藏在句子底层，不出现在语表形式里。C项近似地可以转化成“既不愿看到妹妹死去，也不让她嫁给一个仅仅在上海就找了两个女人的荒唐男人”。根据句意可以推知，C项是“妹妹嫁给个好男人”。C项“妹妹嫁给个好男人”是说话人最想选择的选择项，但是就目前的情况来看C项不具有现实性，只能有所忍让，选取不是最优的A项“看到妹妹死去”和B项“不让她嫁给一个仅仅在上海就找了两个女人的荒唐男人”。

二 关项C不能出现在语表里

关项C只能潜藏在句子深层，不能出现在句子表层。究其原因是要进入“宁可”句式必须有潜藏在句子深层的C项，C项如果出现在语表里，那么潜藏在新句子句底的C项也就不存在了。请看C项出现在例（91）语表形式中的两种情况：

*我宁可看到妹妹嫁给个好男人，也不愿意看到妹妹死去。

*我宁可看到妹妹嫁给个好男人，也不愿意让她嫁给一个仅仅在上海就找了两个女人的荒唐男人。

由于C项“妹妹嫁给个好男人”出现在句表语表形式中，导致新形成的“宁可C，也不A”和“宁可C，也不B”没有潜存在句子底层的新“C项”，C项是潜藏在“宁可”句式底层里的，它虽然不出现在语表形式中，但也是不可或缺的，所以这两个句子因为C项的出现而导致新出现的句子没有潜藏在句子底层的新C项，所以是不正确的。

第二节 “宁可A,也不B”句的意愿选择层面

意愿选择层面主要考察分析了两个方面的问题：一是主体意愿选择层面；二是客体推测选择层面。

一 主体意愿选择层面：P［A］>P［B］

主体意愿选择层面是大脑思维中的一个意愿选择层面，它反映的是说话人对出现的A项或者B项的主观选择。这种主观选择通常和一般人的选择相悖。“宁可A，也不B”句式在主体意愿选择层面所反映的意愿选择是选择A项的可能性要大于选择B项的可能性，用意愿选择度来表示是P［A］>P［B］。基于说话人的意愿选择，我们主要考察分析了“宁可A，也不B”句式中A项和B项的两种情况：一是A项和B项都是说话人不愿意选择的；二是A项和B项都是说话人愿意选择的。

（一）A项和B项都是说话人不愿意选择的

对于说话人来说，“宁可A，也不B”中的A项和B项都是说话人不愿意选择的。虽然在一般人看来，选择B项的可能性大于选择A项的可能性。但是出于某种目的，说话人舍弃了一般人选择的B项，而选择了一般人舍弃的A项。用意愿选择度来表示是：0<P［A］<0.5，0<P［B］<0.5，P［A］>P［B］。

（93）我的回答也早经过了深思熟虑，宁可当男妓也不当写手——就是这个意思，但是不能这样说。（王小波《未来世界》）

（94）这是他的宗教——一种特殊的宗教，宁可卖国，而不

能叫女儿陪酒。(老舍《火葬》)

例(93)中的A项是“当男妓”,B项是“当写手”。无论是A项还是B项都是说话人不愿意选择的,用意愿选择度来表示是0<P[A]<0.5,0<P[B]<0.5。在一般人看来,选择B项的可能性要大于选择A项的可能性,但是说话人为了表达自己不想当写手的强烈决心,舍弃了一般人选择的B项(当写手),而选择了一般人舍弃的A项(当男妓),用意愿选择度来表示是P[A]>P[B]。

(二)A项和B项都是说话人愿意选择的

对于说话人来说,“宁可A,也不B”中的A项和B项都是说话人愿意选择的。虽然在一般人看来,选择B项的可能性要大于选择A项的可能性。但是出于某种目的,说话人舍弃了一般人选择的B项,而选择了一般人舍弃的A项。用意愿选择度来表示是0.5<P[A]<1,0.5<P[B]<1,P[A]>P[B]。

(95)我宁可当县长,也不当省长。

(96)我宁可你说我可爱,也不愿意你说我正派。

例(95)中的A项是“当县长”,B项是“当省长”。无论是A项还是B项都是说话人愿意选择的,用意愿选择度来表示是0.5<P[A]<1,0.5<P[B]<1。在一般人看来,选择B项的可能性要大于选择A项的可能性,但是说话人为了表达自己不想当省长的强烈决心,舍弃了一般人选择的B项(当省长),而选择了一般人舍弃的A项(当县长),用意愿选择度来表示是P[A]>P[B]。

二 客体推测选择层面:P[A]≤P[B]

客体推测选择层面是大脑思维中的另一个意愿选择层面,它反映的是说话人根据自己的生活经验、背景知识,对听话人选择A项或者是B项的心理状态的推测。这种选择一般是大众所能做出和接受的选择。“宁可A,也不B”在客体推测选择层面所反映的意愿选择是选择A项的可能性要小于或者等于选择B项的可能性，用意愿选择度来表示是P［A］≤P［B］。基于说话人对听话人心理状态的推测，我们主要考察分析了“宁可A，也不B”句式中A项和B项的三种情况：一是说话人推测A项和B项都是听话人不愿意选择的；二是说话人推测A项和B项都是听话人愿意选择的；三是说话人推测听话人选择A项和B项的可能性一样。

（一）说话人推测A项和B项都是听话人不愿意选择的

说话人根据自己的生活经验、背景知识，推测“宁可A，也不B”中的A项和B项都是听话人不愿意选择的。用意愿选择度来表示是：0<P［A］<0.5，0<P［B］<0.5，P［A］<P［B］。

（97）他们宁可舍着脸去逢迎谄媚他，也不肯失掉了地位。（老舍《不成问题的问题》）

（98）今天我在你们面前，表扬范汉儒的廉政品质。他宁可用菜头填他的肚子，也不捞公家的一星蛋花。（从维熙《雪落黄河静无声》）

例（97）中的A项是“舍着脸去逢迎谄媚他”，B项是“失掉了地位”。说话人根据自己的生活经验、背景知识，推测听话人对于该句中的A项或者是B项都是不愿意选择的，用意愿选择度来表示是0<P［A］<0.5，0<P［B］<0.5。并且说话人还推测听话人选择A项（舍着脸去逢迎谄媚他）的可能性要小于选择B项（不肯失掉地位）的可能性，用意愿选择度来表示是P［A］<P［B］。

（二）说话人推测A项和B项都是听话人愿意选择的

说话人根据自己的生活经验、背景知识，推测“宁可A，也不B”中的A项和B项都是听话人愿意选择的。用意愿选择度来表示是：0.5<P［A］<1，0.5<P［B］<1，P［A］<P［B］。

（99）我宁可上南开，也不上北大。

（100）我宁可吃海参，也不吃牛肚。

例（99）中的A项是“上南开”，B项是“上北大”。说话人根据自己的生活经验、背景知识，推测听话人对于该句中的A项或者是B项都是愿意选择的，用意愿选择度来表示是 $0.5 < P[A] < 1$，$0.5 < P[B] < 1$，并且说话人还推测听话人选择A项（上南开）的可能性要小于选择B项（上北大）的可能性，用意愿选择度来表示是 $P[A] < P[B]$。

（三）说话人推测听话人选择A项和B项的可能性一样

说话人根据自己的生活经验、背景知识，推测听话人对“宁可A，也不B”句中的A项和B项选择的可能性一样，不确定听话人怎么选择。用意愿选择度来表示是：$P[A] = P[B] = 0.5$。

（101）我宁可借书，也不买书。

（102）我宁可去上海，也不去北京。

例（101）中的A项是“借书”，B项是“买书”。说话人根据自己的生活经验、背景知识，推测听话人对“宁可A，也不B”中的A项（借书）和B项（买书）选择的可能性一样，不确定听话人怎么选择。用意愿选择度来表示是：$P[A] = P[B] = 0.5$。

第三节 “宁可A,也不B”句的选择项A和舍弃项B

关于“宁可A，也不B”句的选择项A和舍弃项B主要考察分析了四个问题：一是“宁可A，也不B”句的选择项是未知的，舍弃项是已知的；二是进入“宁可A，也不B”句的选择项与舍弃项共同的论域；三是选定选择项A的标准；四是“宁可A，也不B”句中A项和B项具有非交替性。

一 “宁可A，也不B”句选择项是未知的[①]，舍弃项是已知的

“宁可A，也不B”句的选择项是未知的，可以根据说话人自己的意愿来进行选择，而舍弃项是已知的，是说话人已经面临的事实。

(103) 她宁愿老死宫中，也不愿到皇上的身边摇尾乞怜。(流潋紫《后宫·甄嬛传》)

(104) 他宁愿拼个一死，也不丢下自己的骨肉！(梵杨《瑶家寨》)

例(103)中选择项“老死宫中”是未知的，是说话人(这里指的是沈眉庄)经过内心的挣扎所做出的选择，听话人不知道或者不太清楚她将做何选择——可能是出宫修行，也有可能是跟温实初双宿双飞。而选择项“到皇上的身边摇尾乞怜”是听话人所知道和了解的，也是说话人已经面临的事实。

二 进入“宁可A，也不B”句的选择项与舍弃项的论域

关于进入“宁可A，也不B”句的选择项与舍弃项的论域主要考察分析了四个方面的内容：一是进入“宁可A，也不B”句的未知选择项与已知舍弃项共同的论域；二是论域项的数目；三是论域项之间的语义关系；四是论眼。

(一) 进入“宁可A，也不B”句的未知选择项与已知舍弃项共同的论域

进入“宁可A，也不B”句未知选择项与已知舍弃项共同的论域，因为B项是说话人已经面临的事实，所以说话人不能根据自己的意愿来重新进行选择。而A项是未知的，说话人可以根据自己的意愿

① 这里的“未知”指的是对于听话人来说是未知的，对于说话人来说也要经过对各种情况的斟酌，才能明确自己的选择。

进行有范围的选择①。这个有范围的选择要和已知的B项有共同的论域。与B项没有共同论域的选择项，不能进入“宁可A，也不B”句式的A项。

(105) 宁可要一个结过婚的女人，也不要我。(电视剧《何以笙箫默》)

(106) 宁可要社会主义的草，也不要资本主义的苗。

论域：选择什么样的人共度一生。

例（105）中A项是“要一个结过婚的女人”，B项是“要我”。B项是说话人已经面临的事实，所以说话人不能根据自己的意愿重新选择，而A项是说话人可以根据自己的意愿进行有范围的选择。在一定范围里进行的选择和B项有着共同的论域，不具有共同论域的选择项不能进入A项。在一定范围里和B项有共同论域的内容如下：

宁可要一个结过婚的女人
要年龄比他大的女人
要一个很丑的女人
要一个作风不正派的女人
……

而和B项没有共同论域的选择项则不能进入A项，例如：

* 去逛街
* 在星期日上班
* 吃四川辣子酱

① 这里之所以说是有范围的选择，是因为说话人根据自己的意愿对A项进行选择不是任意的，而是要满足A项不是关项C和意愿选择层面的要求，意愿选择层面的要求是：在主体意愿选择层面P［A］>P［B］；在客体意愿选择层面P［A］≤P［B］。

（二）论域项的数目

关于论域项的数目主要考察分析了两个方面的问题：第一是有穷论域；第二是无穷论域。

第一，有穷论域①。一个论域所具有的论域项有多有少。依据论域项的多少，论域可以分为有穷论域和无穷论域两种。具有矛盾关系、反对关系或对义关系的论域项是有限的（参看后面的讨论）。最少只有两个论域项，这两个论域项具有矛盾关系。

(107) 宁可要善意的假，也不要恶意的真。

(108) 宁可站着死，也不跪着生。

论域：事实的真相

论域项：善意的假。

例（107）中的选择项A有且只有一个论域项。因为“假”和“真”是一对具有矛盾关系的词语。又因为B项是已知的，在该句式中已经做了选择，所以选择项A只有一个论域项。此时的“宁可A，也不B”句是不能拓展的。

第二，无穷论域。无穷论域中的论域项是无穷的。

(109) 宁可去上海，也不去香港。

(110) 日本武士宁可剖腹自杀，也不愿受辱。

论域：去某个地方。

论域项：a. 去上海。

b. 去西藏。

c. 去北京。

……

① 因为B项是已知的，所以这里的有穷论域是针对选择项A来说的，当然已知的舍弃项B也属于该论域的论域项。

“宁可A，也不B”句具有有穷论域，选定项的拓展是有限的，甚至不能拓展。如果具有无穷论域，选定项可以拓展，从理论上讲是无限的。请观察下面关于例（109）的拓展句：

宁可去上海，也不去香港。
宁可去西藏，也不去香港。
宁可去北京，也不去香港。
宁可去南京，也不去香港。
宁可去厦门，也不去香港。
……

（三）论域项之间的语义关系

论域项与论域项之间常见的语义关系主要有下列几种：

语义关系1：矛盾关系。所谓矛盾关系，是指其中一个论域项真实，则另一个论域项虚假；其中的一个论域项虚假，则另一个论域项真实。

论域：生活的一种状态。

论域项：A. 站着死。

B. 跪着生。

该论域中的论域项A和论域项B具有矛盾关系。具有矛盾关系的论域项充当选择项和舍弃项，所构成的“宁可A，也不B”句式不能拓展。比如：

宁可站着死，也不跪着生。

→ *宁可站着死，宁可站着不死不活，也不跪着生，也不跪着苟延残喘。

A、B两个论域项构成矛盾关系，其语表形式选用具有矛盾关系的词语构成矛盾关系，且构成矛盾关系的词语前要有形容词修饰（见表2-1）。

表 2－1　　起修饰作用的形容词与矛盾关系词语的搭配情况

积极意义/消极意义	宁可 A	也不 B
具有矛盾关系的词语	－	＋
修饰矛盾关系词语的形容词	＋	－

注：＋表示有积极作用，－表示没有积极作用。

语义关系 2：反对关系。所谓反对关系，是指其中的一个论域项真实，则另一个论域项虚假；而其中一个论域项虚假，则另一个论域项可能真实，也可能不真实。

(111) 隔夜的食品宁可倒掉也不卖给顾客。
论域：处理隔夜的食品。
论域项：a. 倒掉。
b. 卖给顾客。
c. 自己吃掉。
……

例（111）中的论域项 A“倒掉”和论域项 B“卖给顾客”具有反对关系。具有反对关系的两个论域项充当选择项和舍弃项。选择项和舍弃项可以拓展。

宁可倒掉，宁可自己吃掉，也不卖给顾客。

语义关系 3：对义关系。所谓对义关系，是指其中一个论域项真实，则另一个论域项可能真实，也可能虚假。

(112) 我宁可去西安，也不去上海。
论域：我去某地。
论域项：a. 我去西安。

b. 我去广州。

c. 我去深圳。

……

具有对义关系的两个论域项所构成的选择项可以拓展。

(四) 论眼

论眼可以分为两类：一类是成分论眼，二类是命题论眼。成分论眼是由论域中的某句法成分充当的论眼。请观察下面的例句：

(113) 宁可我去，也不让你去。

论域：某人去。

论域项：a. 我去。

b. 小明去。

c. 他去。

……

(114) 她如果感到作品不满意，宁可付诸一炬，也不拖泥带水地勉强凑合。

论域：她对自己的作品不满意。

论域项：a. 付诸一炬

b. 重新修改。

……

例(113)中的“我”和“你”是成分论眼，例(114)中的“付诸一炬”和“拖泥带水地勉强凑合”是命题论眼。

三 选定选择项A的标准

在“宁可A，也不B”句式中选定选择项A的标准因人而异。使用“宁可A，也不B”具有强烈的取舍意味，选择A项是说话人为了凸显B项，选择认为在自己目前的状况下不好的情况。然而对于不同的人，对不好情况的看法也是不同的。为了更好地说明这个问题，仍以例（105）为例。

> 宁可要一个结过婚的女人，也不要我。
> 宁可要年龄比他大的女人，也不要我。
> 宁可要一个很丑的女人，也不要我。
> 宁可要一个作风不正派的女人，也不要我。
> ……

有的人觉得年龄比他大的女人，懂得体贴照顾人，对自己的事业有帮助，所以能接受年龄比自己大的女人而不能接受结过婚的女人。而有的人觉得结过婚的女人更懂得包容，更有魅力，相反不能接受比自己年龄大的女人。这个标准因人而异。

四 “宁可A，也不B”句中A项和B项具有非交替性

不同于“是A，还是B”的选择项具有交替性，“宁可A，也不B”句中的A项和B项具有非交替性。对于“宁可A，也不B”复句中的A项和B项具有非交替性，这里我们主要考察分析两个方面的问题：一是A项和B项本身就不可以移位；二是A项和B项虽然可以移位，但是移位之后说话人所表达的意思有所不同。

（一）A项和B项本身就不可以移位

“宁可A，也不B”句中的A项和B项由于含义限制，本身就不可以移位。

> （115）我宁可当青楼女子，也不当官太太。

例（115）中，A项是“当青楼女子”，B项是“当官太太”，由于社会固有的价值观，社会地位是有区别的。通常的情况是：“当青楼女子”的社会地位一般要低于“当官太太”，所以在这种情况下，A项和B项由于自身的含义限制，本身就不可以替换。

（二）A项和B项可以移位，但是移位之后说话人所表达的意思有所不同

“宁可A，也不B”句中的A项和B项本身可以移位，但移位之后所表达的意思与说话人原来所表达的意思有所不同。

（116）宁可嫁给穷屌丝，也不嫁给富二代。
→宁可嫁给富二代，也不嫁给穷屌丝。

例（116）中，A项是“嫁给穷屌丝”，B项是“嫁给富二代”，这两项的选择和例（115）不同，是因人而异的，不同的人会有不同的选择。有的人选择“嫁给穷屌丝”，有的人选择“嫁给富二代”。在这种情况下，A项和B项可以相互移位，但是移位之后，前后表达的意思会有所不同。原句的意思是不嫁给富二代，而移位之后的句子则是不嫁给穷屌丝。

第四节 “宁可A,也不B”句的着意焦点

对于“宁可A，也不B”句的着意焦点，我们主要考察分析了两个方面的内容：一是成分焦点；二是命题焦点。

一 成分焦点

这里所说的成分焦点，是指“宁可A，也不B”句式中由A、B选择项和舍弃项的某一句法成分充当着意焦点；这种成分焦点不以命题形式作为自己的存在形式。这里主要考察分析三个方面的问题：一是成分焦点的语表特征；二是成分焦点的语里特征；三是充当A、B中成分焦点的词语特点。

第一，成分焦点的语表特征：重音特征。

“宁可A，也不B”句式如果具有成分焦点，这些成分焦点一般都要重读。很明显，成分焦点负载着说话人特别关注和特别强调的语义信息，说话人利用这种重读形式，以传递自己特别关注和特别强调

的这种语义信息。

(117) 宁可去西安，也不去东京。

例(117)中，“宁可A，也不B”句具有成分焦点，成分焦点是“西安”和“东京”，成分焦点负载着说话人特别关注和特别强调的语义信息。说话人要重读成分焦点。所以该句中“西安”和“东京”比其他成分要读得稍微重一些。

需要说明的是，成分焦点属于逻辑重音，不属于句法重音。这是因为A、B中的成分焦点重读，是在A、B语境对比中规定的，脱离这种语境，在其他语境中，重读的情况就可能发生变化。

第二，成分焦点的语里特征。

成分焦点的语里特征集中表现为同中有异。所谓同，是指它们同属于一个语义场，具有共同的语义特征，相互之间具有类同关系；所谓异，是指它们在同一语义场中又具有不同的语义特征，相互之间又具有对立关系。

(118) 我宁可当清洁工人，也不当公务员。

例(118)中的成分焦点是“清洁工人”和“公务员”，它们共同的语义特征是“表示某种职业”；不同的语义特征是：前者表示“收入较低的职业”，后者表示“收入不错的职业”，二者又具有对立关系。

有几个问题需要说明：第一，成分焦点承担说话人特别关注和强调的语义信息，但说话人所关注和强调的并不是成分焦点中共同的语义成分，而是成分焦点中不同的语义成分。但共同的语义成分有其重要的作用：它构成二者进行比较的基础，正是这种共性特征才突出了二者的异。第二，有时候，A、B中的成分焦点不放在具体的语言环境中，它们不具有同中有异的语里特征。这种依赖语境才存在的语里特征，我们称之为语境语里特征。

(119) 我宁愿跟书过日子，也不愿跟你过日子。

例（119）中的成分焦点是“书”和“人”，在通常情况下不认为它们具有同中有异的语里特征，因为人们往往不认为二者属于同类事物，但是在这种特定的语境中，“书”和“人”都是伴随“我”打发日子的事物，只不过前者是“无生命”的“书”，后者是“活生生”的“你”。也就是说，在这种特定的语言环境中，“书”和“你”也可以具有同中有异的语里特征。

第三，充当A、B中成分焦点的词语特点。

关于充当A、B中成分焦点的词语，我们主要分为三种情况：首先，充当A、B中成分焦点的词语是二元对立的；其次，充当A、B中成分焦点的词语是极性对立的；最后，充当A、B中成分焦点的词语是多元对立的。

首先，充当A、B中成分焦点的词语是二元对立的。

所谓二元对立是指它们之间没有中间状态，它们的关系是非此即彼的、互补的，是相反相成的关系，用逻辑公式来表示是：$A = \neg B$，$B = \neg A$，$\neg A = B$，$\neg B = A$

请观察下面例句：

(120) 宁要站着死，也不跪着生。

例（120）中的成分焦点是“站着死”和“跪着生”，“生”和“死”是二元对立的，它们之间没有“不生不死”的中间状态，它们的关系是非此即彼、互补的，是相反相成的关系，即不是生就是死。

但需要注意的是，“生”和“死”在进入“宁可A，也不B”句中时，受到限定性成分“站着”和“跪着”的修饰，这样就把二元对立的词语强制性地变成了四元对立的词语，也就是把“生”和“死”强制性地变成了“站着生”“跪着生”“站着死”“跪着死”。这里的语义焦点也发生了变化，不再是“生”和“死”而是“生”和“死”的限定性成分“站着”和“跪着”。

其次，充当A、B中成分焦点的词语是极性对立的。

所谓极性对立的词语是指它们有一个中间的状态，常见的词语有大—小，多—少。用逻辑公式来表示是：A =¬B，B =¬A，¬A≠B，¬B≠A。

（121）宁可肥一斤，也不瘦一两。

例（121）中的成分焦点是“肥一斤”和“瘦一两”，“肥”和“瘦”是极性对立的词语，它们之间有“不肥不瘦”的中间状态。

最后，充当A、B中成分焦点的词语是多元对立的。

A、B中成分焦点从有无等级方面可以分为三类：一类是“春夏秋冬”“一月二月三月……十二月”为循环序列，有顺序义而没有等级差异；二类是衔位名词“省长、县长、乡长、村主任”“教授、副教授、讲师、助教”，非衔位指人名词“博士生、硕士生、本科生、专科生”，有顺序义而且有等级差异；三类是指人名词、职业名称、地名等，在一定的语境下，它们有顺序义或等级差异。

需要指出的是“宁可A，也不B”句对一类词语比较宽容，对二类词语比较严格，三类则分属前两类。这里主要讨论一类和二类词语。

首先，“宁可A，也不B”句对一类词语比较宽容，一般都可以进入“宁可A，也不B”句，而且A和B可以移位。

（122）我宁可过冬天，也不过夏天。
→我宁可过夏天，也不过冬天。
（123）我宁可过秋天，也不过春天。
→我宁可过春天，也不过秋天。

例（122）中，“冬天”和“夏天”有顺序义，但是没有等级差。“宁可A，也不B”对这类词语比较宽容，一般都可以进入“宁可A，也不B”句。A和B移位之后，进入“宁可A，也不B”句仍然成立。值得注意的是，移位之后，句子的预设就会有所改变。原句“我宁可过冬天，也不过夏天”的预设是“我既不喜欢过冬天，也不喜欢过夏天，但是相对夏天来说可以忍受过冬天”。而A和B经过移位之后，预设有所改变。移位之后的预设是“我既不喜欢过冬天，也不喜欢过夏天，但是相对冬天来说可以忍受过夏天”。

其次，“宁可A，也不B”句对二类词语比较严格，因为二类词语有顺序义而且有等级差，所以进入“宁可A，也不B”句，A和B的顺序一般是固定的，并且不能互换。因为“宁可A，也不B”句表示面对不如意的事有所忍让，A的等级在一般情况下要低于B的等级。这个差级可以是差一级，也可以是差多级。

(124) 我宁可当村长，也不当乡长。

(125) 我宁可当助教，也不当教授。

例(124)中，“村长”和“乡长”有顺序义，也有等级差，所以进入“宁可A，也不B”句，“村长”和“乡长”的顺序是固定的，一般不能移位。移位之后则是不被接受的病句。

*我宁可当乡长，也不当村长。

另外，“村长”和“乡长”的级差是一级。而例(125)“助教”和“教授”的级差是多级。

但是如果“我宁可当乡长，也不当村长”里的“乡长”和“村长”前面加上相应的限定语，则该句又可以说得通。

我宁可当穷乡长，也不当富村长。

这里“乡长”和“村长”相应地加上限定语“穷”和“富”，级差就发生了相应的改变。根据人们一般的心理认知，“富”总是要比“穷”好，所以添加限定语“穷”后的“乡长”的级差要低于添加限定语“富”后的“村长”。基于此，“我宁可当穷乡长，也不当富村长”是说得通的。不过限定语要用对位置。一般情况下消极的限定语添加在等级高的词语前，积极的限定语添加在等级相对低的词语前。在这种情况下，受消极限定语修饰的等级高的词语在等级上要小于受积极限定语修饰的等级低的词语。

二　命题焦点

这里所说的命题焦点，是指“宁可 A，也不 B”句式由整个选择项和舍弃项充当的着意焦点，而 A、B 又是以命题形式存在的。换句话说，命题焦点是由命题形式充当的着意焦点，不是以 A、B 某一句法成分充当的着意焦点。

关于“宁可 A，也不 B”的命题焦点，我们主要从两个方面来分析考察：一是命题焦点的语表特征；二是命题焦点的语里特征。

（一）语表特征：重音特征

“宁可 A，也不 B”句如果是以整个 A、B 选择项和舍弃项充当命题焦点的，这些命题焦点不存在特定的对比重读音节，如果存在重读音节，这种重读音节落在 A、B 选择项和舍弃项的常规重读音节上，也就是说，A、B 选择项和舍弃项可以具有句法重音，但不存在逻辑重音。

（126）可是李云经宁可无饭可讨，也不屈膝给日本人当汉奸。（窦应泰《李嘉诚家族传》）

（127）我安骥宁可负了姑娘做个无义人，也不敢背了父母做个不孝子。（文康《儿女英雄传》）

例（126）中，“宁可 A，也不 B”句具有命题焦点，命题焦点是“无饭可讨”和“屈膝给日本人当汉奸”。因为该句是以整个 A、B 选择项和舍弃项充当命题焦点的，其命题焦点不存在特定的对比重读音节。如果存在重读音节，这种重读音节落在 A、B 选择项和舍弃项的常规重读音节上。

（二）命题焦点的语里特征

命题焦点的语里特征实际上也表现为同中有异。所谓同，是指“宁可A，也不B”句式的不同命题焦点涉及共同的语义范畴。这种共同的语义范畴就是“宁可A，也不B”句选择项和舍弃项的论域。所谓异，是指“宁可A，也不B”句不同命题焦点，相互间存在着对立关系。

首先来看相同的地方。“宁可A，也不B”句的不同命题焦点必然涉及相同的语义范畴，也就是“宁可A，也不B”句的选择项和舍弃项的论域。命题焦点与论域主要存在七种语义关系：

语义关系1：论域和命题焦点是因果关系。论域表示原因，命题焦点表示结果。

（128）晋阳城的老百姓恨透了智伯瑶，宁可淹死，也不肯投降。

（129）我不想和我父母和好，宁可四处流浪，也不回家。

例（128）中的论域是“晋阳城的老百姓恨透了智伯瑶”，命题焦点是“淹死”和“不肯投降”，因为“晋阳城的老百姓恨透了智伯瑶”，所以他们选择“淹死”和“不肯投降”。论域“晋阳城的老百姓恨透了智伯瑶”是原因，命题焦点“淹死”和“不肯投降”是结果。论域和命题焦点是因果关系。

语义关系2：论域和命题焦点是转折关系。

（130）可是天罗地网已经布下，仇虎宁可选择自杀，也不愿再戴上镣铐。

（131）但是资金有些紧张，瑞瑞宁可选择贷款，也不向父母开口。

例（130）中的论域是“天罗地网已经布下”，命题焦点是“选择自杀”和“不愿再戴上镣铐”，根据推测，仇虎会选择再戴上镣铐，不会选择自杀，然而事实情况却相反。论域“天罗地网已经布下”和命题焦点“选择自杀”和“不愿再戴上镣铐”是转折关系。论域和命题焦点是转折关系。

语义关系3：论域和命题焦点是假设关系。

（132）所以我们既要面包也要爱情，如果找不到特别满意的，宁可等待也绝不凑合。

（133）如果非让我选择，我宁可去广州，也不去上海。

例（132）中的论域是“如果找不到特别满意的”，命题焦点是“等待”和“绝不凑合”。论域“如果找不到特别满意的”和命题焦点“等待”和“绝不凑合”是假设关系。论域和命题焦点是假设关系。

语义关系4：论域和命题焦点是目的关系。

（134）可是为了每一个人的生命，各级干部和解放军宁可跑断了腿，磨破了嘴，也不让一位群众留在不安全的地方。

（135）为了让朱永生安心做学问，宋清如宁可自己面对所有问题，也不打扰他。

例（134）中的论域是“为了每一个人的生命”，命题焦点是“跑断了腿，磨破了嘴”和“不让一位群众留在不安全的地方”。论域“为了每一个人的生命”和命题焦点“跑断了腿，磨破了嘴”“不让一位群众留在不安全的地方”是目的关系。论域和命题焦点是目的关系。

语义关系5：论域和命题焦点是递进关系。

（136）所以，使营业员无论在何种情况下，都能沉着应付，从全局利益出发，甚至宁可自己受委屈，也不惜以个人的尊严来维护蓝岛的形象和荣誉。

(137) 有些职工在企业收入不多，甚至宁可吃补助，也不愿意到社会上多挣钱。

例（136）中的论域是“营业员无论在何种情况下，都能沉着应付，从全局利益出发”，命题焦点是“自己受委屈”和“不惜以个人的尊严来维护蓝岛的形象和荣誉”。论域“营业员无论在何种情况下，都能沉着应付，从全局利益出发”和命题焦点“自己受委屈”及“不惜以个人的尊严来维护蓝岛的形象和荣誉”是递进关系。论域和命题焦点是递进关系。

语义关系6：论域和命题焦点是条件关系。

(138) 本来，昨天应该练规定动作，但是许多选手都是见好就收，只要找准了感觉，宁可退下去休息，也不再巩固一遍。

(139) 中国至今仍是一个低收入发展中国家，人口中的绝大多数系低收入者，只要经济在发展，就业有保证，他们宁可忍受一定程度的通货膨胀。

例（138）中的论域是“只要找准了感觉”，命题焦点是“退下去休息”和“不再巩固一遍”。论域“只要找准了感觉”和命题焦点“退下去休息”及“不再巩固一遍”是条件关系。论域和命题焦点是条件关系。

语义关系7：论域和命题焦点是让步关系。

(140) 所以尽量不要熬夜，即使真的很忙，宁可第二天早点起来接着工作也不要熬夜。

(141) 即便是普通人，困顿中仍然保持你那一份良知和尊严，宁可忍受肉体的痛苦，也不出卖自己的灵魂。

例（140）中的论域是“尽量不要熬夜，即使真的很忙”，命题焦点是“第二天早点起来接着工作”和“不要熬夜”。论域“尽量不要熬夜，即使真的很忙”和命题焦点“第二天早点起来接着工作”与“不要熬夜”是让步关系。论域和命题焦点是让步关系。

再来看不同的地方。“宁可A，也不B”句的选择项和舍弃项涉及共同的语义范畴。选择项和舍弃项具有共同的论域，但它们又由这相同论域中的不同论域项来充当，相互间一般具有矛盾关系、反对关系或对义关系。

语义关系1：A、B间具有矛盾关系。

所谓矛盾关系，是指其中一个论域项真实，则另一个论域项虚假；其中一个论域项虚假，则另一个论域项真实。

(142) 出现问题时，部门领导者便想方设法捂着盖着，宁可一错到底也不纠正，影响了司法的公正性。

(143) 这对姐妹为伊朗姐妹分离手术的失败而感到难过，并表示她们宁可一起度过余生，也不愿冒险分开。

例(142)中论域项分别是“一错到底”和“纠正”。如果论域项“一错到底”真实，那么论域项“纠正”为虚假；如果论域项“一错到底”虚假，那么论域项“纠正”真实。论域项“一错到底”和“纠正”是矛盾关系。

语义关系2：A、B间具有反对关系。

所谓反对关系，是指其中的一个论域项真实，则另一个论域项虚假；而其中一个论域项虚假，则另一个论域项可能真实，也可能不真实。

(144) 他认为内部消费疲弱归因于香港人担忧新的经济波动，宁可储钱也不消费。

(145) 我劝你宁可做周毓英，不做蒋修仁。(吴强《红日》)

例(144)中论域项分别是“储钱”和“消费”。如果论域项“储钱”真实，那么论域项“消费”为虚假；然而，如果论域项“储钱”虚假，那么论域项“消费”可能真实，也可能不真实。因为不储钱，可以消费，也可以投资。所以论域项“储钱”和“消费”是反对关系。

语义关系3：A、B间具有对义关系。

所谓对义关系，是指其中的一个论域项真实，则另一个论域项可能真实，也可能不真实。

（146）我宁可学西班牙语，也不学英语。

（147）小侯宁可买短裤，也不买长裙。

例（146）中论域项分别是“学西班牙语”和“学英语”。如果论域项“学西班牙语”真实，那么论域项“学英语”可能为真实，也可能不真实。因为是否学西班牙语对是否学英语没有制约关系。学习西班牙语之后，可以学习英语，也可以不学习英语。所以论域项“学西班牙语”和“学英语”是反对关系。

第三章 “宁可A，也不B”句的语用价值

“宁可A，也不B”句在主体意愿选择层面所反映的意愿选择是：P［A］>P［B］，而在客体意愿选择层面的意愿选择是P［A］≤P［B］，主体意愿选择层面和客体意愿选择层面的不一致正是该句式的语用价值所在。该句式的语用价值主要表明说话人的某种决心。本章主要从两个方面来考察分析“宁可A，也不B”句的语用价值：一是“宁可A，也不B”句常规式的语用价值；二是“宁可A，也不B”句变换式的语用价值。

第一节 “宁可A，也不B”句的常规式语用价值

“宁可A，也不B”句常规式的语用价值是在别无选择的情况下对不乐意而为之的事情不得不有所忍让，以便下定某种决心。

（148）消费者宁可接受较高的价格，也不空手而归。

（149）我们宁可每月拿150元生活费，也不离开国营厂。

例（148）中A是“接受较高的价格”，“不B”是“不空手而归”。说话人在别无选择的情况下选择不乐意的事情（接受较高的价格），以便下定自己的决心（不空手而归）。通过和删除“宁可……也不”联结词的句子相比较，可以更好地理解说话人选用此联结词的语用价值所在。

消费者宁可接受较高的价格，也不空手而归。

→消费者接受较高的价格，没有空手而归。

我们宁可每月拿150元生活费，也不离开国营厂。

→我们每月拿150元生活费，没有离开国营厂。

经过改编后的句子是在陈述消费者的某种现实情况“接受较高的价格，买到东西”，而原句则表达了消费者为了不空手而归的强烈决心。

第二节 “宁可A,也不B”句的变换式语用价值

关于“宁可A，也不B”句变换式的语用价值，我们从四个方面来进行考察分析：一是“宁可A，也不B”句移位时的语用价值；二是“宁可A，也不B”句省略时的语用价值；三是“宁可A，也不B”句与“如果”条件句嵌套时的语用价值；四是“宁可A，也不B”句与“为了”目的句嵌套时的语用价值。

(一)“宁可A，也不B”移位时的语用价值

“宁可A，也不B”句移位时的语用价值是突出强调舍弃项。

(150) 江苏一个企业破产之后，职工们思想不通，不去劳动局领取救济基金，宁可借钱度日。

(151) 他们拿来塑料布遮盖浇筑后的混凝土，不让刚刚浇筑的混凝土被冲掉，宁可让人淋着。

例（150）中，A项是“借钱度日”，B项是“去劳动局领取救济基金”。B项移位至A项前，是为了突出强调职工们“思想不通，不去劳动局领取救济金”。

(二)“宁可A，也不B”句省略时的语用价值

“宁可A，也不B”句省略舍弃项“也不B”的语用价值是表示说话人当时的心情或者是说话人出于礼貌。

（152）现在他往好处想，宁肯相信徐玉国是谎报军情。（阙迪伟《寻找番薯》）

（153）他就是这种人，宁可自己吃亏。

例（152）中，A项是“相信徐玉国是谎报军情”，B项省略了，此时的语用价值是出于当时的心情或是出于礼貌：最近他听到的一直都是坏消息，现在他往好处想，相信别人都是为他着想的。

（三）“宁可A，也不B”句与“如果”条件句嵌套时的语用价值

“宁可A，也不B”句与“如果”条件句嵌套包括两种句式：第一是“宁可A，也不B”句与“如果”条件句嵌套完全式；第二是“宁可A，也不B”句与“如果”条件句嵌套缩略式。无论哪一种格式，“宁可A，也不B”句的语用价值都是由于某种原因所致，不得已而为之的。只是“宁可A，也不B”句与“如果”条件句嵌套缩略句在表达说话人由于某种原因所致，不得已而为之时，还蕴含着说话人当时的情态。

第一，“宁可A，也不B”句与“如果”条件句嵌套完全式的语用价值。

“宁可A，也不B”句与“如果”条件句嵌套的完全式的语用价值是由于某种原因所致，不得已而为之。

（154）如果非要选择不可，我宁可选择风险，也不愿断送欧盟的前途。

（155）如果是我选择的话，我宁可选择立刻离婚，也不这样拖着。

例（154）是“宁可选择风险，也不愿断送欧盟的前途”与“如果非要选择”条件句的嵌套。此时的语用价值是表达说话人由于必须选择，为了不断送欧盟的前途而选择风险。

第二，“宁可A，也不B”句与“如果”条件句的缩略式的语用价值。

“宁可A，也不B”句与“如果”条件句的缩略式的语用价值除了表达说话人由于某种原因所致，不得已而为之外，还有说话人当时的情态。

(156) 如果能发展我的歌唱事业，宁可花费两年时间学习唱歌。

(157) 如果能让妈妈开心，我宁可去相亲。

例（156）是“宁可浪费两年时间”与“如果能发展我的歌唱事业”条件句嵌套的缩略式。此时的语用价值是表达说话人由于要发展自己的歌唱事业，不得已花费两年时间学习唱歌，同时使用缩略式又表达了说话人当时矛盾的情态。

（四）“宁可A，也不B”句与“为了”目的句嵌套时的语用价值

“宁可A，也不B”句与“为了”目的句嵌套包括两种句式：第一是“宁可A，也不B”与“为了”目的句嵌套的完全式；第二是“宁可A，也不B”句与“为了”目的句嵌套的缩略式。无论哪一种句式，“宁可A，也不B”的语用价值都是表达说话人的主观愿望、取舍倾向和态度。只是“宁可A，也不B”句与“为了”目的句嵌套缩略句在表达说话人的主观愿望、取舍倾向和态度之外，还蕴含着说话人当时的情态。

第一，“宁可A，也不B”句与“为了”目的句嵌套的完全式的语用价值。

“宁可A，也不B”句与“为了”目的句嵌套完全式的语用价值是表达说话人的主观愿望、取舍倾向和态度。

(158) 为了保证电梯质量，宁可多花钱，也不买国产梯。

(159) 为了继续享受自由自在的白领生活，许多欧洲妇女宁可继续工作多挣钱，也不生孩子。

例（158）是“宁可多花钱，也不买国产梯”与“为了保证电梯

质量”目的句的嵌套。此时的语用价值是表达说话人希望保证电梯质量。

第二，“宁可A，也不B”句与“为了”目的句嵌套缩略式的语用价值。

“宁可A，也不B”句与“为了”目的句嵌套缩略式的语用价值除了表达说话人的主观愿望、取舍倾向和态度之外，还有说话人当时的情态。

(160) 为了让台东的孩子能够接受音乐教育，张信哲宁可捐出他在《我是歌手》的所有酬劳。

(161) 为了我的皮肤能变好，我宁可每天吃水煮菜。

例（160）是“宁可捐出他在《我是歌手》的所有酬劳”与“为了让台东的孩子能够接受音乐教育”目的句嵌套的缩略式。此时的语用价值是表达说话人希望让台东的孩子能够接受音乐教育，同时使用缩略式又表达了说话人当时礼貌的情态。

结　语

本编从语表形式、语里内容和语用价值三个方面对“宁可 A，也不 B”句式进行分析研究，得出如下结论。

一　语表形式

（一）由前一分句的语表形式得出的结论

首先，“宁可”的基本功能包含三层意思。其一，如果所说情况不要求忍让，则不能使用“宁可”。其二，如果换用其他的联结词，则原句所表达的忍让之情就会改变。其三，如果原句去掉“宁可”，则原句所表达的忍让之情会消失。

其次，“宁可”与“宁愿”“宁肯”的异同主要分析考察了“宁可”与“宁愿”“宁肯”的相同点以及“宁可”与“宁愿”“宁肯”的不同点两个方面。相同点主要考察分析了在不考虑语用的因素下，“宁可”与“宁愿”“宁肯”可以互换。不同点从意愿强度和希望强度来比较“宁可”与“宁愿”“宁肯”，并从取舍的主观性来解释三者意愿强度和希望强度的不同。

再次，在一定条件下，为了增强说话人的某种决心，“宁可”引导的分句可以重复出现或者和“宁愿”“宁肯”引导的分句同现。

然后，“宁可”句前一分句中的关系词语“宁可”“宁愿”“宁肯”一般不能省略，否则要么句子不成立，要么不但失去预示转折关系的作用，而且失去了容忍让步的含义。

最后，“宁可”的缩略式“宁”不仅可以应用于成语、格言类，而且可以单独入句。从“宁”与“宁可”对单独后接谓词或者是主谓分句主语的音节数要求和对后接谓词或者主谓分句的词性要求两个方面来考察“宁”与“宁可”的不同。

（二）由后一分句的语表形式得出的结论

首先，副词“也”的基本用法表类同。《现代汉语八百词》对“也”的描述是：无论假设成立与否，后果都相同。“宁可A，也不B”句中的“也”表示类同。虽然其类同用法是隐含的，但是可以根据原句补充出来。

其次，因为“也”联结的两个分句隐含着对立，所以“宁可A，也不B”句的“也”和“但”类词可以替换。但替换后，说话人的心理认知会发生改变。当主语出现在后一分句句首和“宁可A，也不B”充当其他分句的转折句时，“宁可A，也不B”句中的“也”不能被“但”类词替换。

最后，“宁可A，也不B”句中的“也”和“但”类词可以同现。“宁可A，也不B”句中的“也”和“但”类词同现，是“也”的基本功能和“但”类词功能的叠加，也就是说，在“也”表类同的时候，叠加了“但”类词强烈的转折意味。

（三）由“宁可A，也不B”整体语表形式得出的结论

首先，“宁可A，也不B”句的移位是把“也不B”移至“宁可A”前，同时移位后的“也不B”的“也”要删除，形成句式“不B，宁可A”。“宁可A，也不B”句的缺省是指“宁可A”分句单独出现，“也不B”缺省。不过缺省的“也不B”可以根据上下文语境补充出来。

其次，考察分析了“宁可A，也不B”句与“如果”条件句嵌套式的两个结构：一是“如果（只要）E，宁可A”；二是“如果（只要）E，宁可A”句的缩略式“E，宁可A”。此时“宁可A，也不B”句的后一分句“也不B”省略了。省略的“也不B”可以根据上下文语境补充出来，也可以不补出来。一般通行的做法是不把它补出来。

再次，和“宁可A，也不B”句与“如果”条件句的嵌套式一样，关于“宁可A，也不B”句与“为了”目的句的嵌套式主要考察

分析了两个结构：一是“为了F，宁可A”；二是“为了F，宁可A”句的缩略式“F，宁可A”。和“宁可A，也不B”与“如果”条件句的嵌套一样，此时的“宁可A，也不B”句的后一分句“也不B”也省略了。省略的“也不B”可以根据上下文语境补充出来，也可以不补出来。一般通行的做法是不把它补出来。

最后，关于“宁可A，也不B”句中A项和B项是否为可比结构，主要考察分析了两个问题：一是“宁可A，也不B”句中A项和B项是可比结构；二是“宁可A，也不B”句中的A项和B项是不可比结构。

(四) 由“宁可A，也不B”的主语及其位置得出的结论

首先，“宁可A，也不B”句的主语是有生命的，而且主语还要具有主观能动性。

其次，当两个分句主语一致时包括两个方面：第一，当主语为第一人称时，主语可以省略也可以不省略。可以放在前一分句“宁可”的前面，也可以放在后一分句的句首。但是，一般情况下不会在两个地方同时出现。主语是第一人称时经常出现在陈述句中而不能出现在疑问句中，但在说话人同时是听话人时可以出现在疑问句中。第二，当主语为非第一人称时，则不可以省略。主语可以放在前一分句“宁可”的前面，也可以放在后一分句的句首，但一般情况下不会在两个地方同时出现。与主语是第一人称的“宁可A，也不B”句不同，当主语为非第一人称时，既可以出现在陈述句中也可以出现在疑问句中。

最后，当两个分句的主语不一致的时候，此时两个不同的主语不可省略，并且前一个分句的主语只能放在“宁可”后面。

二 语里内容

(一) 由关项C分析得出的结论

首先，“宁可A，也不B”句式除了形式所显示的选择项A、B外，还有隐藏在句底的C项。A、B项称为本项，C项称为关项。关项C是“宁可A，也不B”句式存在的前提。

其次，关项 C 只能隐藏在句底，不能出现在语表形式里。

（二）由意愿选择层面得出的结论

首先，“宁可 A，也不 B”句在主体意愿选择层面的反映是选择 A 项的可能性要大于选择 B 项的可能性，用意愿选择度来表示是 P［A］>P［B］。

其次，“宁可 A，也不 B”句在客体意愿选择层面的反映是选择 A 项的可能性要小于或者等于选择 B 项的可能性，用意愿选择度来表示是 P［A］≤P［B］。

（三）由“宁可 A，也不 B”的选择项 A 和舍弃项 B 得出的结论

第一，选择项是未知的，舍弃项是已知的。

第二，进入“宁可 A，也不 B”句的选择项与舍弃项有共同的论域，并分析了论域项的数目、论眼以及论域项之间的语义关系。

第三，选定选择项 A 的标准因人而异。

第四，“宁可 A，也不 B”句中的 A 项和 B 项具有非交替性。

第五，“宁可 A，也不 B”句的着意焦点包括成分焦点和命题焦点，并从语表形式、语里内容来分析它们的特征。

三 语用价值

由语用价值分析得出的结论是：“宁可 A，也不 B”句主体意愿选择层面所反映的意愿选择是：P［A］>P［B］，而在客体推测选择层面的意愿选择是 P［A］≤P［B］，主体意愿选择层面和客体意愿选择层面的不一致正是该句式的语用价值所在。该句式的语用价值主要表明说话人的某种决心。该部分主要从两个方面来考察分析“宁可 A，也不 B”句的语用价值：一是“宁可 A，也不 B”句的常规式语用价值；二是“宁可 A，也不 B”句的变换式语用价值。

首先，“宁可 A，也不 B”句的常规式语用价值是在别无选择的情况下对不乐意而为之的事情不得不有所忍让，以便下定某种决心。

其次，关于“宁可 A，也不 B”句变换式的语用价值。

第一，“宁可 A，也不 B”句移位时的语用价值是突出强调舍弃项。

第二，“宁可A，也不B”句省略舍弃项“也不B”的语用价值是表示说话人当时的心情或者是说话人出于礼貌。

第三，无论是“宁可A，也不B”句与“如果”条件句嵌套完全式还是缩略式，“宁可A，也不B”句的语用价值都是由于某种原因所致，不得已而为之。只是“宁可A，也不B”句与“如果”条件句的缩略句除了表达说话人由于某种原因所致，不得已而为之外，还蕴含着说话人当时的情态。

第四，无论是“宁可A，也不B”句与“为了”目的句嵌套完全式还是缩略式，“宁可A，也不B”句的语用价值都是在表达说话人的主观愿望、取舍倾向和态度。只是“宁可A，也不B”句与“为了”目的句的缩略句在表达说话人的主观愿望、取舍倾向和态度之外，还蕴含着说话人当时的情态。

参考文献

一　学术专著

G. 波利亚：《数学与似真推理》，杨讯文译，福建人民出版社1985年版。

丁声树：《现代汉语语法讲话》，商务印书馆1961年版。

郭志良：《现代汉语转折词语研究》，语言文化大学出版社1999年版。

吕冀平：《汉语语法基础》，商务印书馆2000年版。

吕叔湘：《现代汉语八百词》，商务印书馆2013年版。

吕叔湘、朱德熙：《语法修辞讲话》，中国青年出版社1952年版。

马建忠：《马氏文通》，商务印书馆1983年版。

王力：《中国现代语法》，山东教育出版社1984年版。

王维贤：《现代汉语复句新解》，华东师范大学出版社1994年版。

王维贤：《现代汉语语法理论研究》，语文出版社1997年版。

邢福义：《汉语复句研究》，商务印书馆2001年版。

赵恩芳：《现代汉语复句研究》，山东教育出版社1998年版。

周有斌：《现代汉语选择范畴研究》，广西师范大学出版社2004年版。

二　学术期刊

高书贵：《“宁可……也不”句式探析》，《天津师范大学学报》1989年第5期。

高书贵：《“宁可”类句式对取舍项语义结构形态的变异要求》，

《南开语言学刊》2005年第1期。

何宛屏:《说“宁可”》,《中国语文》2001年第1期。

李会荣、陈昌来:《“与其p,宁可q”格式的逻辑基础及语义内涵》,《暨南大学华文学院学报》2009年第3期。

邵敬敏、周有斌:《“宁可”格式研究及其方法论意义》,《语言教学与研究》2003年第5期。

邵敬敏:《建立以语义特征为标志的汉语复句教学新系统刍议》,《世界汉语教学》2007年第4期。

宋晖:《现代汉语中的“与其p,宁可q”的复句格式刍议》,《语言与翻译》2009年第1期。

宋晖:《“宁可”类复句关系归属解》,《语言研究》2012年第2期。

宋晖:《“宁可p,也q”与“宁可p,但q”的转换条件》,《汉语学习》2012年第1期。

孙云:《谈谈即使句、宁可句、无论句》,《内蒙古师范大学学报》1983年第2期。

王灿龙:《“宁可”的语用分析及其他》,《中国语文》2003年第3期。

王天佑:《“宁可A”后无舍弃项照应考察》,《五邑大学学报》(社会科学版)2012年第3期。

王天佑:《基于认知的“宁可A也要B”构式探析》,《五邑大学学报》(社会科学版)2010年第2期。

王义娜:《“would rather”和“宁可”的语义对比》,《外语与外语教学》2003年第8期。

邢福义:《现代汉语转折句式》,《世界汉语教学》1992年第2期。

张宝胜:《“宁可”复句的语义特征》,《语言研究》2007年第1期。

周有斌:《可转换成“宁可A也不B”的“与其A不如B”的类型及其他》,《语言研究》2004年第4期。

周有斌：《“宁可”式有关的若干问题》，《淮北煤炭师范学院学报》（哲学社会科学版）2004 年第 1 期。

三　学位论文

陈薄一：《现代汉语意愿类语气副词研究》，福建师范大学，2008 年。

韩启振：《现代汉语让步条件句认知研究》，华中科技大学，2012 年。

李莉莉：《现代汉语无条件让步句研究》，吉林大学，2011 年。

潘田：《现代汉语语气副词情态类研究》，武汉大学，2010 年。

王天佑：《汉语取舍范畴研究》，山东师范大学，2012 年。

王彦杰：《“宁可”句式的语义选择原则及其语篇否定功能》，北京语言大学，2002 年。

第三编

现代汉语“任凭”句式探析

郭梦婷

作者简介：郭梦婷（1992.2—　），女，湖北宜昌人，陕西理工大学2014级汉语言文字学专业硕士研究生，师从丁力教授，研究方向为现代汉语语法。读研期间发表学术论文3篇：《“任凭”句句式探析》《语气副词“竟然”的认知层面及语用意义探析》《“就算句”句式探析》，参与陕西理工大学研究生创新基金1项。曾获得陕西理工大学研究生一等奖学业奖学金、二等学业奖学金、研究生论文大赛三等奖等荣誉，被评为优秀学生会干部。现于湖北天门从事教育工作。

绪　论

"任凭"句是一种极端条件下的让步句。目前，语言学界对"任凭"句的研究较少，大多集中讨论关联词语的语法化问题，而在具体的语言环境中对该句式进行深入细致考察的研究几乎没有，因此还有进一步考察的必要。绪论由五个部分组成：选题缘由、研究对象、研究现状及存在的不足、本编的研究方法以及语料来源。

一　选题缘由

许多学者认为，"任凭"和"无论"都能引导无条件让步句。吕叔湘在《中国文法要略》中提到，用"无论""任凭"等关系词连接的句子，表示不同的条件有同一后果，即条件的变动不影响后果，所以可以称为"无条件"句①。从该书中可以看出，"无论"和"任凭"都可以引导无条件让步句。《现代汉语虚词例释》对"任凭"的第一条释义为：表示无条件，即某种事情在任何条件下都必然如此，和"无论""不管"意思相当。"任凭"常和表示任指的疑问代词"怎样""多少"连用，而主句中则常有"都""也"等副词与之呼应②。该词典较详细地解释了"任凭"的虚词用法，"任凭"与"无论"的意思相当，表示无条件让步，常和表示任指的疑问代词连用。吕叔湘在《现代汉语八百词》中对"任凭"的解释中也提到，"任

① 吕叔湘：《中国文法要略》，商务印书馆1982年版，第442页。

② 北大中文系55级、57级语言班：《现代汉语虚词例释》，商务印书馆1982年版，第413页。

凭”与“无论”“不管”一样用在主语前面，后面多有疑问代词[①]。

但是，通过检索发现，关于无条件让步句的研究主要集中在“无论”句（22篇）、“不论”句（11篇）和“不管”句（16篇）上，研究视角各异，成果丰硕，但是对“任凭”句的研究却很少。虽然都能引导无条件让步句，但是“任凭”句有自己独特的存在价值，并不能与“无论”句、“不管”句一概而论。《现代汉语虚词例释》在对“任凭”进行解释时，一方面指出“任凭”和“无论”意思相当，表示无条件让步，另一方面又说“任凭”和“即使”有牵扯[②]，从整体上说明“任凭”句和“无论”句属于交叉关系。陆俭明从细节出发，通过形式上的特点将“任凭”和“无论”都归为前置连词，并特别指出，“任凭”必须位于主语前，而“无论”为前置连词，可位于主语前也可位于主语后[③]。陆先生在关联词的相对位次上指出了“任凭”和“无论”的区别，观察方法具有较强的指导性和操作性，但是结论过于绝对。吕叔湘在《现代汉语八百词》中对“任凭”和“无论”“不管”做了简单的比较：连词“任凭”后面一般不用表示选择的并列成分，“无论”“不管”后则常用[④]。《现代汉语八百词》仅对后续成分的一个方面做了简单的比较，不够全面，且就目前搜集到的语料观察，得出的结论有待商榷。马映从语表、语里、语值方面对“无论”句和“任凭”句做了对比研究，指出二者的不同之处[⑤]，具有系统性，但还不够全面。

综上所述，“无论”和“任凭”同为无条件让步句的标志性词语，但二者又有区别。关于二者的区别，有关学者也有提到，但只指出了某一方面，论述不全面，且有些观点有待商榷，因此有必要对

---

① 吕叔湘：《现代汉语八百词》，商务印书馆1999年版，第465页。

② 北大中文系55级、57级语言班：《现代汉语虚词例释》，商务印书馆1982年版，第413—414页。

③ 陆俭明：《汉语中表示主从关系的连词》，《北京大学学报》1983年第3期，第94—95页。

④ 吕叔湘：《现代汉语八百词》，商务印书馆1999年版，第465—466页。

⑤ 马映：《无条件让步句“无论P，Q”与“任凭P，Q”对比研究》，硕士学位论文，华中师范大学，2016年。

“任凭”句做全面深入的剖析，为更好地区分二者的不同，把握各自的独特价值提供依据。

二 本编研究对象

本编的研究对象是关联词语“任凭”引导的让步复句，简称“任凭”句。在《现代汉语八百词》中，“任凭”有动词和连词两种用法[①]，动词用法不在本编的研究范围之内。例如：

(1) 为了节省体力，我尽量使自己仰浮在水面上，象一片树叶，任凭海浪推动。[②]

(2) 让我见了这么严重的不正之风不闻不问，任凭他们把一个有作为的青年人用行政手腕毁掉，我良心上过不去！（桃叶《南归》）

(3) 下半场跌势更明朗了，任凭“昆机”、“风华”怎么狠命地拽，人气还是如覆水难收。

(4)“亲戚”关系的荷兰队和西德队还不偏不倚，任凭两队球迷大喊大叫。

例（1）中“任凭”与“海浪推动”构成兼语式，后面没有别的句子，为动词用法，不属于本编的研究范围。例（2）中“任凭他们把一个有作为的青年人用行政手腕毁掉”也是兼语句，“他们”是“任凭”的宾语也是“把一个有作为的青年人用行政手腕毁掉”的主语，虽然后面还有句子，但前后句间没有转折关系，因此也不在本编的研究范围之内。例（3）中“任凭”所在的句子位置居中，与后面的句子之间有转折关系，因此此例中的“任凭”引导的是让步复句，在本编的研究范围之内。例（4）中虽然“任凭”所在的句子位于最后，但它可以与前面的句子互换位置，且两者之间有转折关系，是非

① 吕叔湘：《现代汉语八百词》，商务印书馆 1999 年版，第 465 页。

② 语料除特殊标注外，均来自北大语料库。

常规语序的让步句，属于本编的研究范畴。

三　研究现状及存在的不足

根据主流观点，“任凭”句被归入无条件让步句。到目前为止，语言学界关于无条件让步句的研究成果颇丰，但具体涉及“任凭”的研究则比较少。具体情况如下：

首先，关于归属问题研究。吕叔湘《中国文法要略》根据语义将无条件句分为三类，并对无条件关系进行了标记，属于“擒纵、衬托”关系①。邢福义在《汉语复句研究》中提出复句“三分系统”，将无条件复句归入让步句的总让句中②。另外还特别强调，“任凭 p，都/也 q”是让步句式，但不固定地属于让步句的哪一个子类，既可以表示总让，又可以表示实让，还可以表示虚让③。黄伯荣、廖序东《现代汉语》将无条件句归属于偏正复句中的条件句小类，表示排除一切条件、在任何条件下都会产生相同结果④。因为各位学者研究的立足点不同，所以对复句的分类也不尽相同。

其次，关于关联词语的研究。晏玉平对“无论”“不论”“不管”“任凭”和“尽管”做了简单的对比分析，认为“无论”“不论”“不管”“任凭”都可表示无条件，后面常有“也”“都”等副词相呼应；但前三个后面还可用“还是”“或是”组成表示选择性的并列成分，“任凭”则无此用法。“任凭”除表示条件外，还可表示让步转折，即先让步，承认某种事实，然后再说出与此相反的事实，后一分句常用“还是”“仍然”等副词相呼应，在这一点上，与“尽管”的用法相同⑤。乔妮对无条件连词“任凭”做了历时性考察，综合各时期的文献典籍，探讨“任”和“凭”的早期意义，梳理“任凭”

---

① 吕叔湘：《中国文法要略》，《现代汉语八百词》，商务印书馆 1999 年版，第 430—442 页。

② 邢福义：《汉语复句研究》，商务印书馆 2001 年版，第 467 页。

③ 同上书，第 473 页。

④ 黄伯荣、廖序东：《现代汉语》下册，高等教育出版社 2002 年版，第 166 页。

⑤ 晏玉平：《“无论、不论、不管”“任凭”和“尽管”》，《语文天地》2001 年第 21 期，第 22 页。

从动词发展到连词的过程①。

最后，对“任凭”句式的整体研究。王晓媛对无条件“任”字句进行研究，主要是从句法、语义及语用三个方面讨论了“任”“任凭”的使用差异，同时也与其他无条件句进行了比较②。该文是对“任”字句进行专项研究的首篇论文，对“任”字句从语表、语里、语用三个方面进行详细的研究，对本编的继续深入研究具有指导和借鉴意义。郭梦婷根据前分句的形式特征，将“任凭”句分为单项“任凭”句、多项“任凭”句和总让“任凭”句，并借助信赖程度从认知层面对三种句式进行了对比分析③。研究视角较独特，但不够详细，还可进一步深入挖掘。

综上所述，不少学者都对无条件让步句有所研究，涉及语表、语义、语用等各个方面，但是专注于“任凭”句，对它进行详细考察的研究却较少，因此还有值得挖掘的价值。另外，“任凭”句和“无论”句有交叉的地方，虽然有些著作有提到，但是系统性不强，且不够全面，需要进一步研究。

四　本编研究方法

针对以上问题，本编以邢福义的“小三角”理论为纲，在各大语料库中搜集了四百多条例句，以这些例句为研究对象，结合表里印证、语值考察的方法，以“三个充分”理论为研究指导思想，力争做到观察充分、描写充分、解释充分；同时综合运用证伪法、反证法等一般研究方法和添加、替换、删除、移位等语言研究的特殊方法，对“任凭”句进行细致深入的考察分析。

① 乔妮：《“任凭”语法化的进程研究》，《扬州教育学院学报》2013年第1期，第9页。

② 王晓媛：《无条件让步句“任”字句研究》，硕士毕业论文，南京师范大学，2014年。

③ 郭梦婷：《“任凭句”句式探析》，《绥化学院学报》2016年第2期，第74页。

五　语料来源

本编的研究语料主要来自北京大学中国语言学研究中心语料库①、北京语言大学 BCC 现代汉语语料库②、语料库在线③、华中师范大学语言与语言研究中心语料④以及部分自拟语料。

① http：//ccl. pku. edu. cn：8080/ccl_ corpus/.

② http：//bcc. blcu. edu. cn/zh/search/2/.

③ http：//www. cncorpus. org/wdindex. aspx.

④ http：//218. 199. 196. 96：8080/jiansuo/searchAction. jsp.

第一章　“任凭”句的语表形式

语表形式是指显露在外的可见形式[①]。眸子对此做了进一步的阐述，即语表应包括从词到语篇的各种语法单位、各种语法单位的组合形式和变换形式以及组合变换所使用的各种语法手段等[②]。对“任凭”句语表形式的考察，将从前后分句的关系词语、特殊词语的配置以及前后分句的移位三个方面进行全面考察。

第一节　关系词语

关系词语包括前分句[③]的关系词语和与之相呼应的后分句中的关系词语。在“任凭”句中主要是指前关系词语“任凭”以及后关系词语“也”或“都”，本节的讨论主要围绕它们展开。

一　前关系词语

前关系词语是指条件句所在的关系词语，但不一定是位置在前的关系词语。对于前关系词语的考察主要从与近义词“任”的互相

---

① 华萍：《现代汉语语法问题的两个“三角”的研究》，《语言教学与研究》1991 年第 3 期，第 28 页。

② 眸子：《语法研究中的“两个三角”和“三个平面”》，《世界汉语教学》1994 年第 4 期，第 2 页。

③ 这里所说的前后关系词语是指当“任凭”句为常规语序，即前分句为条件句，后分句为结果句时，条件句中的关联词语和结果句中的关系词语，由于条件句在前面，结果句在后面，因此被统称为前关联词语和后关联词语。但若“任凭”句为非常规语序，则另做说明。

替换、与主语的相对位次和“任凭”在前分句中重复出现三方面进行。

（一）替换

其一，前关系词语“任凭”在一般情况下可以和“任”互换，意思基本不变。但当后面紧跟的是单音节词时，人们倾向于用“任”；当后面是多音节词或短语时，人们倾向于选择用“任凭”，寻求韵律上的和谐对称。例如：

（5）a. 任凭你努尔哈赤有三头六臂，也攻不进来，俺怕你什么！

b. 任你努尔哈赤有三头六臂，也攻不进来，俺怕你什么！

（6）a. 任凭司机怎样搬动机关，这回它实在不能动弹了。（留华《燃烧的土地》）

b. 任司机怎样搬动机关，这回它实在不能动弹了。

例（5）a、b两个句子用“任”和“任凭”意思基本不变，可以互换。例（6）a句中紧跟在前关系词语后面的是双音节词“司机”，因此，人们倾向于选择同为双音节词的“任凭”，以保持前后音节数的对称；而b句换成单音节词“任”，虽然意思不变，但与a句相比，语感上没有它顺畅。

其二，当前关系词语后面紧跟的是“其”时，“任”不能换成“任凭”。原因在于相较于“任”，“任凭”的口语色彩较重，而“其”带有浓重的文言色彩，两者在语体风格上有冲突。在所收集的“任凭”例句中，也没有发现“任凭”后面紧跟“其”字的例子。例如：

（7）a. 伯父说：“英政府既无能力抵抗日本的侵略，但也不许我离开，如果被日军拘捕的话，也只有任其生杀予夺，绝对不屈服。”（陈共存《我的伯父陈嘉庚》）

b. *伯父说：“英政府既无能力抵抗日本的侵略，但也不许我离开，如果被日军拘捕的话，也只有任凭其生杀予夺，绝对不屈服。”

例（7）b句相较于a句而言，“任”换成了“任凭”，语感上不太通顺，而a句选用“任”，与“其”一起组成“任其”，符合现代汉语双音节化的发展趋势。

（二）相对位次

前关系词语“任凭”一般出现在前分句句首，极少位于中间。在我们搜集的456条例句中，仅5例例外，其中又分为两种不同的情况：

其一，后分句的主语前置到前分句句首，为整个“任凭”句的主语。通过后分句主语的前置，表义重心发生转移。例如：

（8）a. 这些菜贩任凭司机按喇叭，仍无动于衷。（《厦门日报》1988年）

b. 任凭司机按喇叭，这些菜贩仍无动于衷。

（9）a. 没有艺术家的精心巧手，一块石头任凭宙斯如何显灵，它也不会是美的。

b. 没有艺术家的精心巧手，任凭宙斯如何显灵，一块石头也不会是美的。

例（8）a中，“这些菜贩”是后分句“仍无动于衷”的主语，通过位置的前移，表义重点落在话题“这些菜贩”上，回答“这些菜贩怎么样”的问题；而b句，将“这些菜贩”的位置还原，紧挨着自己的谓语“仍无动于衷”，则整个句子表示“无论司机怎样，这些菜贩都无动于衷”。例（9）同理。

其二，主语与前分句的谓语动词紧密相关，与后分句中的核心动词没有语义关系，主语前置不会出现语义混乱。例如：

（10）a. 不过，另外七支球队任凭怎么踢，最终排名也只能限定在第三名至第九名这个范围。

b. 不过，任凭另外七支球队怎么踢，最终排名也只能限定在第三名至第九名这个范围。

（11）a. 一不留神，车轮陷进松散的浮土里，任凭小朱开足马力，也纹丝不动。

b. *一不留神，车轮陷进松散的浮土里，小朱任凭开足马力，也纹丝不动。

例(10) a中“七支球队”是前分句核心动词“踢”的发出者，是前分句的主语，与后分句的谓语动词没有语义关系，不能看成是后分句主语前置的结果，与上文提到的第一种情况截然相反，该句前后分句拥有各自不同的主语，因此“七支球队”放在“任凭”前或“任凭”后，如b句，都可以，不会引起语义混乱。例（11）中“小朱”是前分句的主语，与前分句的谓语动词紧密相关，而与后分句的谓语动词没有语义关系，若将“小朱”移至“任凭”前，如b句，“小朱”则充当整个句子的主语，表示“小朱开足马力，小朱纹丝不动”，与原句“小朱开足马力，车轮纹丝不动”意思相违背；因此该例中“小朱”只能放在关联词语的后面，不能提前。

（三）重现

“任凭”通常单独出现，但有时候也会多次重复出现，构成“任凭……任凭……也/都……”句式。与“任凭……也/都……”句式相比，“任凭”后面紧跟成分的句法结构相似，一方面扩展了条件，另一方面形成排比，能表达强烈奔放的感情，增强语言的气势和表达效果。例如：

（12）任凭妻子怎样怪我不该去故意惊吓她，任凭妻子怎样骂我缺德，我只能够呆瞪瞪盯着爱妻，紧紧抱住她只管喘气。（索非《海水浴》）

（13）任凭外界浮躁喧嚣，任凭道路坎坷曲折，任凭高原烈日暴晒、沙石飞动，他都能沉下心来，一滴滴汗、一滴滴血地辛

勤耕耘，用他的顽强和忠贞守卫着心灵的高地，攀登着人生的高峰。(《人民日报》1999 年)

例（12）中关联词语“任凭”复现两次，分别引导“妻子怎样怪我不该去故意惊吓她”和“妻子怎样骂我缺德”，两个句子结构相似，都含有谓词性任指代词“怎样”，引导总括条件，一方面增加了条件的周遍性，另一方面也增强了语言的气势，加强了表达效果。例（13）中关联词语“任凭”复现三次，分别引导“外界浮躁喧嚣”“道路坎坷曲折”“高原烈日暴晒、沙石飞动”，三个词组均为主谓结构，结构类似，且在内容上都表示一种极端情况，通过列举多个极端条件组成并列极端式，增强了语言的表达效果。

二 后关系词语

“任凭”句最常见的后关系词语是“也”和“都”。下面以其为例，考察它们出现的作用以及和其他关系副词同现的情况。

（一）也

1. “也”的作用

语法界有共识：“也”的基本语义是表类同。黄晓冬在《“无论 A，也/都 B”句的语义分析》中指出：“也”强调“比较”义，包举性质是偏指[①]。也就是在集合 A 所包含的若干语义项中，“也”只偏指[②] A 中的一部分语义项，其他语义项是参照比较项。经统计发现，在后关联词为“也”的 160 条例句中，前分句为极端情况的有 69 例，接近一半，在一定程度上验证了上述观点（见表 1－1）。例如：

（14）a. 任凭冰冻三尺，也要与百花争妍斗艳。

b. 任凭冰冻三尺，都要与百花争妍斗艳。

① 黄晓冬：《“无论 A，也/都 B”句的语义分析》，《汉语学习》2001 年第 5 期，第 32 页。

② “也”表偏指有直接和间接之分。若前分句为极端情况或并列结构，则“也”表示直接偏指；若前分句出现任指代词，则“也”表示间接偏指。

（15）a. 于是，天天夜里向百丈漈上跳，可任凭使尽全身解数也跳不上百丈漈。

b. 于是，天天夜里向百丈漈上跳，可任凭使尽全身解数都跳不上百丈漈。

例（14）a中前分句“冰冻三尺”相比较其他天气条件，如“冰冻二尺”“冰冻一尺”“没有结冰”“气候温暖”……是一种极端情况，而“也”直接偏指这种极端情况，表示即使在“冰冻三尺”这种极端情况下，也要与百花争妍斗艳，那么在其他情况下，就更要与百花争妍斗艳了。若将“也”换成“都”，如b句，则表示“冰冻三尺，要与百花争妍斗艳”“冰冻二尺，要与百花争妍斗艳”“冰冻一尺，要与百花争妍斗艳”……“无论冰冻成什么程度，都要与百花争妍斗艳”。“都”字囊括了所有的情况，自然极端情况也包括在内，所以这里“也”可以换成“都”。例（15）同理。

表1-1 后分句的关系词语为“也”（160例），前分句的形式特征

前分句	谓词性疑问代词				极端情况		体词性疑问代词				再	多
	怎么	怎样	如何	多么	并列结构	非并列结构	哪	什么	多少	谁		
出现次数（次）	28	17	9	1	21	48	2	7	6	1	14	6
频率（%）	17.5	10.6	5.6	0.1	13.1	30	3.1	4.4	3.8	0.1	8.8	3.8

2. 与其他特殊词语同现

若后分句中出现了“依然”“始终”“仍然”，则在它们的前面可以加上“也”，说明“也”有时候可以和表示持续义的“依然”“始终”“仍然”等共现。原因在于“也”侧重于空间的类同比较，而“依然”“始终”等时间副词则侧重于时间的持续不断，即在时间上由始至终情况都不改变，两种语境可以兼容。例如：

（16）a. 长期以来，那白斑点点的盐碱地，任凭村里人怎么

劳作，也依然没有给人带来吉庆有余，五谷丰登的景色。

b. 长期以来，那白斑点点的盐碱地，任凭村里人怎么劳作，也没有给人带来吉庆有余，五谷丰登的景色。

（17）a. 可是，任凭亚三在床上翻遍了姿势也无法再入眠。

b. 可是，任凭亚三在床上翻遍了姿势也（始终）无法再入眠。

例（16）a中“也”和“依然”同时出现在例句中，表示“无论村里人怎么劳作，盐碱地依然是盐碱地，以前没有给人带来吉庆有余，五谷丰登，现在也没有”，通过“依然”将“人们一直渴望盐碱地发生变化，但一直以来都没有变化”的浓浓失望之感凸显出来；若去掉“依然”，如b句则“长时间没有变化”的意思会隐没在句子中，感情色彩没有a句强烈。

但反过来，若后关联词语是“也”，则“也”的后面不一定都能加上表示持续义的“依然”“始终”等词。其原因可能和副词“依然”或“始终”{+持续义①+无变化义}的语义特征有关。如果该“任凭”句有此语义特征，则可以添加；否则不能添加。例如：

（18）a. 任凭有多内行，也有劲没处使。

b. *任凭有多内行，也（始终/依然）有劲没处使。

（19）a. 集体主义好比北冰洋里的原子破冰船，任凭什么坚冰都可以摧毁。

b. *集体主义好比北冰洋里的原子破冰船，任凭什么坚冰都（始终/依然）可以摧毁。

例（18）a中“也”偏指“多内行”集合中“非常内行”这一

① 《现代汉语虚词例释》中对“依然”的解释是：表示某种情况维持不变，和原来一样（第551页）。对“始终”的解释是：用来修饰动词，表示某种状态，在一定时间内，没有任何变化，从开始到结束都是一样（第434页）。由此可见，“依然”和“始终”都含有{+持续义+不变义}的语义特征。

极端情况，表示“即使非常内行，也有劲没处使”。该句没有｛+持续义+无变化义｝的语义特征，因此在“也”的后面不能加“依然”或“始终”，如b句，该句中“也”与持续义的时间副词“依然”或“始终”不能同现。例（19）同理。

（二）都

1. “都”的作用

“都”表示总括[①]，包括所有的情况，疑问代词所指代的对象可以是所有情况中的任何一种情况。统计发现，在后关联词语为“都”的63例“任凭”句中，前分句是表任指的疑问代词的有42例，约占总数的一半以上（见表1-2）。例如：

（20）a. 任凭她怎样抗争都无济于事，她又是不肯轻易低头的人。（程凌征《难民少女风尘录》）

b. 任凭她怎样抗争也无济于事，她又是不肯轻易低头的人。

（21）a. 任凭是谁，都得按着内线规矩办事，需要见面的话，可以约定时间地点，不能到我家来接头。（李英儒《野火春风斗古城》）

b. 任凭是谁，也得按着内线规矩办事，需要见面的话，可以约定时间地点，不能到我家来接头。

例（20）a中前分句“怎样”是谓词性任指代词，在语义上具有伸缩性，包括了“稍微抗争”“努力抗争”“极力抗争”等所有的情况，而“都”字直接总括前面所有的情况，前后搭配较和谐。若将“都”换成“也”，如b句，前分句为总括所有情况，而后分句“也”只偏指所有情况中的极端情况，虽然有所指，但不完全，与“都”字相比在意思上有细微的差别。例（21）a中前分句“谁”是体词性

① “都”表总括，也有直接总括和间接总括两种情况：直接总括是指“都”总括的条件项在前分句中已经罗列出来，在语表形式上表现为前分句中出现任指代词或者并列结构；间接总括是指“都”所总括的条件在前分句中没有直接呈现，而只出现了一个极端条件，其他条件被隐藏。

表1－2 “任凭”句后关系词语为“都”（63例），前分句的形式特征

前分句	谓词性疑问代词			极端情况		体词性疑问代词				再
	怎么	怎样	如何	并列结构	非并列结构	哪	什么	多少	谁	
出现次数（次）	8	11	9	13	6	1	8	2	3	2
频率（%）	12.7	17.5	14.3	20.6	9.5	1.6	12.7	3.2	4.8	3.2

任指代词，包括“平民百姓”“达官显贵”“皇亲国戚”……后分句“都”字直接概括前分句中所有的情况，前后语义一致。若将“都”换成“也”，如b句，则偏指“所有人中最不容易导致后分句成立的一个人”，与原句意思有细微的差别。

2. 与其他特殊词语同现

若后分句中出现了“依然”“始终”“仍然”等副词，则一般可以在它们前面加上“都”。原因在于“都”表示总括，包括所有的情况，而“依然”“始终”等表示行为、动作或状态不变，二者语义较和谐可以共现。例如：

（22）任凭辣辣企求，怒骂，社员（都）依然死狗般躺在地上不吭不动。（池莉《你是一条河》）

（23）载员列队的官兵为了练军姿，每天室外的训练量都长达14个小时，任凭刺骨的北风拷打，（都）始终岿然不动。

（24）儿子怎样急得叫爸叫妈，当爸的当妈的（都）仍然没有达成“协议”。（《长江日报》1993年）

例（22）前分句中的“企求，怒骂”是一种极端的态度，但是即使是在这种极端的态度下，社员都不为所动，而“依然”正好表示原有的状态持续不变，因此，在原句“依然”的前面可以添加表示总括的“都”。例（23）前分句中“刺骨的北风”是一种极端天气，在这种恶劣的天气下，官兵们在训练时从始至终都“岿然不动”，表示原有的状态不变，因此“始终”和“都”可以同时出现。

例（24）中“仍然”和“依然”的用法相似，同例（22）。

但反过来，情况与“也”相似。若后关联词语是“都”，则“都”的后面不一定都能加上表示持续义的“依然”“始终”等词。其原因也与副词“依然”或“始终”｛+持续义+无变化义｝的语义特征有关。如果“任凭”句在此语境中，则可以添加；否则不能添加。例如：

（25）a. 但是看到自己的屋子被修理好了，旧的变成了新的，任凭风吹雨打，睡觉吃饭都安稳得多了。（蔼水《草棚，三个椰子》）

b. ＊但是看到自己的屋子被修理好了，旧的变成了新的，任凭风吹雨打，睡觉吃饭都（始终/依然/仍然）安稳得多了。

（26）a. 总之，我们有气力的出气力，有钱的出钱，有才能的出才能，否则鞑子一得势，任凭你有什么，都是没有用的！（胡山源《嘉定义民别传》）

b. ＊总之，我们有气力的出气力，有钱的出钱，有才能的出才能，否则鞑子一得势，任凭你有什么，都（始终/依然/仍然）是没有用的！

例（25）a中“安稳得多”是在“自己的屋子被修理好”后才有的心理感受，在屋子没有修理好之前，碰到刮风下雨肯定不会觉得安稳，因此，在该语境中没有｛+持续义+无变化义｝，所以不能加上“始终/依然/仍然”等词，如b句，在这种情况下，“都”与持续义的“始终/依然/仍然”等词不能同现。例（26）同理。

（三）省略

在搜集到的456条例句中，有70例（约占15%）的后关系词语省略。通过观察发现，后关系词语若被省略，则前后分句之间一般会用逗号隔开表示停顿，且后分句核心句法成分齐全，能表达一个完整的意思；若前后分句没有用逗号表示停顿，且后分句不是一个完整的句子，省略后易引起语义上的混乱，则后关系词语一般不能省略。

例如：

（27）喘着喘着，突然它又断了气，任凭司机怎样搬动机关，这回它实在不能动弹了。（萧乾《破车上》）

（28）a. 一瓶酒，任凭你是大力士也拧不开其盖子。

b. ＊一瓶酒，任凭你是大力士拧不开其盖子。

例（27）前后分句之间有逗号隔开，且后分句主要句法成分主语、谓语、宾语齐全，表达的是一个完整的意思，因此后分句的关联词语被省略；例（28）a 前后分句之间语义联系较紧密，中间没有停顿，而后分句“拧不开其盖子”与前分句的宾语“大力士”紧挨着，若没有关联词语“也”，如 b 句，则很容易将后分句的主语误认为是与它位置最近的“大力士”，从而引起语义上的混乱，因此这里的后关联词语不能省略。

第二节 特殊词语的配置

“任凭”句的前分句在语表形式上有非常典型的特点，为了语义表达上的极端性，通常借用不同的语表形式展现出来。通过极端点的表达是否借用显性的标志性词语，将其分为两大类：其一，有特殊标志词，即前分句中极端点的表达借助了特殊的标志性词语；其二，无特殊标志词，即前分句中的极端性没有通过特殊的标志性词语来表达，而是主要借助结构上的典型特点来表现极端义。

一 有特殊词语

在“任凭”句中，特殊的标志词是指前分句中通常出现的任指代词、程度副词“再”和“多”。

（一）任指代词

任指代词总括所有的情况。根据它们在句中所承担的语法功能的不同，可以分为两类：其一，体词性任指代词，它们在句中做主语、宾语，如“什么”“谁”“哪里”等；其二，谓词性任指代词，它们在句中一般做谓语或状语如“怎么”“怎样”“如何”等。若前分句中出现任指代词，则“任凭”与“无论”句相同，关联词语“任凭”可以换成“无论”，基本意思不变。例如：

（29）a. 艺术家的双手啊，任凭什么力量也休想把它从琴键上拉开，高山流水也罢，暴雨狂风也罢，琴声不绝，他的追求永不止歇。

b. 艺术家的双手啊，无论什么力量也休想把它从琴键上拉开，高山流水也罢，暴雨狂风也罢，琴声不绝，他的追求永不止歇。

（30）a. 若不是我亲眼看见，任凭谁说得天花乱坠，也难让人相信。[张赶生《请睁开你的眼睛（下）》]

b. 若不是我亲眼看见，无论谁说得天花乱坠，也难让人相信。

（31）a. 任凭银行怎么催，企业就是不理，并在其他银行建立账户。

b. 无论银行怎么催，企业就是不理，并在其他银行建立账户。

（32）a. 华震的性情可真了不得，任凭他们怎样的侮辱，他只是“笑骂由他”好牛我自牵之。（陈大悲《金徽章》）

b. 华震的性情可真了不得，无论他们怎样的侮辱，他只是“笑骂由他”好牛我自牵之。

前两例为体词性任指代词，后两例为谓词性任指代词。例（29）a中任指代词“什么”在句中做定语修饰“力量”，包括各种各样的“力量”，表示“无论是什么力量，也不能把艺术家的手从琴键上拉开”。句中的“任凭”可以换成“无论”，如b句，基本意思不变。例（30）同理。例（31）a中“怎么”在句中做状语修饰“催”，表示“银行采用各种不同的方式催促，企业就是不理”；此句中“任凭”可以换成“无论”，如b句，基本意思不变。例（32）同理。

（二）再

“再+形容词”句中“再”为程度副词，相当于“很、非常”，表示程度高。此时的“任凭”句不再引导无条件让步句，而是对一种极端情况的让步，因而关联词语“任凭”可以换成“即使”，基本意思不变。

（33）a. 任凭你的战术组合再复杂，也难击破她们的密集防守。

b. 即使你的战术组合再复杂，也难击破她们的密集防守。

（34）a. 伸手往“大锅”里捞，甚至不择手段，那么，任凭你“大锅”里的饭再多，也会捞得精光。

b. 伸手往“大锅”里捞，甚至不择手段，那么，即使你“大锅”里的饭再多，也会捞得精光。

例（33）a中前分句的程度副词“再”修饰形容词“复杂”，表示“复杂”程度很深，即“非常复杂”，那么此时的“任凭”句不再引导无条件让步句，而是对一种极端情况的让步，而“即使”句刚好符合该条件，因而“任凭”可以用“即使”替代，如b句，表示“即使你的战术组合非常复杂，也难击破她们的密集防守”。例（34）同理。

（三）多

“多”① 与形容词搭配使用，这里的“多”相当于“多么”，表总括，表示对所有条件的让步，因而句中的关联词语“任凭”可以替换为“无论”，基本意思不变。例如：

（35）a. 任凭斗争多残酷，国华同志对革命事业忠心不二。

① 这里的“多”不再是形容词，而是表示程度的副词，表示程度之深，与“多么”类似。

b. 无论斗争多残酷，国华同志对革命事业忠心不二。

（36）a. 这个问题的确很重要，方向错了，任凭你使多大劲，恐怕也很难成功。

b. 这个问题的确很重要，方向错了，无论你使多大劲，恐怕也很难成功。

例（35）a 中“多”与形容词“残酷”搭配使用，“多”相当于任指代词“多么”，总括“残酷”的不同程度，而“任凭”引导的正是对“残酷”不同程度的一种让步，类似于无条件让步句，可以用“无论”替换“任凭”，如 b 句，基本意思不变。例（36）同理。

二　无特殊词语

若极端点没有体现在特殊标志词上，则表现在结构上，通过并列结构或者是给核心动词添加表极端的补语、定语、状语等来体现。

其一，极端点在并列结构中。例如：

（37）虽然营业员曾说过“保证质量”，但如今任凭好说歹说，就是不肯换，为什么不换？（《长江日报》1991 年）

（38）但任大哥坚决不予理睬，任凭你叫骂、跺脚、叹气，他都置若罔闻。（白桦《古老的航道》）

例（37）前分句中“好说歹说”是由反义词组“好说”和“歹说”组成的，通过指出说的两种极端方式，隐含了“说”的所有形式，可转换为“怎么说”；若去掉其中任意一个仅保留另外一个，如“任凭好说（歹说），就是不肯换……”则该句不成立。例（38）前分句中“叫骂”“跺脚”“叹气”为同义关系的词组并列，在“任大哥坚决不予理睬”的语境下，通过列举几种我有可能做出的典型的行为动作以点带面，表达出“无论我做出何种反应，他都不理睬我”的含义；若不采用并列列举的方式，仅保留其中一个，如“……任凭你叫骂（跺脚/叹气），他都置若罔闻”则不太通顺。

其二，极端点在补语上。例如：

（39）a. 这个问题，牛肉汤根本不可能知道，任凭她想破了脑袋，也不可能知道。

b. ＊这个问题，牛肉汤根本不可能知道，任凭她想了脑袋，也不可能知道。

（40）a. 李江国死拉活扯好说好劝要把连长背上走，任凭你磨破嘴唇，周大勇老是个不搭理。（杜鹏程《保卫延安》）

b. ＊李江国死拉活扯好说好劝要把连长背上走，任凭你磨嘴唇，周大勇老是个不搭理。

例（39）前分句“她想破了脑袋”中“想破”是该句的核心，也是极端点的所在，通过结果补语“破”来修饰动词“想”的程度之深，传达出极端义；若去掉结果补语“破”，如例（39）b句，则该句不成立。例（40）同理。

其三，极端点在定语上。例如：

（41）a. 每州县当时人口平均以二十万人计，要一个县或州的负责人带着那三、四佐贰，把“刑名”、“钱谷”、“书记”、“挂号”、“征比”各项事务做好，任凭天大本领，也不能够。

b. ＊每州县当时人口平均以二十万人计，要一个县或州的负责人带着那三、四佐贰，把“刑名”、“钱谷”、“书记”、“挂号”、“征比”各项事务做好，任凭本领，也不能够。

（42）a. 就这样，任凭你有狼吞虎咽的本领，也难得一回饱。（郭光《红旗手老赵金》）

b. ＊就这样，任凭你有本领，也难得一回饱。

例（41）中前分句由定中短语“天大本领”构成，定语采用夸张的比喻手法“天大”来修饰中心语“本领”，表达出本领之大达到极致；若去掉修饰语“天大”，则前分句仅名词“本领”，不带主观感情色彩，极端性丢失，如 b 句，则该句不成立。例（42）前分句“你有狼吞虎咽的本领”中“狼吞虎咽”为极端点的所在，若去掉“狼吞虎咽”，则前分句为“你有本领”，为一般陈述句，不带任何主观色彩，如 b 句，则该句不成立。

其四，极端点在状语上。例如：

（43）a. 任凭打手毒打，刘安平仍然“哇哇”乱嚎乱说。

b. *任凭打手打，刘安平仍然“哇哇”乱嚎乱说。

（44）a. 任凭螺蛳太太极力怂恿，她仍旧觉得有考虑的必要。

b. *任凭螺蛳太太怂恿，她仍旧觉得有考虑的必要。

例（43）中前分句的语义核心“毒打”由状中短语组成，其中状语“毒”修饰中心语“打”，表示“打”的程度之深，若去掉状语“毒”，如 b 句，则前分句原有的极端性丢失，该句不成立。例（44）前分句“螺蛳太太极力怂恿”中状语“极力”是该句极端点的所在，若去掉“极力”，则前分句变成“螺蛳太太怂恿”，则该句没有极端性，如 b 句，整个句子不成立。

需要注意的有两点：

其一，“任凭”句中的极端点有时候不止一个，说话人为了加强语气，强调条件的极致，将极端点的不同表现方式组合使用，如“再 + 任指代词”“再 + 任指代词 + 并列结构”“任指代词 + 极端补语”等。例如：

（45）任凭后妈再怎么规劝，阿俭死活不去上学。（《厦门日报》2001 年）

（46）然而自从老柯毁笺那天以来，任凭她再怎么专心致志，再怎么凝神忘我，也感觉不到他的存在。（琼瑶《鬼丈夫》）

（47）若不是我亲眼看见，任凭谁说得天花乱坠，也难让人相信。[张赶生《请睁开你的眼睛（下）》]

例（45）前分句中“再怎么规劝”是由特殊配置词“再”与特殊配置词“任指代词”组合而成的，因此前分句中有两个极端点，若去掉其中一个极端点，变成“任凭后妈再（怎么）规劝，阿俭死活不去上学”，则语气减弱，基本意思不变。例（46）中前分句首先是由两个“再怎么”结构并列而成，其次“再怎么”本身又是由特殊配置词“再”与特殊配置词“任指代词”组合而成，因此该句有三个极端点，语气较前例更强。例（47）中前分句“谁说得天花乱坠”由任指代词“谁”和极端补语“天花乱坠”组成，该句由两种极端表现形式配合而成，主观语气较强。

其二，有时候“任凭”句中的极端点在外在形式上并不明显，而需要通过主观常识进行判断，所说的情况是主客观世界中的极端事件，在客观世界不太容易发生或者在主观世界中发生的概率很小。例如：

(48) 大叫活不下去了的老板却像防贼般防着球员，任凭五雷轰顶，始终藏匿着那财务报表，绝对大有“猫腻”之嫌。

(49) 王喜顺回答干脆：任凭丢了乌纱帽，这个马蜂窝也得捅。

例(48) 中前分句“五雷轰顶”既不包含特殊配置词“任指代词”“再”或“多”，结构上也非并列结构或者在修饰成分上有极端性，而是普通的主谓词组，但却采用夸张的表现手法，借用客观世界中的极端现象来表达极端性。例（49）中“丢了乌纱帽”同上例一样，不包含特殊配置词，结构上也没有典型的特点，但却是主观世界中说话人最不希望发生的极端事件，因此整个句子也带有极端性，该句也成立。

第三节 前后分句移位

在搜集到的456条例句中，有11例前后分句的位置比较特殊：

“任凭”所在的分句位于句末，而由条件导致的结果句却位于句首，即结果句在前，条件句在后。虽然这种特殊现象出现得较少，但也呈现出一个不容忽视的语言事实：“任凭”句和其他条件句一样也有常规语序和非常规语序两种情况，并且非常规语序的出现并非偶然现象，它的出现有特定的原因，并且还要符合一定的条件。

一　常规语序和非常规语序

“任凭”句也是条件句的一种，因此其常规语序也是条件句在前，结果句在后。究其原因，与人们交际时的惯性思维顺序有关。王春辉从说话人和受话人两个角度进行了阐释[①]，具有一定的启发意义。例如：

(50) 任凭姜师傅说下大天来，小康就是不答应。（齐明昌《龙骨》）

(51) 任凭爹怎么揍我，我也不要还手。（余华《活着》）

例（50）中“任凭”引导的条件句在前，“姜师傅说下大天来”是所有可能出现的条件中的一种极端条件，在这种极端条件下，仍然出现“小康就是不答应”的结果，由一定的条件导致一定的结果符合思维的顺向发展过程；例（51）前分句中“爹揍我”是后分句中“我是否还手”的条件，“我不还手”是前分句中“爹揍我”可能出现的结果之一，因此条件在前结果在后。

非常规语序与常规语序刚好相反，人们为了突出结果的重要性，将结果句放在句首最先呈现。王春辉认为，这种劣势语序在与优势语序的竞争中胜出的主要原因有两个：其一是条件小句作为事后追补语对前面主句的事件进行补充说明；其二是主句而非条件小句与前文保持着篇章的连续性或连贯性[②]。例如：

---

① 王春辉：《汉语条件句小句间的语序类型》，《世界汉语教学》2010 年第 4 期，第 468 页。

② 同上。

（52）a. 可陈真只运足内气，却不还手，任凭众歹徒拳打脚踢。

b. 可陈真只运足内气，任凭众歹徒拳打脚踢，却不还手。

（53）a. 28 名乘客无动于衷，没有一人下车相救，任凭他在车轮下惨叫一个小时。

b. 任凭他在车轮下惨叫一个小时，28 名乘客无动于衷，没有一人下车相救。

例（52）中的“不还手”是“众歹徒拳打脚踢”可能出现的结果，而“众歹徒拳打脚踢”是陈真还手与否的条件，该例句先说结果，最后补充说明条件，原因在于“不还手”与前一句“陈真只运足内气”在语义上具有连贯性，若将“任凭众歹徒拳打脚踢”提前，则在语义的连贯性上就会打折扣；再者该句主要强调的是结果，后面的条件仅是对前面的补充说明，即使去掉在语义上也是完整的。例（53）同理。

二 常规语序与非常规语序的相互转化

常规语序与非常规语序并没有非常严格的界限，二者在一定条件下可以相互转化。虽然转化后的附加意义有所改变，但基本意思不变。下面将分两种情况进行讨论。

（一）常规语序变换为非常规语序

常规语序在转化为非常规语序的过程中，若后关联词语前面没有主语，则在前移的过程中会被省略；同时，由于结果句前移，转折性被减弱，因此结果句在前移的过程中转折性词语会被省略。例如：

（54）a. 若不是我亲眼看见，任凭谁说得天花乱坠，也难让人相信。[张赶生《请睁开你的眼睛（下）》节录]

b. 若不是我亲眼看见，难让人相信，任凭谁说得天花乱坠。

（55）a. 因为城的破处在东北角，离开这里很远，而这里又本来是个偏僻之处，不大有人来，所以任凭城东城中以及其他热闹之处，喊杀连天，此地却还是寂静如常。（胡山源《嘉定义民

别传》)

b. 因为城的破处在东北角，离开这里很远，而这里又本来是个偏僻之处，不大有人来，所以此地还是寂静如常，任凭城东城中以及其他热闹之处，喊杀连天。

例（54）将结果句移至条件句的前面，原来的后关联词语“也”被省略，主观情感与原句相比被削弱；例（55）原句中前后分句在语义上有强烈的转折关系，因此结果句中有凸显转折义的“却”字；移位后原有的转折义被隔断，因此“却”字被省略。

值得注意的是，“任凭”句中并非所有的常规语序都能转化为非常规语序，下列情况不能移位：其一，前后分句语义衔接紧密，中间没有逗号隔开；其二，结果句（B①）的主语与 C 句的主语不一致；其三，B 句与 C 句在语义上连接不紧密。例如：

（56）a. 两家的老人将他俩看成天造地设的一对（C），任凭山外的媒人怎么说（A）也没有动心（B）。(彭荣生《正是为了爱》节录)

b. * 两家的老人将他俩看成天造地设的一对（C），没有动心（B），任凭山外的媒人怎么说（A）。

（57）a. 当他回过头来时，鲑鱼群早已游得很远很远，任凭小黑鳗怎么使劲地向前划，（小黑鳗）也赶不上了。(鲁克《小黑鳗游大海》节录)

b. * 当他回过头来时，鲑鱼群早已游得很远很远，(鲑鱼群)也赶不上了，任凭小黑鳗怎么使劲地向前划。

（58）a. 她的右手刚要扶把，发觉整个右臂麻酥酥火辣辣的抽筋痛；她改用左手扶把蹬车，任凭车主怎样叫喊，她一点也不理睬。(李英儒《野火春风斗古城》)

① 为了表述方便，将条件句记为 A 句，结果句记为 B 句，条件句前面的句子记为前景句 C 句，即完整的句子：C，任凭 A，也 B。

b. *她的右手刚要扶把，发觉整个右臂麻酥酥火辣辣的抽筋痛；她改用左手扶把蹬车，她一点也不理睬，任凭车主怎样叫喊。

例（56）中B句与A句之间没有逗号隔开，在语义上衔接紧密，而与C句在语义上没有直接联系，因此B句不能前移与C句相邻，如b句；例（57）中B句被省略的主语是“小黑鳗”，而C句的主语是“鲑鱼群”，若前移则B句被偷换了主语，导致主语混乱，因此又不能前移，如b句；例（58）中虽然B句与C句的主语都是“她”，但是B句和C句在语义上没有直接的联系，而与A句在语义上紧密相关，因此也不能前移，如b句。

（二）非常规语序变换为常规语序

非常规语序一般都能转化为常规语序，转化后“任凭”所在的条件句类似于插入语的成分，在前景句C和结果句B中间插入条件，凸显结果的意外性。例如：

（59）a. 可陈真只运足内气（C），却不还手（B），任凭众歹徒拳打脚踢（A）。

b. 可陈真只运足内气（C），任凭众歹徒拳打脚踢（A），却不还手（B）。

（60）a. 28名乘客却无动于衷，没有一人下车相救，任凭他在车轮下惨叫一个小时。

b. 28名乘客却无动于衷，任凭他在车轮下惨叫一个小时，没有一人下车相救。

例（59）中b句将条件句A与结果句B互换位置变为常规语序，与原句a相比，情理之中的结果变为意料之外，在“众歹徒拳打脚踢”的极端条件之下，结果却是“不还手”，凸显了结果的意外性。例（60）同理。

本章主要从关联词语、特殊词语的配置、重音特征以及前后分句的移位四个方面对“任凭”句的语表形式进行了分析。就关联词语而言，前关联词语“任凭”一般位于句首，能与“任”互换，也能多次重复出现，增强表达效果。再者，“任凭”句是一种极端情况下的让步句，其极端性在前分句中主要采用两种方式来体现：一是配置“任指代词”、程度副词“再”等特殊词语；二是添加表极端的补语、定语或状语等修饰成分。最后，在一定条件下说话人为了对前面的事件进行补充说明，保持篇章的连续性，会选择结果在前条件在后的非常规语序。

第二章 “任凭”句的语里内容

语里内容是隐含在内的不可见的关系或内容①。为了方便表述，先将“任凭”句进行分类，在分类的基础上分别讨论它们隐藏在语表形式下的语义特征，然后探讨认知层面，借助信赖程度②，从主观推测层面和客观反映层面对人们使用“任凭”句的认知世界进行挖掘，认识该句式是如何表达和反映人们的精神世界的。

第一节 “任凭”句的分类③

根据前分句所包含的条件项的数量，“任凭”句可以分为单项“任凭”句和多项“任凭”句。

一 单项“任凭”句

单项“任凭”句是指前分句只有一个极端条件项的“任凭”句。在语表形式上通常采用夸张的表现手法或者是“再 + 形容词”，表示一种极端情况。例如：

---

① 华萍：《现代汉语语法问题的两个“三角”的研究》，《语言教学与研究》1991 年第 3 期，第 28 页。

② G. 波利亚：《数学与似真推理》，杨讯文译，福建人民出版社 1985 年版，第 44 页。

③ 学术界关于“任凭”句的分类有不同的观点，最具代表性的是邢福义在《汉语复句研究》中所提到的：“任凭……（都/也）……”是让步句式，但它并不固定地属于让步句的哪个子类，而是跨总让、实让、虚让三个子类。本章的研究视角和分类方法与邢先生的略有不同。

（61）可是，任凭粮管所干部说干嘴皮，这个诚朴的彝家人怎么也不肯收钱。（《人民日报》1981 年）

（62）四周围得水泄不通，任凭张神武本领再强，也难以冲出重围。

例（61）前分句中只有“说干嘴皮”这一个条件项，且补语“干”修饰动词“说”，通过夸张的表现手法表达出一种极端情况，属于典型的单项“任凭”句；例（62）前分句中“张神武本领再强”，通过程度副词“再”+形容词“强”，表示“非常强”，表达一个极端条件，同样属于单项“任凭”句。

二　多项“任凭”句

多项“任凭”句是指前分句包含两个或两个以上条件项的“任凭”句。这些条件项有的直接呈现在句子的表面，而有的隐含在句子的内部，需要进行内部分解，因而多项“任凭”句又有显性和隐性两种情况。为了方便表述，将第一种情况的“任凭”句称为显性多项“任凭”句，后一种情况的“任凭”句称为隐性多项“任凭”句。

（一）显性多项“任凭”句

显性多项“任凭”句是指前分句中有两个或两个以上的条件项，且这些条件项直接呈现在“任凭”句中。这些条件项在语表形式上通常采用并列结构，或者由连词“或”“和”等连接。例如：

（63）有些孩子很霸道，他们想怎么样就怎么样，想要什么就非得到不可，否则就大吵大闹，甚至动手打人，任凭你好言相劝或是打骂训斥，都不奏效。

（64）它不但牢牢地固定了主干，而且帮助呼吸空气，任凭浪摧、水淹、沙淤、土埋，红树能照样茁壮生长。（《长江日报》1996 年）

例（63）前分句“你好言相劝或是打骂训斥”的两个条件项是：“你好言相劝”（a1）和“你打骂训斥”（a2），a1 和 a2 中间由连词“或是”连接，属于显性多项“任凭”句。例（64）前分句“浪摧、水淹、沙淤、土埋”有四个条件项：“浪摧”（a1）、“水淹”（a2）、“沙淤”（a3）、“土埋”（a4），它们中间没有连词连接，但为并列结构，也属于显性多项“任凭”句。

（二）隐性多项“任凭”句

隐性多项“任凭”句是指前分句中的若干语义项隐含在句子的内部，需要通过内部分解的“任凭”句。具体来说，就是前分句中含有任指代词的“任凭”句。例如：

（65）任凭他什么时候降临，都很受欢迎。

（66）一连几天，任凭兄妹们如何劝说，徐锦元始终不改初衷。

例（65）前分句中含有体词性任指代词“什么”，看似只有一项，实际上可以分解成无数项。“什么”可以指代任何时候：早上（a1）、中午（a2）、晚上（a3）、深夜（a4）……因此属于隐性多项“任凭”句。例（66）前分句中的“如何”为谓词性任指代词，在语义上具有伸缩性，能分解出若干语义项：“稍微劝说”（a1）、“努力劝说”（a2）、“极力劝说”（a3）……同样属于隐性多项“任凭”句。

第二节 语义关系

根据上一节的分析，“任凭”句可以分为单项“任凭”句和多项“任凭”句两大类。那么语义关系的考察也可分为两大类：其一，单项“任凭”句的语义关系；其二，多项“任凭”句的语义关系。

一　单项“任凭”句的语义关系

单项“任凭”句的语义关系，主要从前分句的语义特征[①]以及前后分句的语义关系两方面进行考察。

（一）前分句的语义特征

通过前面的分析得知，单项“任凭”句的前分句通常采用夸张的表现手法或者含有程度副词“再+形容词”的形式，表达出一种极端情况，因此，极端性是单项“任凭”句前分句最显著的语义特征，也是“任凭”句成立的充分条件，如果前分句在语义上没有极端性，“任凭”句一般不能成立。例如：

（67）a. 主席看我们都不说话，才又温和地说只要我们认真做到这一点，群众永远会和我们站在一起，做我们的铜墙铁壁，任凭刀山火海摆在眼前，也绝不会离开我们。

b. *……任凭困难摆在眼前，也绝不会离开我们。

（68）a. 注意生产厂家的名称看是否属“三无”产品，否则任凭价格再廉也别买。（《长江日报》1998年）

b. *注意生产厂家的名称看是否属“三无”产品，否则任凭价格廉也别买。

例（67）a前分句中“刀山火海”代表着最难克服的障碍和困难，而说话人将“困难”用“刀山火海”来替代，表示困难达到极致，表达出一种极端性；若将“刀山火海”替换成中性词“困难”，如b句，则该句不成立。例（68）用程度副词“再”修饰形容词“廉”，表示廉到极致，表达出极端义；若删掉表程度的副词“再”，如b句，则极端义消失，该句不成立。

---

① 这里的“语义特征”仅针对单项“任凭”句而言。因为“关系”是相对于两个元素而言的，而单项“任凭”句的前分句只有一个条件项，因此其语里层面的分析着重于对“语义特征”的考察而不是“语义关系”。下同。

（二）前后分句间的语义关系①

单项“任凭”句的前分句只有一个表极端义的条件项，因此，前后分句之间是全面转折关系，若有必要，一般可以加上“但”类词。在搜集到的后分句出现“但”类词的20个例句中，有8例是单项“任凭”句。例如：

（69）运气不佳，再加上客队的防守无漏洞，任凭主队的强攻，但终没能撕开客队的球网。

（70）可是，任凭他使尽吃奶的力气，林子里却一点回响也没有。（罗丹、黄琳《神奇的海岛》节录）

例（69）中前分句只有一个语义项，并且“强攻”说明攻击的非常激烈，按常理推测，在主队的猛烈攻击下，撕开客队球网的可能性极大，但结果是“没能撕开客队的球网”，前后语义发生强烈转折，因此后分句出现转折词“但”，凸显转折关系；例（70）前分句中“他使尽吃奶的力气”是一个极端语义项，按照正常的思维发展，在他的努力下，林子里应该会有回响，但结果却是“一点回响也没有”，语义发生转折，因此出现转折类词语“却”，转折关系进一步凸显。

二 多项“任凭”句的语义关系

多项“任凭”句有显性和隐性之分，其语义关系的考察也分为两大类：一是显性多项“任凭”句的语义关系；二是隐性多项“任凭”句的语义关系。

（一）显性多项“任凭”句的语义关系

显性多项“任凭”句的前分句中有两个或两个以上的条件项，其

① “任凭”句前后分句间最大的语义关系是转折关系，按常理推测，在前后分句之间应该都能加转折类词语，但事实并非如此。在搜集到的456个例子中，只有21例出现了转折类词语，虽然有些“但”类词被省略，但还有一部分句子中间不能加转折类词，这说明“任凭”句和“无论”句一样，前后分句之间的转折关系也有全面和局部之分。

语义关系的考察主要集中在两个方面：一是前分句条件项间的语义关系；二是前后分句间的语义关系。

1. 前分句条件项间的语义关系

显性多项“任凭”句的前分句有若干条件项，各条件项之间的语义关系主要有以下几种：同义关系、对立关系、矛盾关系、递进关系。其中，前三种关系各条件项之间没有层级性，后一种关系各条件项之间在语义上有层级性。

1）同义关系

同义关系是指前分句各条件项意思相近，地位平等，互换位置意思不变。例如：

（71）只要祖国一声令下，任凭你狂风暴雨、海浪翻腾，也要把大海踩出一条大道，让社会主义红旗，插向海的那边。

（72）任凭辣辣企求，怒骂，社员依然死狗般躺在地上不吭不动。（池莉《你是一条河》）

例（71）前分句中有“你狂风暴雨”和“你海浪翻腾”两个条件项，二者意思相近，都表示恶劣的环境，彼此地位平等，如果互换位置，意思不变，属于同义关系。例（72）同理，前分句有“辣辣企求”和“辣辣怒骂”两个条件项，二者都表示辣辣的一种极端的态度，意思相近，属于同义关系。

2）对立关系

对立关系是指前分句两个条件项一般是一对相对反义词，意思相反存在中间项，但二者地位平等，没有层级性，根据表达习惯一般不会互换位置。例如：

（73）大象无奈地闭上了眼睛，任凭小老鼠十分卖力地上蹿下跳，也无动于衷。

（74）为此她停了很长一段训练，仿佛去意已定，任凭你左说右劝都无动于衷了。

例（73）前分句“上蹿”和“下跳”是一对相对反义词，意思相反且“上”和“下”之间还存在中间项“中间”，所以这两个条件项在语义上是对立关系。二者地位平等，理论上可以互换位置，但根据表达习惯，一般不互换。例（74）同理，“左说”和“右劝”是一对相对反义词，“左”和“右”之间还存在中间项，它们的意思虽然相反，但地位平等，根据表达习惯，一般不互换位置。

3）矛盾关系

矛盾关系是指前分句各条件项之间是矛盾关系，意思相反，没有中间项，非此即彼。例如：

（75）任凭你答不答应，我都要去。

（76）张川特别听老娘的话，娘说啥就算啥，任凭丁大牙说死说活，张川硬是不去当那匪军。（前涉《桐柏英雄》）

例（75）前分句中“答不答应”是“答应”和“不答应”的简略形式，“不答应”是“答应”的否定形式，非此即彼，二者之间没有中间项，属于矛盾关系；例（76）前分句中的“说死”和“说活”也是一对矛盾关系的词语，“死”和“活”之间不存在中间状态，非此即彼，属于矛盾关系。

4）递进关系

递进关系是指前分句各语义项之间在语义上有递进关系，程度逐渐加深，在语义上具有层级性，不能互换位置。例如：

（77）还有贻燕楼、庆云楼、宴海楼等生土楼群，大都建于明嘉靖年间，至今已有400多年的历史，任凭台风猛刮、暴雨侵蚀、地震撼动，甚至炮火攻击，仍是安然无恙。

（78）可为了这份光荣、这身警服，任凭摸爬滚打，哪怕皮破血流，我都咬咬牙，坚持着，忍受着。

例（77）中前分句有“台风猛刮”（a1）、“暴雨侵蚀”（a2）、

“地震撼动”（a3）、“炮火攻击”（a4）四个条件项，且表示递进关系的词语“甚至”放在最后一项的前面，使得 a1、a2、a3、a4 在语义上逐渐加深，呈递进关系，它们位置相对固定不能互换。例（77）中前分句有“摸爬滚打”（a1）和“皮破血流”（a2）两个条件项，且 a2 前面用“哪怕”引导，表示 a2 相对于 a1 来说是说话人更不想发生的一种极端情况，因此 a1 和 a2 在语义上具有层级性，是递进关系。

2. 前后分句间的语义关系

在显性多项“任凭”句中，前分句中各语义项之间的语义关系不同，因此，前后分句间的转折关系也因情况而异。具体来说，大致分为两种情况：一是部分转折关系；二是全面转折关系。

1）部分转折关系

如果前分句中语义项之间是对立关系或矛盾关系，则前后分句之间则为部分转折关系，在语表形式上表现为不能添加“但”类词。例如：

（79）a. 有些孩子很霸道，他们想怎么样就怎么样，想要什么就非得到不可，否则就大吵大闹，甚至动手打人，任凭你好言相劝或打骂训斥，都不奏效。

b. *……任凭你好言相劝或打骂训斥，（但）都不奏效。

（80）a. 张川特别听老娘的话，娘说啥就算啥，任凭丁大牙说死说活，张川硬是不去当那匪军。（前涉《桐柏英雄》）

b. *张川特别听老娘的话，娘说啥就算啥，任凭丁大牙说死说活，（但）张川硬是不去当那匪军。

例（79）a 前分句中“好言相劝”（a1）和“打骂训斥”（a2）是对立关系，按照正常的逻辑思维推测，a1 和后分句“不奏效”在语义上是顺承关系，a2 和后分句在语义上是逆向转折关系，因此，整个前分句和后分句之间是部分转折关系，后分句中不能添加“但”类词；如果加上“但”类词，如 b 句，则表示 a1 和 a2 与后分句都为转折关系，与原句相矛盾，因此不能成立。例（80）中“说死”（a1）和“说活”（a2）在语义上是一对矛盾关系的词语，按照逻辑推理，在前分句其中一个成立的情况下，后分句成立的可能性刚好与前一个相反，因此，前后分句之间也是部分转折关系，后分句中不能出现“但”类词；如在后分句之前加上“但”类词，如b句，则表示前后分句之间是全面转折关系，与原句的分析不符，不能成立。

2）全面转折关系

如果前分句中的语义项之间是同义关系或递进关系，则前后分句之间则为全面转折关系，在语表上可以添加“但”类词。例如：

（81）任凭战场上金戈铁马，刀剑翻飞，而主帅却稳如泰山、指挥若定。

（82）所不同的是，她能隐忍不发，默默地哭泣，任凭满脸飞泪，模样变形，却格外令人动容。

例（81）前分句中“金戈铁马”（a1）、“刀剑翻飞”（a2）都是指战争场面的激烈，意思相近，属于并列关系，因此，a1与后分句是转折关系，a2与后分句同样是转折关系，整个前分句与后分句为全面转折关系，可以加上“但”类词；例（82）中“满脸飞泪”（a1）与“模样变形”（a2）为递进关系，后者比前者程度更深，但基本意思相同，因此与后分句都为转折关系，整个前分句与后分句为全面转折关系。

（二）隐性多项“任凭”句的语义关系

隐性多项“任凭”句的前分句通常会出现任指代词，根据其在句中的句法作用，任指代词又可分为体词性任指代词和谓词性任指代词。前分句中的任指代词类型不同，其前分句条件项间的语义关系和前后分句间的转折关系也不同。

1. 前分句条件项间的语义关系

由于隐性多项“任凭”句前分句的条件项隐含在任指代词中，若所隐含的各条件项之间是并列关系，在语义上没有层级性，则称之为隐性并列关系；若所隐含的条件项在语义上是递进关系，在语义上具有层级性，则称之为隐性递进关系。

1）隐性并列关系

隐性多项“任凭”句的前分句中出现体词性任指代词，可以分解为若干条件项，各条件项在语义上没有度量上的差异，地位平等①，属于隐性并列关系。例如：

（83）总之，我们有气力的出气力，有钱的出钱，有才能的出才能，否则鞑子一得势，任凭你有什么，都是没有用的！（胡山源《嘉定义民别传》）

（84）这里不是我们存身之所，唯有到香港才是我们的“自由”天地，任凭你干什么，嫖、喝、赌、玩，都没有人干涉。

例（83）前分句中的“什么”是体词性任指代词，指代任何东西，可以分解为“气力”“钱”“才能”……它们都为体词性词语，本身没有语义上的度量差异，属于隐性并列关系；例（84）中任指代词“什么”做宾语，为体词性任指代词，同样可以代指任何事，紧跟着选择性地列举了“嫖、喝、赌、玩”，彼此之间为并列关系，没有度量上的差异。

2）隐性递进关系

前分句中的谓词性任指代词可以被分解为若干语义项，这些隐含的条件项在语义上具有度量上的伸缩性，呈递进关系，属于隐性递进关系。例如：

（85）任凭陈贵霞如何劝导，铁了心的荆钢成就是不改变主意。

（86）喘着喘着，突然它又断了气，任凭司机怎样搬动机关，

① 地位平等是指体词性任指代词所指代的任何一个条件项都能与后分句成立，不会偏指任何一个。

这回它实在不能动弹了。(萧乾《破车上》节录)

例(85)前分句中谓词性任指代词“如何”为程度状语修饰动词“劝导”，在语义上有度量上的伸缩性，可以是“稍微劝导”“努力劝导”“极力劝导”……它们在程度上逐渐加深，各语义项之间为递进关系，具有层级性。例(86)中前分句同样是谓词性任指代词“怎样”修饰动词“搬动”，在语义上可以是“轻轻地搬动”“使劲地搬动”“极力地搬动”……在程度上逐渐加深，属于隐性递进关系。

2. 前后分句间的语义关系

隐性多项“任凭”句前分句中的任指代词有体词性和谓词性之分，因此，与后分句语义关系的情况不同：若前分句为体词性任指代词，则前后分句之间为部分转折关系；若前分句是谓词性任指代词，则前后分句之间为全面转折关系。

1)部分转折关系

在同一语义场内，体词性任指代词所指代的若干语义项中，有些语义项与后分句是逆承关系，而有些是顺承关系，因此，整个前分句与后分句为部分转折关系，后分句中不能出现“转折”类词语。例如：

(87)任凭是谁，都得按着内线规矩办事，需要见面的话，可以约定时间地点，不能到我家来接头。(李英儒《野火春风斗古城》)

(88)总之，我们有气力的出气力，有钱的出钱，有才能的出才能，否则鞑子一得势，任凭你有什么，都是没有用的！(胡山源《嘉定义民别传》节录)

例(87)前分句中“谁”为体词性任指代词，能指代任何人，可以是无名小卒、普通百姓、达官显贵、天王老子……其中若前分句中的“谁”指代的是无名小卒，则按常理推测，与后分句在语义上是顺承关系；若前分句中的“谁”指代的是“天王老子”，按常理推测，他按内线规矩办事的可能性很小，为逆承关系，因此，整个前分句与后分句为部分转折关系。例（88）同理。

2）全面转折关系

前分句中的谓词性任指代词在句中做状语修饰后面的核心动词，在程度上起进一步加深的作用。在同一语义范畴内，所指代的语义项之间具有递进关系，因此前后分句之间有可能是全面转折关系，后分句中可以出现“但”类词语。例如：

（89）任凭飞机怎样颠簸，米高扬却毫不在乎。

（90）曾是我心目中最安全最舒适的港湾，但任凭我怎样地呼喊，爸爸却再也不会醒来。

例（89）前分句中的核心动词“颠簸”与后分句之间是转折关系，再加上任指代词“怎样”的修饰，在程度上进一步加深，因此前后分句间的转折关系增强，因而后分句中出现“却”，凸显全面转折关系。例（90）同理。

值得注意的是，这种情况出现得比较少，在456个例句中，后分句出现转折类词语的有20个，前分句为谓词性任指代词的隐性多项“任凭”句只有两例，而前分句为体词性任指代词的隐性多项“任凭”句没有，大部分多项“任凭”句的后分句中没有出现“但”类词，究其原因，可能是前后分句间的转折关系不强烈，且说话人在使用该句式时，表义重点并不是前后分句间的转折关系，而是突出无条件的让步，因此通常不加“但”类词。

第三节　认知层面

认知层面指人们对客观事物或现象的概括认识以及对这种概括认

识的主观判定①。具体来说，它体现在两个不同的层面上：一是主观推测层面，该层面所反映的认识不是客观现实情况在大脑中的直接反映，而是人们依据自己的生活经验、背景知识等，对客观现实情况所进行的一种主观猜测或判断；二是客观反映层面，该层面所反映的认识不是人们依据自己的生活经验、背景知识等对客观现实情况所进行的一种主观猜测或判断，而是客观现实情况在大脑中的直接反映②。

根据上文分析，“任凭”句分为单项“任凭”句和多项“任凭”句，它们在认知层面具有各自独特的特点。为了直观显示，借助信赖程度③从主观推测层面和客观反映层面反映二者的不一致关系。

一　单项“任凭”句的认知层面

单项“任凭”句的前分句只有一个语义项，在主观推测层面和客观反映层面二者的信赖程度值不一样，反映出大脑思维中主客观的不一致。

（一）主观推测层面：$0 < P\{B/A\} < 0.5$

无论前分句 A 在客观上是否成立，主观上认为在 A 成立的情况下，后分句 B 成立的可能性小。例如：

（91）荒原实在太辽阔了，任凭卢华极目眺望，仍然看不见它的边缘。（从维熙《北国草》）

（92）任凭两个婆子磨破嘴，她依然闭着眼，不理不睬。到了第三天早上，那个进进出出，象管家模样的男人，把邢婆叫到了厢房，嘀咕了很久。（房文斋《空谷兰》）

---

① 丁力：《语法》，三秦出版社 2005 年版，第 2 页。

② 丁力：《汉语语法问题研究》，三秦出版社 2012 年版，第 44 页。

③ 信赖程度是美国数学家 G. 波利亚提出的，用来描述人们对命题的相信程度，用 $P\{X\}$ 刻画（X 表示任意命题），其取值区间为 $[0, 1]$。比如，$P\{X\}=0$，表示人们认为 X 假；$P\{X\}=0.5$，表示人们不知道 X 是真是假；$P\{X\}=1$，表示人们认为 X 真；$0<P\{X\}<0.5$，表示人们认为 X 成立的可能性小；$0.5<P\{X\}<1$，表示人们认为 X 成立的可能性大。

例（91）前分句中“卢华极目眺望”（A）在现实情况中很有可能发生，但其无论发生与否，说话人主观上推测，在“卢华极目眺望”的情况下，很有可能会看见荒原的边缘，即“仍然看不见它的边缘”发生的可能性很小，即 0 < P {仍然看不见它的边缘/卢华极目眺望} < 0.5；例（92）前分句中“两个婆子磨破嘴”（A）在现实中发生的可能性比较小，但说话人主观上推测在“两个婆子磨破嘴”成立的情况下，后分句“她依然闭着眼”（B）发生的可能性较小，即0 < P {她依然闭着眼/两个婆子磨破嘴} < 0.5。

（二）客观反映层面：P {B/A} = 1

在客观上，在前分句 A 成立的情况下，后分句 B 也一定成立。例如：

（93）“喂……喂……”任凭他喊破了喉咙，对方都没有回音，“莫非打错了”。

（94）就这样，任凭你有狼吞虎咽的本领，也难得一回饱。（郭光《红旗手老赵金》节录）

例（93）虽然在主观上“他喊破了喉咙，对方都没有回音”的可能性很小，但在客观现实上对方确实没有回音，后分句客观上成立，即 P {对方没有回音/他喊破了喉咙} = 1。例（94）同理，虽然主观上认为“你有狼吞虎咽的本领，也难得一回饱”的可能性很小，但在客观现实上，他就是难得一回饱，后分句在客观上成立，即 P {难得一回饱/你有狼吞虎咽的本领} = 1。

二　多项“任凭”句的认知层面

由于多项“任凭”句前分句的条件项有显性和隐性之分，多项“任凭”句又可以分为显性多项“任凭”句和隐性多项“任凭”句，其认知层面的考察也分成两种情况。

（一）显性多项“任凭”句的认知层面

显性多项“任凭”句的认知层面同样从主观推测和客观反映两个

方面进行分析。由于该类“任凭”句的前分句中有两个或两个以上的语义项，为了方便表述，我们选择最具代表性的前分句为两个语义项的显性多项“任凭”句进行剖析。

1. 主观推测层面：$0 < P\{B/a1 \square a2\} < 0.5$ 或 $0 < P\{B/a1\} < 0.5$，$0.5 < P\{B/a2\} < 1$

显性多项“任凭”句的前分句中条件项之间的关系较复杂，大致可以分为两类：一是同义类，包括并列关系和递进关系；二是反义类，包括对立关系和矛盾关系。若前分句语义子项 a1 和 a2 之间是同义关系，则在 a1 或 a2 成立的情况下，后分句（B）成立的可能性一样，都比较小，即 $0 < P\{B/a1 \square a2\} < 0.5$；若前分句语义子项 a1 和 a2 之间是反义关系，则在 a1 或 a2 成立的情况下，后分句（B）成立的可能性相反，即 $0 < P\{B/a1\} < 0.5$，$0.5 < P\{B/a2\} < 1$。例如：

(95) 任凭大家尽看尽猜，也分不出哪朵是真的，哪朵是假的。（欧阳山《三家巷》）

(96) 只要他们发挥中流砥柱的作用，任凭风吹浪打，我们党也自岿然不动。（《人民日报》1982 年）

(97) 任凭辣辣企求，怒骂，社员依然死狗般躺在地上不吭不动。（池莉《你是一条河》）

(98) 虽然营业员曾说过“保证质量”，但如今任凭好说歹说，就是不肯换，为什么不换？（《长江日报》1991 年）

例（95）前分句中的“尽看”（a1）和“尽猜”（a2）是同义类中的并列关系，说话人在主观上认为，在大家尽看的条件下，分不出哪朵是真哪朵是假的可能性很小，同样地，在大家尽猜的条件下，分不出哪朵是真哪朵是假的可能性也很小，即 $0 < P$｛分不出哪朵是真的哪朵是假的/大家尽看 □ 大家尽猜｝< 0.5；例（96）同理。例（97）前分句“辣辣企求，怒骂”中有“企求”（a1）和“怒骂”（a2）两个语义项，两个是反义类中的对立关系，根据主观认识，在辣辣企求的情况下，社员死狗般躺在地上不吭不动的可能性较小，即

$0<P$ {社员死狗般躺在地上不吭不动/辣辣企求} <0.5，而在辣辣怒骂的情况下，社员死狗般躺在地上不吭不动的可能性较大，即 $0.5<P$ {社员死狗般躺在地上不吭不动/辣辣怒骂} <1；例（98）同理。

2. 客观反映层面：P {B/a1} 并且 P {B/a2} = 1

不管前分句中各条件项 a1 和 a2 是同义关系还是反义关系，客观上在它们成立的情况下，后分句（B）都成立。例如：

（99）由于这些“法轮功”练习者中毒太深，出口便是“法轮大法”，任凭你苦口婆心磨破嘴皮，她们就是不听。（《人民日报》2001 年）

（100）张川特别听老娘的话，娘说啥就算啥，任凭丁大牙说死说活，张川硬是不去当那匪军。（前涉《桐柏英雄》）

例（99）前分句中的“苦口婆心”（a1）和“磨破嘴皮”（a2）在语义上是递进关系的子项，在客观反映层面，在“你苦口婆心”（a1）劝说她们的情况下，后分句“她们就是不听”（B）已是事实；同样在“你磨破嘴皮”（a2）成立的情况下，后分句“她们就是不听”（B）也已发生，即 P {她们就是不听/你苦口婆心} = P {她们就是不听/你磨破嘴皮} = 1。例（100）同理，无论丁大牙说死还是说活，张川不去当那匪军（B）已是事实，即 P {张川不去当那匪军/丁大牙说死} = P {张川不去当那匪军/丁大牙说活} = 1。

（二）隐性多项“任凭”句的认知层面

隐性多项“任凭”句的认知层面同样从主观推测和客观反映两个层面进行讨论。

1. 主观推测层面：$0<P\{B/an_{min(B)}\}<0.5$

隐性多项“任凭”句前分句中的任指代词包含了无数的条件项，它们在语义上有层级差异，在这些众多的条件项中，总有一个是最不容易导致后分句成立的条件项，记为 $an_{min(B)}$。说话人主观上认为，在最不容易导致后分句成立的情况下，后分句（B）成立的可能性依然很小。例如：

（101）华震的性情可真了不得，任凭他们怎样的侮辱，他只是“笑骂由他笑骂，好牛我自牵之”。（陈大悲《金徽章》）

（102）任凭你是谁，都不应该违反制度。

例（101）前分句“他们怎样的侮辱”（A）可以分解为“略微侮辱”（a1）、“稍微侮辱”（a2）、“竭力侮辱”（a3）…$an_{min(B)}$，a1…$an_{min(B)}$在程度上逐渐加深。根据主观推测，在“他们略微侮辱”的情况下，“他‘笑骂由他笑骂，好牛我自牵之’”成立的可能性＞他们稍微侮辱，他“笑骂由他笑骂，好牛我自牵之”成立的可能性＞他们竭力侮辱，他“笑骂由他笑骂，好牛我自牵之”成立的可能性＞…＞在最不容易导致他“笑骂由他笑骂，好牛我自牵之”成立的情况下，后分句成立的可能性依然很小，即$0 < P\{B/an_{min(B)}\} < 0.5$；例（102）前分句中任指代词“谁”（A）在语义上可以分解为：“普通百姓”（a1）、“普通官员”（a2）、“高官显贵”（a3）…$an_{min(B)}$（$n \geqslant 2$），根据主观常识推断，普通百姓不违反制度的可能性要大于普通官员，普通官员不违反制度的可能性要大于高官显贵……以此类推，即$P\{B/a1\} > P\{B/a2\} > P\{B/a3\} \cdots > P\{B/an_{min(B)}\}$，同时，当前分句为最不容易导致后分句成立的子项时，后分句成立的可能性依然很小，即$0 < P\{B/an_{min(B)}\} < 0.5$。

2. 客观反映层面：$P\{B/an_{min(B)}\} = 1$

在客观反映层面，无论前分句中的任指代词指代什么，即使是最不容易导致后分句成立的情况，后分句在客观上依然成立。例如：

（103）任凭他什么时候降临，都很受欢迎。

（104）一连几天，任凭兄妹们如何劝说，徐锦元始终不改初衷。

例（103）前分句中的“什么时候”可以指代白天（a1）、晚上（a2）、半夜（a3）…$an_{min(B)}$（$n \geqslant 2$），其中他白天降临，受欢迎的可能性＞他夜晚降临受欢迎的可能性＞他半夜降临受欢迎的可能性＞

最不可能让他受欢迎的子项成立时他受欢迎的可能性，但即便是在前分句中的子项为最不可能之事后分句依然成立的情况下，在客观上他都是受欢迎的；例（104）同理，无论兄妹们如何劝说，稍微劝说（a1）、努力劝说（a2），抑或是极力劝说（a3）……在客观上徐锦元都不改初衷一事已经发生，即 $P\{B/an_{min(B)}\}=1$。

本章在对“任凭”句进行分类的基础上，对“任凭”句的语义关系和认知层面进行了考察。在语义关系上，单项“任凭”句前分句具有极端性，与后分句构成全面转折关系。显性多项“任凭”句的前分句条件项之间主要有同义、递进、对立、矛盾四种关系，隐性多项“任凭”句前分句的条件项之间主要有隐性并列和隐性递进两种关系，它们的前后分句间都有部分转折关系和全面转折两种关系。在认知层面上，单项“任凭”句的主观推测层面：$0<P\{B/A\}<0.5$，客观反映层面：$P\{B/A\}=1$。显性多项“任凭”句的主观推测层面为 $0<P\{B/a1 \square a2\}<0.5$ 或 $0<P\{B/a1\}<0.5$，$0.5<P\{B/a2\}<1$，客观反映层面为 $P\{B/a1\}$ 并且 $P\{B/a2\}=1$；隐性多项“任凭”句的主观推测层面为 $0<P\{B/an_{min(B)}\}<0.5$，客观反映层面为 $P\{B/an_{min(B)}\}=1$。

第三章 “任凭”句的语用价值

华萍说道：语值有时是修辞值，即具有特定格式尤其是特定的修辞效果；有时是语境值，即不同句式有适应不同语境的价值①。眸子在此基础上做了进一步的丰富和阐释，指出语值应是指语表和语里的结合体在一定的语境中所产生的各种语用效果，如信息的传递效果、情感的表达效果、语句与上下文的匹配效果等，而不限于所谓的“修辞值”和“语境值”。“任凭”句作为一种特殊的让步句，在交际中也具有其自身独特的价值。本章在前两章的基础上，从三个方面对“任凭”句的语用价值进行分析：一是“任凭”句的预设信息；二是“任凭”句的语言环境；三是说话人在使用“任凭”句时内心的情感特征。

第一节 预设触发语和预设信息

预设最早是由德国哲学家费雷格（Gottlob Frege）提出来的。早期的研究都把预设作为语义学的内容，称为“语义预设”，它是使用一个句子的先决条件，从逻辑的角度说，预设可以被定义为这样一种句间关系：当一个句子的预设是另一个句子时，第二个句子必真，无论第一个句子是真还是假。但在20世纪70年代，随着研究的深入，人们发现预设不仅是个语义概念，而且是个语用概念。某些词、某些

① 华萍：《现代汉语语法问题的两个“三角”的研究》，《语言教学与研究》1991年第3期，第28页。

句式可能在某些场合具有某些预设，但是场合变了以后，这些预设也可能随之改变，于是“语用预设”成为人们的研究热点。后来，人们发现，所谓语义预设也会随语境而变。预设触发语并不是在任何情况下都会触发预设的，预设是可以被取消的。这就是说，预设实际上是个语用概念，在这个意义上，所有预设都是语用预设，或者说，都应该从语用角度来研究①。关于“任凭”句的预设信息也主要是从语用预设的角度来分析的。

一 预设触发语

预设往往是由话语中某些特定的词语引发出来的，这些引发预设的词语称为预设触发语②。在复句当中，关联词语不仅是复句分类的标志之一，也是一种预设触发语③。当听话人从说话人的话语中捕捉到预设触发语后，就会在心中形成预设，当这预设与说话人所述一致时，会话就有可能顺利进行，否则有可能中断。例如：

(105) a. 可是，粮管所干部说干嘴皮，这个诚朴的彝家人怎么也不肯收钱。

b. 可是，任凭粮管所干部说干嘴皮，这个诚朴的彝家人怎么也不肯收钱。(《人民日报》1981 年)

c. *可是，任凭粮管所干部说干嘴皮，这个诚朴的彝家人怎么也肯收钱。

(106) a. 战友和乡亲们怎么呼唤，这一次李向群再也没醒来。

b. 任凭战友和乡亲们怎么呼唤，这一次李向群再也没醒来。(《人民日报》1999 年)

c. *任凭战友和乡亲们怎么呼唤，这一次李向群也醒来了。

---

① 姜望琪:《当代语用学》，北京大学出版社 2003 年版，第 84—94 页。

② 邢福义、吴振国:《语言学概论》，华中师范大学出版社 2002 年版，第 269 页。

③ 张洪超、刘昌华:《让步复句的预设研究》，《徐州师范大学学报》2007 年第 3 期，第 80 页。

例（105）a句中没有关联词语，为一般陈述句，陈述一个现象；当加上关联词语“任凭”时，如b句，在说话人说完“任凭粮管所干部说干嘴皮”时，听话人自然而然就会在心里形成一种逆向转折，即“他不会答应”或“不会妥协”之类的含有否定性的回答，然后说话人继续说出“这个诚朴的彝家人怎么也不肯收钱”，说话人说出的话和听话人根据常理推测所形成的预设一致，因此谈话能继续进行；但如果在说话人说完“任凭粮管所干部说干嘴皮”后，继续说“这个诚朴的彝家人肯收钱”的话，如c句，则与听话人心中所形成的预设信息不一致，听话人可能会觉得莫名其妙而打断本轮会话。例（106）同理。

二 预设信息

根据上一章的分类，“任凭”句被分为单项“任凭”句和多项“任凭”句，它们的预设信息也被分为两大类。

（一）单项“任凭”句的预设信息

单项“任凭”句的前分句只有一个语义项，表义单纯，与之相对应的预设也就只有一个。该预设信息和后分句的实际内容刚好相反。用关系图表示为：

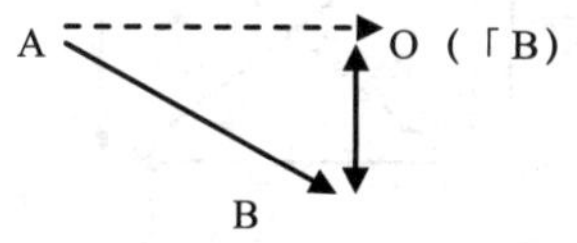

注：实线为实际信息，虚线为预设信息。双箭头表示矛盾关系。

（107）这土耳其人倒也沉得住气，任凭对方的两面“锣”（大、小罗纳尔多）敲得震天响，他们丝毫不腿软。

（108）青年人又翻身倒地，活象一只癞皮狗，任凭司机按破喇叭，他照样装聋作哑，一动不动。

例（107）在说话人说完前分句（A）“对方的两面锣（大、小罗纳尔多）敲得震天响”，其预设信息是：他们腿软（O）；而后分句的实际表述是“他们丝毫不腿软”（¬O），O 和¬O（B）在语义上属于矛盾关系，正式语义上的对立，造成一种反预期的表达效果。例（108）前分句 A 的预设信息是：他被吵得心烦意乱，然后走开（O），而实际信息是“他照样装聋作哑，一动不动”（B），很明显 O 和¬O（B）相矛盾，出乎主观意料之外。

（二）多项“任凭”句的预设信息

根据上一章的分析，多项“任凭”句有显性和隐性之分，那么预设信息的考察也分为两种情况。

1. 显性多项“任凭”句的预设信息

在显性多项“任凭”句中，前分句中条件项之间有同义关系和反义关系两大类，两类不同关系条件项的预设信息也不一样，因此要分开讨论。

首先是前分句为同义关系的条件项。由于 a1 和 a2 是同义关系，因此，其预设信息和实际信息与单项“任凭”句的原理基本一样，具体表示为：

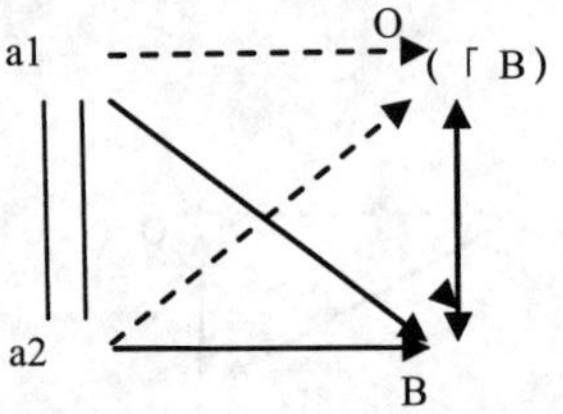

注：无箭头表示同义关系。下同。

（109）任凭小偷恐吓、威胁都一直抓住不放，直至小偷把钱包交出来。

（110）只要祖国一声令下，任凭你狂风暴雨海浪翻腾，也要把大海踩出一条大道，让社会主义红旗，插向海的那边。

例（109）中 a1 表示“小偷恐吓”，其预设信息为：他放弃钱包

（O），而实际信息为：他一直抓着钱包不放（B）；a2 表示“小偷威胁”，其预设信息依然是：他放弃钱包（O），实际信息是：他一直抓着钱包不放（B）。a1 和 a2 的预设信息（O）一致，实际信息（B）也一样，预设信息和实际信息为矛盾关系，造成一种反预期的效果。例（110）同理，a1“你狂风暴雨”和 a2“你海浪翻腾”的预设信息（O）为：很难把大海踩出一条大道，让社会主义红旗插向海的那边。但实际信息（B）是：要把大海踩出一条大道，让社会主义红旗插向海的那边。O 为非 B，二者是矛盾关系，形成一种思维逆转。

其次是前分句的条件项为反义关系。其中一个条件项的预设信息和实际信息同为矛盾关系，而另外一个预设信息和实际信息一致，为同义关系。具体示意图如下：

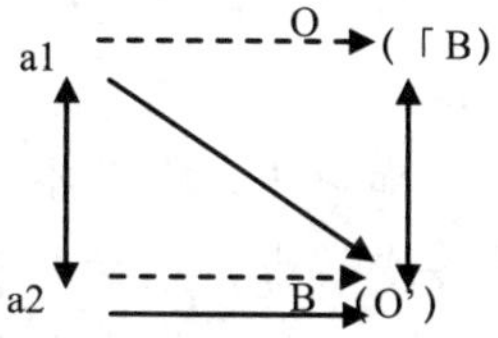

（111）但是，任凭值班医生好说歹说，我就是不听。

（112）有些孩子很霸道，他们想怎么样就怎么样，想要什么就非得到不可，否则就大吵大闹，甚至动手打人，任凭你好言相劝或是打骂训斥，都不奏效。

例（111）中 a1 为“值班医生好说”，其预设信息（O）为“我听取医生的劝告”，实际信息（B）是“我不听医生的劝告”；a2 为“值班医生歹说”，其预设信息（O’）为“我不听医生的劝告”，实际信息（B）同样是“我不听医生的劝告”。a1 和 a2 的预设信息 O 与 O’为矛盾关系，而 O 与 B 也为矛盾关系，因此 B 与 O’为同义关系，说明实际信息为前分句的部分预设。同理，例（112）a1“你好言相劝”的预设信息（O）为“你说的话奏效”，a2“你打骂训斥”的预设信息（O’）为“你说的话不奏效”，a1 和 a2 为反义关系，O

和 O’为矛盾关系，而实际信息（B）都为“不奏效”，因而 B 与 O’同义，实际信息为前分句条件项 a2 的预设信息。

2. 隐性多项“任凭”句的预设信息

隐性多项“任凭”句的前分句是由若干条件项构成的一个条件集合，各条件项之间无论有没有度量上的差异性，它们的预设信息都无限地偏离实际信息，反预期效果逐渐加深。具体示意图如下：

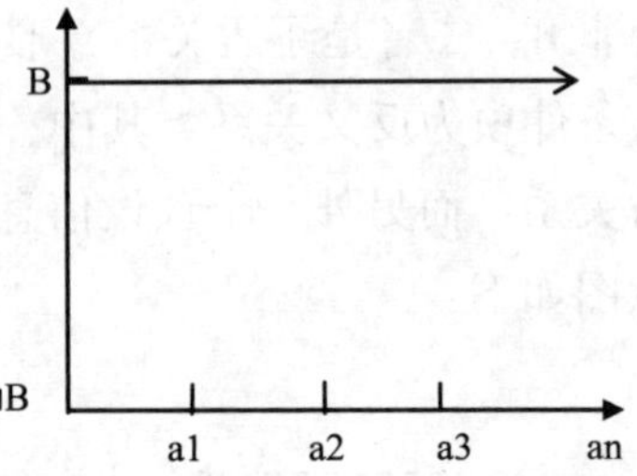

（113）任凭众记者如何叫，就是不肯出电梯接受采访。

（114）任凭敌人多少兵力，也拦它不住，谁敢撞它一下，就会叫他粉身碎骨；就是敌人用密集的炮火，也追它不上，因为它一转眼就驶过去看不见了。（知侠《铁道游击队》）

例（113）中前分句含有体词性任指代词“如何”，在语义上有度量上的伸缩性，在示意图上表现为从 a1 到 an 程度的逐渐加深，具体表现为“轻轻地叫”“使劲地叫”“拼命地叫”……相对应的预设信息记为集合（P_O）为“不太可能出来”“有可能出来”“很有可能出来”……关系式表达为区间（不肯出来，肯出来），而实际信息（B）为“不肯出来接受采访”，从上图中可以看出，预设信息逐渐偏离实际信息，说明前分句中的条件越接近极端值，预设信息与实际信息相背离得就越远，反预期效果就越明显。例（114）同理。

第二节　语言环境

任何句子的使用总是处于一定的语境中，语境对言语有着至关重要的作用。“任凭”句的语言环境可以分为两大类：一类是顺向语言环境，在该语言环境下，“任凭”句与前文保持思维的一致，对前文内容进行进一步的解释说明和补充，有着加强表达效果的作用；另一类是逆向语言环境，在该语言环境下，“任凭”句与前文发生思维的逆转，与前文内容形成对比，在语用冲突中起凸显强化的作用。

一 顺向语言环境——补充说明

在实际的交际中，“任凭”句通常不会单独出现，其前文或是单句，或者是和其他类型的复句嵌套出现，因此分两种情况分别讨论。其一，前文为单句。“任凭”句从正面对前文进行进一步的解释说明，起补充加强的作用。例如：

（115）当他回过头来时，鲑鱼群早已游得很远很远，任凭小黑鳗怎么使劲地向前划，也赶不上了。（鲁克《小黑鳗游大海》）

（116）她哭喊着不顾一切地跑过去，搂住小曼再也不放，任凭皮鞭打在自己身上，敌人拉也拉不开。（雪克《战斗的青春》）

例（115）中前文为单句“鲑鱼群早已游得很远很远”，说明鲑鱼群已经游远了，要赶上它们不容易，而“任凭”句正是对这一意思的进一步补充说明，无论小黑鳗怎么使劲地向前划也赶不上，与前文意思基本一致，看似违背了言语交际的经济原则，但正是这种“重复”增强了表达效果，起到了语用强化的作用。例（116）同理，前文为“她搂住小曼不放”，而“任凭”句正是对这一事实的再次描述——任凭敌人的皮鞭打在她身上迫使她放开小曼，她也紧紧地抓着不放手。如果去掉后面的任凭句，整个句子表义依然完整，但在表达情感上却大打折扣，没有原句所具有的强烈情感。

其二，前文为复句。这里说的复句不是传统意义上的完整复句，而是指带有复句中典型关联词语的句子，与“任凭”句嵌套出现。值得注意的是，并非所有的复句类型都能出现在该语言环境中，也并非上位复句类型能出现的，其所有下位复句类型都能出现。若前景句

C 与 B 为因果关系，则说明该语言环境为顺向语言环境，“任凭”句是对 C 的进一步解释说明。具体来说主要有三种类型。

（一）语境Ⅰ：如果 C，任凭 A，也/都 B

任凭句与假设复句套层使用，C 与 B 构成因果关系，A 与 B 为因果逆转关系。从整体上观察，C 与 A + B 构成因果关系，C 为条件，A + B 为结果。在该语境下，“任凭”句解释说明的意味显化，表达效果更明显。例如：

（117）如果没有好的剧本，任凭演员如何有能耐，也无从施展艺术才能。（《长江日报》1983 年）

a. 如果没有好的剧本，就无从施展艺术才能。

b. 如果没有好的剧本，（那么）任凭演员如何有能耐，也无从施展艺术才能。

（118）倘若你只有一小把“沙”，任凭你再“淘”，再“沥”，再“吹”，也得不到多少成色好的“金”吧！（五武录《人物通讯写作谈》）

a. 倘若你只有一小把“沙”，那么也得不到多少成色好的“金”吧！

b. 倘若你只有一小把“沙”，（那么）任凭你再“淘”，再“沥”，再“吹”，也得不到多少成色好的“金”吧！

例（117）中“无从施展艺术才能”（B）是“演员如何有能耐”（A）的结果，也同样是“没有好的剧本”（C）的结果，整个“任凭”句作为结果句出现在如果条件句的后面。即在“没有好的剧本”的条件下，即使演员有天大的能耐，也无法施展。在大前提下，无论出现什么样的条件都不会改变原有的结果。与 a 句相比，b 句通过添加“任凭”分句，增强了表达效果。例（118）同理。

（二）语境Ⅱ：只要 C，任凭 A，也/都 B

在语言环境中，充分条件句与“任凭”句套层使用，与语境Ⅰ较类似。例如：

(119) 只要他们发挥中流砥柱的作用，任凭风吹浪打，我们党也自岿然不动。(《人民日报》1982年)

a. 只要他们发挥中流砥柱的作用，我们党就自岿然不动。

b. 只要他们发挥中流砥柱的作用，(那么) 任凭风吹浪打，我们党也自岿然不动。

(120) 周家老堡就是一个最安全的地方，人们只要守住条龙脖项，那么任凭对方有千军万马，也难以攻下周家老堡。(《长江日报》1993年)

a. 周家老堡就是一个最安全的地方，人们只要守住条龙脖项，就难以攻下周家老堡。

例 (119) 中“我们党也自岿然不动” (B) 是“风吹浪打” (A) 的逆向结果，同时又是“他们发挥中流砥柱的作用” (C) 的结果，整个“任凭”句作为结果句出现在只要条件句的后面，即在“他们发挥中流砥柱的作用”的大前提下，无论出现什么恶劣的条件，结果都不会改变。与 a 句相比，b 句的表达效果更强烈。例 (120) 同理。

(三) 语境Ⅲ：因为 (由于) C，(所以) 任凭 A，也/都 B

因果条件句与“任凭”句嵌套使用，“任凭”句的解释说明意味更加明显。例如：

(121) 由于这些“法轮功”练习者中毒太深，出口便是“法轮大法”，任凭你苦口婆心磨破嘴皮，她们就是不听。(《人民日报》2001年)

a. 由于这些“法轮功”练习者中毒太深，出口便是“法轮大法”，所以她们不听。

b. 由于这些“法轮功”练习者中毒太深，出口便是“法轮大法”，(所以) 任凭你苦口婆心磨破嘴皮，她们就是不听。

(122) 由于我的护照不在身上，任凭怎么解释，都不管用。(《长江日报》1992年)

a. 由于我的护照不在身上，所以不管用。

b. 由于我的护照不在身上，（所以）任凭怎么解释，都不管用。

例（121）中“这些‘法轮功’练习者中毒太深”（C）与“她们不听”（B）为因果关系，整个“任凭”句又与前面的因果复句是原因和结果的关系，因此“她们不听”不仅是“任凭”句的结果，也是因果复句的结果，如果没有通过关联词“任凭”添加极端条件，如a句，则整个句子就只是在陈述一个具有因果关系的事件，不带任何感情色彩，但加上“任凭”句之后，如b句，整个句子带有浓重的主观感情色彩，意愿表达更强烈。例（122）同理。

二　逆向语言环境——加强冲突

逆向语言环境也有单句和复句之分，但无论是在单句中还是在复句中，前后思维发生逆转，形成情感上的冲击，同样能起到强化的作用。

首先，前文为单句。在该语言环境下，“任凭”句与前文内容构成思维上的逆转，从反面进行对比说明，在前后冲突中加强表达效果。例如：

（123）于是就想尽各种办法威胁利诱逼他说出组织秘密。可是李伟任凭敌人使了千条妙计，任凭敌人用尽各种酷刑——不是人能够忍受的肉体折磨，他依然是丝毫不为所动。（杨沫《青春之歌》）

（124）区桃告诉大家，每盆之中，都有一朵真的，一朵假的。可是任凭大家尽看尽猜，也分不出哪朵是真的，哪朵是假的。（欧阳山《三家巷》）

例（123）中前景句（C）“想尽各种办法威胁利诱逼他说出组织秘密”为单句，言外之意为：他很有可能承受不住而说出组织的秘密。但紧跟着话锋一转，出现了转折词“可是”，面对各种非人的折磨，他毫不妥协，坚决不说出组织的秘密。这样与前文形成语义上的对立，从反面证明了他态度的坚决，增强了表达效果。例（124）同理。

其次，前文为复句。具体说来，表转折关系的复句与“任凭”句嵌套使用，前景句C与B为因果逆转关系，与整个“任凭”句也为因果逆转关系。通过在“任凭”句前加上转折类词语，使前后文的转折关系显化，强化思维的逆转，在对比中形成语用冲突，增强表达效果。这主要有以下几种情况。

（一）语境Ⅰ：虽然C，但任凭A，也B

“虽然”句是基于已经发生的事实的让步句，它与“任凭”句嵌套使用，C与整个“任凭”句为转折关系，在这种思维的逆转关系中，通过对比造成语用冲突，有增强表达效果的作用。例如：

（125）虽然营业员曾说过“保证质量”，但如今任凭好说歹说，就是不肯换，为什么不换？（《长江日报》1991年）

（126）杨斌的步法很是玄妙，几人虽然拼命挥舞着利刃，努力向杨斌劈砍。但任凭他们如何人多势众，任凭他们动作如何迅速，刀锋始终无法沾到杨斌分毫。（杨文理《极限修道》）

例（125）中关联词语“任凭”前面出现转折关联词“但”，说明C与整个“任凭”句是转折关系，同时“营业员曾说过‘保证质量’”（C）与“不肯换”（B）之间也是因果逆转关系，正是这种语义上的对立，造成语用冲突，通过对比增强表达效果。例（126）同理。

（二）语境Ⅱ：尽管C，但任凭A，也B

这里的“尽管”句与“虽然”句相似，都是基于已经发生的事实的让步，整个“任凭”句作为结果出现在“尽管”句后分句的位置，对C形成转折关系，在逆转中造成情感上的冲击，增强主观情感。例如：

（127）这是一辆配有自动锁定装置的高级轿车，尽管他们杀死了车主，控制了车子，但任凭怎么摆弄，也不能将车启动，最后竟连车门也打不开了。（《长江日报》1998年）

（128）而另一些人，尽管和自己相处的时间不长，但任凭星移物换，他们的形象却总是那样鲜明、生动，黄吉人同志就是其中的一个。（《人民日报》1981年）

例（127）中C为“他们杀死了车主，控制了车子”，在这种情况下，启动车子并开走应该是一件轻而易举的事情，但结果是“任凭怎么摆弄都不能启动车子，甚至连车门都打不开”。C与“任凭”句在语义上形成转折关系，正是这种出乎意料的思维逆转，形成情感上的冲击，强化主观情感。例（128）同理。

（三）语境Ⅲ：无论C，任凭A，也B

“无论”句与“任凭”句嵌套使用与前两种情况略有不同：“任凭”句前面没有出现表示转折关系的词语，但“无论”句作为无条件让步句的典型代表，前后分句之间已存在转折关系。在大多数情况下，关联词语“无论”与“任凭”可以互换，而现在二者同时出现，C与A可以看成是促使B产生的条件集合中两个不同的子集，都与B具有因果逆转关系，通过从不同的方面列举条件，增强表达效果。例如：

（129）不论酒店做的金牌脆皮鸽多香多脆，任凭别人怎么引诱，我从来不吃一块。

a. 不论酒店做的金牌脆皮鸽多香多脆，我从来不吃一块。

b. 任凭别人怎么引诱，我从来不吃一块。

（130）无论前面有什么困难，任凭是刀山火海，我也要闯。

a. 无论前面有什么困难，我也要闯。

b. 任凭是刀山火海，我也要闯。

例（129）可以分解为a句和b句，C与B为因果逆转关系，A

与B也为因果逆转关系，“酒店做的金牌脆皮鸽又香又脆”和“别人怎么引诱”是促使“我从来不吃一块”成立的条件集合中的两个子集，这两个子集为不同的两个方面，通过不同方面条件的罗列，强化我不吃就是不吃的主观态度，增强了表达的效果。例（130）同理。

第三节 主观情感

沈家煊在《语言的“主观性”和“主观化”》一文中说过：说话人在说出一段话的同时容易在话语中留下自我的印记，表明自己对这段话的立场、态度和感情。通过前面的分析研究发现，“任凭”句是一个带有强烈主观色彩的句子，说话人在使用该句时，重点不是对已然或未然事件的客观描述，而是表达出说话人对客观事件的一种主观态度，或褒或贬，或积极或消极。其中最具有代表性的有两种：其一，人们想改变现状但却无法改变的无可奈何之感；其二，面对不好的现状力图改变的坚定之情。

一 无奈之感

“任凭”句的前分句通常为主观上认可的能够促使不好的情况扭转的条件，但结果依然是不好的情况，表现出无力改变现状的无奈。例如：

（131）四周围得水泄不通，任凭张神武本领再强，也难以冲出重围。

（132）有些孩子很霸道，他们想怎么样就怎么样，想要什么就非得到不可，否则就大吵大闹，甚至动手打人，任凭你好言相劝或是打骂训斥，都不奏效。

（133）又有人把鼓板弦子取了来，任凭他怎样推托，也是不能不来一段了。（孙犁《风云初记》）

例（131）为单项“任凭”句，前景句C“四周围得水泄不通”

是不好的情况，而“任凭”句的前分句（A）“张神武本领再强”表示张神武有很强的本领，但即使是这样，结果仍然是被围而难以突出重围。无论主观上如何，客观现实都没法改变，表现出一种无可奈何之感。其余两例同理。例（132）为显性多项“任凭”句，有些孩子性格霸道，若要什么就非得到不可，无论你好言相劝还是采用暴力手段，都不奏效。主观上想采取措施让孩子不那么霸道，可最终结果是失败，表现出一种无法改变现状的无奈之感。例（133）为隐性多项“任凭”句，有人把鼓板弦子取来想让他弹一曲，但他不想弹因而想尽办法推脱，而最终结果是不得不来一段，表现出一种无奈之感。

二　坚定之情

“任凭”句的前分句A通常为主观上否定的或不好的，但B为主观上认可的，为了促使B成立，主观上排除万难，表现出主观态度的坚定。例如：

（134）在刑场上，任凭敌人百般折磨，洪常青依然“屹立如山，巍峨刚强”。（文华初、戚武捷《毛主席军事路线的壮丽颂歌》节录）

（135）只要他们发挥中流砥柱的作用，任凭风吹浪打，我们党也自岿然不动。（《人民日报》1982年）

（136）但那小姑娘也很顽强，任凭怎么踢打，仍死死地紧揪住大女人的头发不松手，似乎是一种防卫。

例（134）中在刑场上，敌人对洪常青进行百般折磨，逼迫他招供，但洪常青不为所动，意志坚定，决不向敌人妥协，表现出一种大无畏的牺牲精神，表达了说话人由衷的敬佩之情。例（135）为显性多项“任凭”句，前景句是“他们发挥中流砥柱的作用”，在这种情况下，即使在风吹浪打、困难重重的环境下，我们党也自岿然不动。态度坚定，有强烈的自信。例（136）为隐性多项“任凭”句，小姑娘性格顽强，无论怎么踢打，迫使她放手，她都紧紧抓住不放，态度坚定，不轻易妥协。

需要说明的有两点：其一，无奈之感和坚定之情是“任凭”句最具有代表性的两种主观情感，但并不是指说话人在使用“任凭”句时仅包含这两种情感，还可能传达出其他的内心感受，如称赞、钦佩、表扬、赞叹、谴责、批评、不满、失望等。例如：

(137) 任凭游人扫兴和诅咒，牡丹依然安之若素。

(138) 熟料，任凭他们如何使劲，终因力气太小，加之缺乏必要的训练，大石头就是纹丝不动。

例 (137) 中牡丹有自己的花期，不会为了迎合游人的喜好而改变花期，无论游人扫兴也好，诅咒也好，她都只会按照自己的花期来开放，表达出说话人对牡丹这种正直不屈精神的赞美之情。例 (138) 中无论他们如何使劲，最终都因为力气太小以及缺乏训练而没能把大石头搬动。整个句子弥漫着一种淡淡的失望之感。

其二，人的主观情感是复杂的，有时候，一个句子所包含的主观情感并不单纯是一种，而有好几种同时存在。例：

(139) 任凭小朋友大哭大喊、老师连哄带吓，她就是不松口。

(140) 艺术家的双手啊，任凭什么力量也休想把它从琴键上拉开，高山流水也罢，暴雨狂风也罢，琴声不绝，他的追求永不止歇。

例 (139) 中她不松口就是不松口，无论是小朋友大哭大喊还是老师连哄带吓，她都不为所动，表现出意志坚定、不轻易屈服的品格；而为了让她松口，小朋友和老师想尽各种办法，使出浑身解数都没能让她松口，又有一种无可奈何之感。例 (140) 一方面表现出艺术家坚持自己的理想和追求，无论遇到什么困难都坚持下去，追求艺术的意志很坚定；另一方面，正是他们孜孜不倦地追求艺术的精神让我们钦佩，传达出对他们的称赞和赞美之情。

本章主要考察了“任凭”句的语用价值。在预设信息方面，单项“任凭”句的预设信息和后分句的实际内容刚好相反。显性多项“任凭”句的预设信息与单项“任凭”句部分类似；隐性多项“任凭”句的预设信息无限地偏离实际信息，反预期效果逐渐加深。在语言环境方面，“任凭”句的语言环境有顺向和逆向两类，分别起补充说明和加强冲突之效。在主观情感方面，说话人在使用“任凭”句时主要表达坚定之情或无奈之感。

结　　语

“任凭”句是一种极端情况下的让步句。关于“任凭”句的研究大多集中于关联词语的语法化问题上，或者将其归入无条件让步句的框架下与其他子类进行对比研究。经过观察分析发现，“任凭”句并不完全属于无条件让步句，它有自己独特的价值，值得深入挖掘。根据邢福义的“小三角”理论，“任凭”句在语表、语里、语值三个方面有如下特点。

在语表形式上，分为关联词语、特殊词语的配置、前后分句的移位三个方面：

其一，一方面，前关联词语“任凭”通常位于句首，能与“任”替换，但受现代汉语双音节化趋势的影响，人们更倾向于选择双音节词“任凭”。此外，在使用中，有时说话人不满足于仅用一个“任凭”来引导条件句，而让“任凭”多次出现，不仅在原来的基础上拓展了条件，在表达上也起到了“一咏三叹”之效果。另一方面，后分句常出现的关联词语有表偏指的“也”和表总括的“都”，根据前分句条件项的不同呈现方式，偏指和总括又有直接和间接之分，当然，后关联词语在不影响语义表达的情况下也可以省略。

其二，“任凭”句是一种极端情况下的让步句，其极端性或者通过配置特殊词语，如任指代词、程度副词“再”等表现，或者给核心词语添加表极端的修饰成分来体现。

其三，“任凭”句也有常规语序和非常规语序之分，受人类惯性思维的影响，人们总是先说条件，再得出结果；但有时候为了对前面的事件进行补充说明，保持篇章的连续性或连贯性，说话人可能会先说结果，最后补充条件。

在语里内容上，首先对“任凭”句进行了分类，在分类的基础上分别考察语义关系和认知层面。

其一，根据前分句条件项的数量，将“任凭”句分为单项“任凭”句和多项“任凭”句。多项“任凭”句的条件项集合有显性和隐性之分，因此，多项“任凭”句又分为显性多项“任凭”句和隐性多项“任凭”句。

其二，单项“任凭”句前分句只有一个极端条件，与后分句构成全面转折关系。显性多项“任凭”句前分句的若干条件项之间若为同义关系或递进关系，则前后分句间为全面转折关系，一般可加“但”类词；若各条件项之间为对立关系或矛盾关系，则前后分句间为部分转折关系，一般不能加“但”类词。隐性多项“任凭”句前分句的条件项之间若为隐性并列关系，则前后分句之间为部分转折关系；若为隐性递进关系，则前后分句之间为全面转折关系。

其三，在认知层面，单项“任凭”句的主观推测层面为 $0 < P\{B/A\} < 0.5$，客观反映层面为 $P\{B/A\} = 1$。显性多项“任凭”句的主观推测层面为 $0 < P\{B/a1 \square a2\} < 0.5$ 或 $0 < P\{B/a1\} < 0.5$，$0.5 < P\{B/a2\} < 1$，客观反映层面为 $P\{B/a1\}$ 并且 $P\{B/a2\} = 1$。隐性多项“任凭”句的主观推测层面为 $0 < P\{B/ \text{anmin}(B)\} < 0.5$，客观反映层面为 $P\{B/ \text{anmin}(B)\} = 1$。

在语用价值上，从“任凭”句的预设信息、语言环境以及说话人在使用该句式时的内心感受三方面进行归纳：

其一，单项“任凭”句的预设信息和后分句的实际内容刚好相反。显性多项“任凭”句的条件项之间若为同义关系，则预设信息和单项“任凭”句类似；若为反义关系，则其中一个条件项的预设信息和实际信息为矛盾关系，而另外一个预设信息和实际信息为同义关系。隐性多项“任凭”句的预设信息无限地偏离实际信息，反预期效果逐渐加深。

其二，“任凭”句的语言环境大致可以分为两类：一是顺向语言环境，对前文内容做进一步的解释说明和补充，有着加强表达效果的作用；另一类是逆向语言环境，与前文内容形成对比，在语用冲突中起凸显强化的作用。

其三，说话人在使用“任凭”时往往带有强烈的主观色彩，而坚定之情和无奈之感是“任凭”句最具有代表性的两种主观情感，表达出说话人的一种主观态度。

通过前面的分析考察，对“任凭”句有了进一步系统的了解，但由于笔者学识、能力和精力有限，有些问题还有待进一步深入研究，比如：对“任凭”句和“无论”句、“即使”句有交叉的地方，没有进行深入细致的对比分析；在整编内容布局上，语用价值部分相对薄弱，有“头重脚轻”之感；“任凭”句有很强的感情色彩，但本编只列举了无奈和坚定两种情感，结论不够完整，等等，这些问题都值得进一步探究和挖掘。

参考文献

一　学术专著

北大中文系55级、57级语言班：《现代汉语虚词例释》，商务印书馆1982年版。

丁力：《语法》，三秦出版社2005年版。

丁力：《汉语语法问题研究》，三秦出版社2012年版。

黄伯荣、廖序东：《现代汉语》，高等教育出版社2007年版。

姜望琪：《当代语用学》，北京大学出版社2003年版。

黎锦熙：《新著国语文法》，商务印书馆1924年版。

吕叔湘：《中国文法要略》，商务印书馆1942年版。

吕叔湘：《现代汉语八百词》，商务印书馆1999年版。

马建忠：《马氏文通》，商务印书馆1898年版。

邢福义：《汉语复句研究》，商务印书馆2001年版。

邢福义、吴振国：《语言学概论》，华中师范大学出版社2002年版。

张斌：《现代汉语虚词词典》，商务印书馆2006年版。

二　期刊论文

陈小荷：《主观量问题初探——兼谈副词"就"、"才"、"都"》，《世界汉语教学》1994年第4期。

程亚恒：《连词"无论"语法化的机制与诱因》，《长春师范学院学报》2014年第1期。

董正存：《无条件构式的省缩及其句法—语用后果》，《中国语文》2013 年第 4 期。

郭梦婷:《“任凭句”句式探析》,《绥化学院学报》2016 年第 2 期。

侯瑞芬:《“无论……都……”中“或者”与“还是”的差异》,《北京教育学院学报》2004 年第 3 期。

华萍:《现代汉语语法问题的两个“三角”的研究》,《语言教学与研究》1991 年第 3 期。

黄晓冬:《“无论 A,也/都 B”句的语义分析》,《汉语学习》2001 年第 5 期。

霍生玉:《“不管”“尽管”的语法化》,《汉字文化》2010 年第 5 期。

乔妮:《“任凭”语法化的进程研究》,《扬州教育学院学报》2013 年第 1 期。

黎汪婷:《无条件让步句中“管”句与“不管”句的对比研究》,《常州工学院学报》(社会科学版)2013 年第 4 期。

李丹、赖玮:《无条件句列举式条件分句内部的逻辑语义关系》,《文学研究》2011 年第 8 期。

梁洁、汪秀军:《“不管”的语法化历程及语用特点》,《唐山师范学院学报》2011 年第 3 期。

刘昌华:《让步复句与主观量范畴》,《扬州教育学院学报》2009 年第 3 期。

陆俭明:《汉语中表示主从关系的连词》,《北京大学学报》1983 年第 3 期。

吕映:《无条件句的语义特征》,《杭州师范学院学报》1992 年第 1 期。

眸子:《语法研究中的“两个三角”和“三个平面”》,《世界汉语教学》1994 年第 12 期。

乔妮:《“任凭”语法化的进程研究》,《扬州教育学院学报》2013 年第 1 期。

沈家煊:《跟副词“还”有关的两个句式》,《中国语文》2001

年第6期。

孙云：《谈谈即使句、宁可句、无论句》，《内蒙古师范大学学报》（哲学社会科学版）1983年第2期。

汤贤均：《“无论p，都q”句式的表述问题》，《鄂西大学学报》1987年第1、2期合刊。

王春辉：《汉语条件句小句间的语序类型》，《世界汉语学》2010年第4期。

王忠良：《“无论……都”复句及其承载的逻辑意义》，《东疆学刊》（哲学社会科学版）1990年第3期。

卫澜：《疑问代词任指用法的使用条件》，《南京大学学报》1998年第3期。

席嘉：《汉语无条件构式的历时演化考察》，《武汉理工大学学报》2009年第5期。

邢福义：《语法研究中“两个三角”的验证》，《华中师范大学学报》（人文社会科学版）2000年第5期。

邢福义：《现代汉语语法研究的“小三角”和“三平面”》，《华中师范大学学报》（哲学社会科学版）1994年第2期。

邢福义：《现代汉语语法研究的三个“充分”》，《湖北大学学报》（哲学社会科学版）1991年第6期。

邢福义：《“但”类词和“无论p，都q”句式》，《中国语文》1984年第4期。

晏玉平：《“无论、不论、不管”“任凭”和“尽管”》，《语文天地》2001年第21期。

由丽萍、厉霁隽：《“无论”类连词在句法分析中的标记功能》，《上海师范大学学报》2003年第1期。

张洪超、刘昌华：《让步复句的预设研究》，《徐州师范大学学报》2007年第3期。

周士宏：《从信息结构的角度看焦点分类》，《汉语学习》2008年第5期。

周士宏：《信息结构中的对比焦点和对比话题》，《解放军外国语学院学报》2009 年第 4 期。

三　学位论文

韩栋:《哪怕的多角度研究》，河南大学，2009 年。

李莉莉:《现代汉语无条件让步句研究》，吉林大学，2011 年。

马映:《无条件让步句“无论 P，Q”与“任凭 P，Q”对比研究》，华中师范大学，2016 年。

王晓媛:《无条件让步句“任”字句研究》，南京师范大学，2014 年。

第四编

假转句式考察

王英泽

作者简介：王英泽（1990.7— ），女，黑龙江同江人，陕西理工大学2012级汉语言文字学专业硕士研究生，师从丁力教授，研究方向为现代汉语语法。读研期间发表学术论文《“除非A，否则B”句式考察》。现工作于辽宁省国土资源局。

绪　论

一　研究范围和对象

本编主要研究内容为转折类复句中的假转句。假转句就是分句间具有假言否定性转折关系的复句，它属于转折类复句中的二级复句类型；它先指明甲事物，接着指明如果不这样就会出现乙事物①。本编主要从“幸亏 A，否则 B”“因为 A，否则 B”“要么 A，要么 B”“不能 A，否则 B”等几种常见的假转句句式入手，根据假转句前后分句之间的不同联系，结合前分句所用的特定词语，先将其进行归类，分为以“幸亏 A，否则 B”为代表的因果性假转句，以“除非 A，否则 B”为代表的条件性假转句，以“要么 A，否则 B”为代表的选择性假转句，以“还是 A 吧，否则 B”为代表的祈使性假转句和以“不能 A，否则 B”为代表的需求性假转句五大类。并从语表方面对其进行研究，考察五类假转句的句式特征。再从语里层面对五类假转句式进行分析，考察五类假转句式中关键词前后的语义关系，分别从认知层面对其进行分析，考察五类句式的主观推测层面与客观反映层面的信赖程度，并结合语用层面的知识来分析总结五类假转句式的语用价值，在不同的语境下使用假转句时所要表达的说话人与听话人不同的想法与情感倾向，以方便人们更好地理解与运用假转句。

二　研究现状

在现代汉语语法研究中，对于复句，学者们大多是跟关联词放在

① 邢福义：《汉语复句研究》，商务印书馆 2003 年版，第 45—46 页。

一起进行研究的，因为复句的关系类别主要是通过关联词语的具体运用体现出来的。而对于假言否定性转折类复句的研究大多集中在关联词语“否则”上，考察其前后分句的语义关系，从其前分句或后分句关系入手，或是研究与其相关的经典句式，或是探究其内部的逻辑特征。已有学者专门针对条件类关联词语、因果类关联词语、转折类关联词语等做了较为细致的分析研究。这为我们对假转句的系统研究提供了很好的参照指导。

邢福义对假转复句的研究主要集中在《复句与关系词语》和《汉语复句研究》两本专著中，特别强调了关联词语在复句研究中的重要地位，他的著作以关联词语为纲，对其进行了细腻深入的描写，把假转句归为转折复句类中的一个小类，指明分句间具有一种假设否定性转折关系。

关于“否则”句的研究，在专著方面，黎锦熙的《新著国文语法》将这种句式看作选择复句，但指出下句涉及因果关系；王力的《中国语法理论》主张把“否则 B”本身分析为条件式，但把整个句式看作申说式；吕叔湘的《中国文法要略》则认为“A，否则 B”属于假设句；邢福义在《复句与关系词语》中把此种句式作为假言逆转句来处理；徐阳春的《现代汉语复句句式研究》认为应该把“X，否则 Y”归入假设复句一类，并将语义关系类型区分为因果和条件两种。

在论文方面，对“否则”进行专门分析的有邢福义《试论“A，否则 B”句式》，将其扩展为八种句式并对每一种句式作出具体分析；陈昌仪的《谈谈“否则”复句所表示的意义关系》，王元祥的《试说“否则”前后的结构关系》，朱斌的《如果 A，那么 B，否则 C 的语义关联及其“否”的辖域》，都分别从前后结构类型和相关句式上对“否则”句做了各方面的研究分析，取得了很多成果。另外曹秀玲、张磊的《“否则”类连词的语法化梯度及其表现》对这类连词的历史来源做了较为完整的分析。

对于假转句认知层面加以分析的文章还很少见，因此本编主要从该方面入手进行研究。

三 研究方法

本编主要采用邢福义的“小三角”理论①，将“语表—语里—语用”三个方面相结合，对语料中出现的各类假转句式加以归类并进行深入分析。考察各类不同假转句式的语表形式、语义关系和语用价值等方面的差异。同时，通过比较、删除、替换、移位等研究方法对假转句式的特征进行考察，通过主观推测层面与客观反映层面的信赖程度考察假转句的认知层面，最后结合语境与认知层面来分析假转句的语用价值。

四 研究语料

本编研究语料主要来自CCL语料库②、语料库在线③和华中师范大学语言和语言教育研究中心汉语复句语料库④。另外还从平常所见的一些网络、书籍及报刊中收集语句，作为补充语料，以便为语言研究分析提供坚实的语言事实基础。

五 研究目的

学者们对转折类复句进行了各种考察研究，且多数集中于关键词、转折词或转折关系的预设等方面，而从语义关系、认知层面及语用层面上的分析研究不多，所以本编从这方面入手，主要考察五类假转句式在认知层面上的主观推测层面与客观反映层面的信赖程度，并结合语境，分析归纳几类句式的语用价值，以此来引起我们对假转句的关注，以期为现代汉语假转句式的实际运用提供一定的现实价值。

---

① 邢福义：《汉语语法学》，东北师范大学出版社1996年版，第439页。

② http：//ccl. pku. edu. cn：8080/ccl_ corpus/.

③ http：//www. cncorpus. org/ccindex. aspx.

④ http：//ling. ccnu. edu. cn/.

第一章　假转句的分类及语表特征

第一节　假转句的分类

分句间具有假言否定性转折关系的复句，是转折类复句的一种。通常以“否则……”为代表形式，假转的标志包括“否则、不然、要不然、要不”等。如：

（1）我知道我必须在遣送途中逃走，否则就会被强行送回我现在还不愿意回到的家乡。

（2）在这一天里，不许唱歌，否则便是一大罪过。

（3）它必须不断地磨牙，不然牙齿会长得撑起它的嘴巴。

“否则”类与“但是”类的相同点在于二者都是转折类词，是用以表示转折关系的标志词。然而二者又不完全相同，它们是不同的两类逆转词。“否则”类本身含有先假设否定甲类事物，后转到肯定乙类事物的意思，可以理解为“不这样就”，表示的是一种假言否定性的逆转。而“但是”类本身不包含其他复杂的意思，说转折就转折，表示的是一种直接的逆转关系。比如：

（4）春运买不上火车票，否则早就安排我回家了。（假言转）

（5）春运买不上火车票，但是早就安排我回家了。（直接转）

二者都是表示句意转折的转折句式，然而在句意上又有着很大的不同，如例（4）中“否则”代表的是一种假言类转折句，此时略微强调前一个分句的重要性，导致了后一个分句的转折性结果，它表示的句意是“因为春运买不到火车票，如果买到了，我早就安排回家了”，即说话人最终没有买上票也没有回家。而例（5）中“但是”代表的直接转折句则没有其他暗含意，此时略微强调后一句的结果，而前一分句造成的结果没有影响到后一句，它表示的句意是“虽然春运没买上火车票，但是没有影响，我早就安排回家了”，即说话人已经被安排回家了。

由此可见，转折句中也存在着直转与假转的区别。然而同为假言否定性转折复句，也有着不同的分类。为了方便分类研究，这里根据邢福义的分类法，先从假转句前后分句间的不同联系、分句所使用的特定词语等入手，将这类假转句分为因果性假转句、条件性假转句、选择性假转句、祈使性假转句和需求性假转句①，并各以一种句式为代表，对该类假转句进行句式分析，归纳其句式特征。

一　因果性假转句

因果性假转句表示的是结果与原因相忤逆，基本的格式有四种：重在说明由于某种原因才避免不如意情况发生的“幸亏A，否则B”句式；重在说明由于某种原因才导致没有出现某种内心希望出现的结果的“可惜A，否则B”句式；没有任何情感倾向的重在说明A、B之间因果逆转关系的“因为A，否则B”句式，以及用来反推测的“想来A，否则B”句式。例如：

（6）幸亏他没有因失救而死，否则我要内疚一辈子。

（7）可惜我的体力不顶强，不能参加红军去作战，否则倒是一个报国机会。

（8）住在这里的客人也得屏住呼吸，因为不能发出任何声

① 邢福义：《汉语语法三百问》，商务印书馆2002年版，第226页。

音，否则就要“影响”江青的“休息”。

(9) 想来是出了什么事，否则他不会迟到的。

二 条件性假转句

所谓条件性假转句即是指结果与条件相忤逆的假转句。该类句式以“除非A，否则B”为代表，表示A、B之间结果与条件的相互忤逆，有时用来强调“非A不可”的意思，有时用来解释“除了由于A的原因”的意思。例如：

(10) 所谓君主立宪制，除非有足以与王权相抗衡的新兴政治经济力量来支持，否则君主立宪不过是聋子的耳朵。

(11) 我国《婚姻法》规定则相反，除非被继承人或赠与人指明给夫妻一方，否则即属于夫妻共有范畴。

由句意可知，例（10）是用来强调“非A不可”的，即君主立宪制非要“有足以与王权相抗衡的新兴政治经济力量来支持”不可。而例（11）则更加侧重于解释“除了由于A的原因”，否则都是B的结果，即“除非被继承人或赠与人指明给夫妻一方”，否则“都属于夫妻共有范畴”。

三 选择性假转句

选择性假转句表示的是选择后项对选择前项有所忤逆的意思。该类句式多以“要么A，否则B”为基本格式，有的重在表示A和B之间存在着条件和结果在选择上的对立关系，有的重在表示A和B之间是一般并列关系的选择对立。例如：

(12) 去拜年时，要么捎上几种本地的特产，要么带去名牌烟酒，否则面子上过不去。

(13) 国产影片历史人物太干净，要么是好人，否则就是坏人。

可以看出，例（12）重在表示 A 和 B 之间存在的条件“要么捎上几种本地的特产，要么带去名牌烟酒”和结果“否则面子上过不去”在选择上的对立关系。而例（13）则重在表示 A 和 B 之间是一半并列关系“好人”与“坏人”的选择对立。

四　祈使性假转句

祈使性假转句表示结果与祈求相忤逆的意思。该类句式多以“还是 A 吧，否则 B”为基本格式，前面分句带有祈使语气。这类假转句的表意重心在后分句，后分句表示的是逆祈求的后果，强调违反前句祈求将要面临的一种不利选择。例如：

（14）还是与白副院长共同商量吧，否则有不尊重白副院长之嫌。

此时，该句的表意中心在后分句，表示逆祈求的后果是“有不尊重白副院长之嫌”，强调违反前分句的祈求“与白副院长共同商量”将要面临的一种不利选择。

五　需求性假转句

需求性假转句表示结果与需求相忤逆的意思。该类句式多以“不能 A，否则 B”和“不能不 A，否则 B”为基本格式，前分句用了能愿动词。“不能 A，否则 B”的前句用了“不能”，从否定的角度分析事物的必要性，从而指明某种需求。“不能”有时也说成相同含义的“不应”“不可”之类。而“不能不 A，否则 B”则是相反的，前句用了“不能不”，从双重否定表肯定的角度来分析事物的必要性，指明某种需求。例如：

（15）不能退缩，否则会犯大错误的。

（16）不能不支援，否则他们会支撑不下去的。

例（15）中，前句用了“不能”，从否定的角度分析了事物的必要性，从而指明了“不能退缩”的需求。例（16）则用了“不能不”，从双重否定表肯定的角度来分析事物的必要性，指明他们对“支援”的需求。

第二节 假转句的语表特征

简单地将假转句式分为这五类之后，下面将各选一些典型代表性的句式对这五类假转句的句式特征进行考察。

一 假转句中关键词“否则”的省略

在假转句中有的时候可以省略一些关键词，并不影响整个句式所表达的含义，有一些则不能够省略关键词，否则意义将大变。而在假转句中这五类假转句的代表性句式也是如此，作为假转句的关键词，“否则”可否省略各有不同，正常情况下不可省略，但偶尔有些还是可以省略的，五类假转句中的关键词“否则”可否省略的情况如下。

（一）因果性假转句

因果性假转句中无论是“幸亏 A，否则 B”“可惜 A，否则 B”“因为 A，否则 B”还是“想来 A，否则 B”，其中的关键词“否则”都不可以省略，因为其中庆幸、惋惜或是推测等语气，前项 A 与后项 B 都具有转折性因果关系，如果去掉转折词“否则”句意将不通顺。如上述例（6）（7）（8）（9）句中的“否则”都不可以省略，如省略，则句意不通顺。

（二）条件性假转句

条件性假转句中的关键词“否则”通常情况下不可省略，但有时也可以省略。如“除非 A，否则 B”句式，“否则”可以添加进去，有时也可不用。当不用“否则”的时候，后项一般采取否定形式，使用“否则”时，说话人的语气更加明显。例如：

（17）除非我自己愿意，否则她没法叫我做任何事。

句中的“否则”省略后变为“除非我自己愿意，她没法叫我做任何事”。省略后句子意思也没有改变，区别只是当使用“否则”时，说话人的语气会比省略时更加明显。

（三）选择性假转句

选择性假转句中的关键词“否则”不可省略，如“要么A，否则B”句式，前项A与后项B之间存在着两种关系：一是当A和B是对立的选择与结果时，二是当A和B是并举关系的两种对立选择时，无论哪种，二者之间都存在着一种对立选择的关系，非A即B，因此“否则”不可省略，如果省略，句子转折的选择关系就会消失，甚至句意不通顺。如上述例（12）（13）中的“否则”不可以省略，如省略，则句子转折的选择关系就会消失，甚至句意不通顺。

（四）祈使性假转句

祈使性假转句中的关键词“否则”通常不可省略，但有时可以省略，且通常是前项A与后项B之间转折语气不强烈时。如“还是A吧，否则B”句式，因为该类句式反映的是“如果做不到A，就会导致B”这一含义，所以当“否则”省略时，通常情况下句意会不通顺，如上述例（14）中“否则”不可以省略，如省略，则句意不通。

但是当前后项的转折语气不太强烈时，“否则”还是可以省略的，此时不会影响句子的整体含义，例如：

（18）还是冷静一点吧，否则我们一出手，你会身体不健康的。

此时“否则”省略后变为“还是冷静一点吧，我们一出手，你会身体不健康的”。句意虽是通顺的，但是其中的转折语气变弱。

（五）需求性假转句

需求性假转句中的关键词“否则”可以省略，且句子前后意思不会发生太大改变，如“不能A，否则B”句式和“不能不A，否则B”句式，因其前后A、B项之间具有解释性的意味，即B项对不能做A项的原因有所解释，所以此时省略“否则”不太影响整体句意。

例如上述例（15）（16）句中的“否则”省略后句子整体还是通顺的且句意没有改变。

二　假转句 A、B 的位置

在假转句中有的时候前项 A 与后项 B 的位置通常不可互换，因为假转句就是分句间具有假言否定性转折关系的复句，它属于转折复句一类中的二级复句类型。它先指明甲事物，接着指明如果不这样就会出现乙事物，如果将具有转折关系的 A 项与 B 项调换位置，会影响整个句式所表达的含义，偶有可以调换的，虽然句子通顺但句子的含义将大变。

如条件性假转句“除非 A，否则 B”中的 A 项与 B 项位置有时可以互换，这是因为“除非 A，否则 B”是一种条件式的转折类复句，表示条件和逆条件的结果，其中 A 为条件，B 为结果，当 A、B 调换后，条件结果相反，一般情况下是不成立的。当然偶尔有调换后可以成句的，但句子意思将完全改变，语境也将发生重大变化，此时已经不是说话人最初想表达的思想了。例如：

（19）除非你能证明自己清白，否则你就是有罪。

此时可以将 A、B 项位置互换，变为“除非你就是有罪，否则你能证明自己清白”。虽然句子通顺，但此时句意已发生重大改变。虽然这句话本身从句子上来看是可以成立的，但此时所表达的说话人的思想和语境已经发生了变化。调换前该句表达了说话人坚信听话者“你就是有罪”，而“你能证明自己清白”只是一种很低的可能性。调换后却变为说话人坚信听话者“你能证明自己清白”，而非“你就是有罪”这一概率极低的情况。当然具体情况要放到不同的语境中来分析。总的来说，在该类句式中，由于条件 A 与结果 B 的调换，两句的语境也会发生相反的变化，此时已经不是原来的句子所表达的意思了，而是另外一个句子。

其他几类假转句也是如此，但是只有选择性假转句中 A、B 项的位置可以互换，且不会太影响句意变化，这是因为选择性假转句中前后项 A 与 B 之间本身具有两种关系：一是当 A 和 B 是对立的选择与结果时；二是当 A 和 B 是并举关系的两种对立选择时，无论哪种，二者之间都存在着一种对立选择的关系，非 A 即 B，因此二者之间只是选择关系，可以互换位置。例如：

（20）要么照我的意思办，否则你别想走。

（21）要么照我的意思办，否则就照你哥的意思办。

例（20）可以调换 A、B 的位置，将其变为“要么你别想走，否则照我的意思办”。此时只是将选择与结果的位置调换，并不影响二者之间的选择关系，且句子通顺，句意未变。同样，例（21）调换 A、B 位置，变为“要么照你哥的意思办，要么就照我的意思办”。此时并不影响两种并举关系的选择，且句子通顺，句意未变。

三　假转句的句式扩展

在假转句中有的时候同一句式可以加入一两个关键词，将其进行扩展，并不影响整个句式所表达的含义，甚至有些假转句式本身就暗含着某些隐藏含义，此时填入一两个关键词或是将隐藏的含义补充出来即可将句式进行扩展，而并不影响整个句子的意思。如条件性假转句“除非 A，否则 B”中，“除非 A”和“否则 B”之间可以插入“才¬B”，使整个句式变为“除非 A，才¬B，否则 B”的形式。例如“除非是在媚兰家里，否则他一见思嘉在场便要跑开”。可以加入“才¬B”将其扩展为“除非是在媚兰家里，他才不会跑开，否则他一见思嘉在场便要跑开”，并不影响句意，而¬B 也是“除非 A，否则 B”句式中所暗含的。

又如祈使性假转句“还是 A 吧，否则 B”中，A、B 之间可加入“B 不好”，将其扩展为“还是 A 吧，B 不好，否则 B”，也是因为“B 不好”是该类句式本身所暗含的含义。例如“你还是离开吧，否则会出问题的”，可以加入“B 不好”将其扩展为“你还是离开吧，出问题就不好了，否则会出问题的”。

又如选择性假转句“要么A，否则B”中有时可加入另一种选择，将句式扩展为“要么A，要么B，否则C”的形式，且只是句子多了一层选择，并未改变句意。例如“爱情意味着要么得到一切，要么全无，否则它就不存在”。如果去掉B项“全无”也不影响句子含义。

又如需求性假转句“不能A，否则B”中有时可在A、B之间加入“才¬B”，将其扩展为“不能A，才¬B，否则B”，此时“才¬B”也是句子本身所暗含的意义。例如“不能贪心，否则什么都得不到”，可扩展为“不能贪心，才不会什么都得不到，否则什么都得不到”。

表1-1　　不同假转句的语表特征对比

语表特征 / 假转句	关键词“否则”可否省略	A、B位置可否调换	句式可否扩展
因果性假转句（例：幸亏A，否则B）	不可省略	通常不可调换（偶尔可调换，但句意发生改变）	可在A、B间加入“才¬B”，如“幸亏A，才¬B，否则B”
条件性假转句（例：除非A，否则B）	通常不省略，有时可省略，使用“否则”时后项多为否定形式，语气明显	通常不可调换（偶尔可调换，但句意发生改变）	A、B之间可加入“才¬B”，如“除非A，才¬B，否则B”
选择性假转句（例：要么A，否则B）	不可省略	可以调换	可加入另一种选择，如“要么A，要么B，否则C”
祈使性假转句（例：还是A吧，否则B）	通常不省略，有时可以省略，且省略时多为A、B转折不强烈	通常不可调换（偶尔可调换，但句意发生改变）	A、B之间可加入句子本身所暗含的意思，如“还是A吧，B不好，否则B”
需求性假转句（例：不能A，否则B）	可以省略	通常不可调换（偶尔可调换，但句意发生改变）	A、B之间可加入“才¬B”，如“不能A，才¬B，否则B”

再如因果性假转句“幸亏A，否则B”中有时可加入“才¬B”，

将整个句式扩展为“幸亏 A，才¬B，否则 B”，此时句意也未改变，且“才¬B”同时也为句子本身所暗含的。例如“幸亏是那时候借的枪，否则说不清楚了!”句子前后句之间可加入“才¬B”扩展为“幸亏是那时候借的枪，才不至于说不清，否则说不清楚了!”

以上就是几类假转句的分类及其简单的语表特征分析。

为了便于对比查看，可表示为表 1-1。

第二章　假转句的语里特征

研究完假转句的语表特征后，接下来考察假转句的语里特征。按照上述假转句的五种分类，从中选取典型句式进行语义关系与认知层面的分析。其中，认知层面分析包括主观推测层面与客观反映层面两方面。主观推测层面是大脑思维中的一个认知层面，该层面所反映的认识不是客观现实情况在大脑中的直接反映，而是人们依据自己的生活经验、背景知识等，对客观现实情况所进行的一种主观猜测或判断①。客观反映层面是大脑思维中不同于主观推测层面的另一认知层面，该层面所反映的认识不是人们依据自己的生活经验、背景知识等对客观现实情况所进行的一种主观猜测或判断，而是客观现实情况在大脑中的直接反映②。

第一节　因果性假转句

一　因果性假转句的语义关系

因果性假转句一般含有释因性和推因性两种语义关系。释因性就是解释事情发生原因的，因果性假转句中有三类具有释因性语义关系的句型格式，代表格式有“幸亏 A，否则 B”“可惜 A，否则 B”和“因为 A，否则 B”。这三类句型总体来说都具有释因性，都解释了“为什么是 A，而不是 B”，但是同时这三类句型格式相互之间又有着

① 丁力：《语法》，三秦出版社 2005 年版，第 2 页。

② 丁力：《汉语语法问题研究》，三秦出版社 2012 年版，第 44—47 页。

小小的差别。

首先，“幸亏 A，否则 B”表示由于某种原因才得以避免某种不愿发生的不好的结果。“幸亏”同时又含有对事实加以强调，表示值得庆幸的语气。类似的句式可以将关键词“幸亏”替换成“幸好”“亏得”“多亏”等。例如：

（22）幸亏病人送来及时，否则在家这样抽搐很可能引起窒息死亡。

由于“病人送来及时”才得以避免“抽搐引起窒息死亡”这一大家不愿发生的不好的结果，同时又带有说话人明显的庆幸语气。

其次，“可惜 A，否则 B”则表示由于某种原因才导致没有出现说话人希望出现的某种结果。“可惜”同时又含有对事实加以强调，表示值得遗憾惋惜的语气。“幸亏 A，否则 B”与“可惜 A，否则 B”虽然格式差别不大，也同样具有释因性，但二者在语气与表意上有着很大的差别，前者表示说话人庆幸有所得，后者表示说话人惋惜有所失。二者的 B 项所指的实际情况在符合说话人心意方面，恰好相反。例如：

（23）可惜他画过的建筑物现已荡然无存，否则将是很好的中外美术交流史的资料。

由于“他画过的建筑物现已荡然无存”导致“将是很好的中外美术交流史的资料”这一希望看到的结果没有出现，表明了说话人对失去 B 的遗憾和惋惜。同样具有释因性，上面例（22）中表示的是一种庆幸的语气，而例（23）则表示的是一种遗憾和惋惜之情。

最后，“因为 A，否则 B”是完全中性的，表示因为某种原因所以没有出现某种结果，在得失之间并不表露说话人的任何情绪，只是客观地反映 A 与 B 之间的因果逆转关系。例如：

（24）哲学家："我并不是这个意思，因为一切研究都是合理的，否则任何事情都会没有价值。"

因为"一切研究都是合理的"才没有出现"任何事情都会没有价值"这一结果，其中并无说话人对此的看法与情绪，只是客观陈述事实。

以上三种因果性假转句型格式具有释因性，同时还有一种格式与其不同，具有用来反推测的推因性。代表性的句型格式为"想来 A，否则 B"，这一格式是用来反推事情发生原因的，多用来表示由于现实中 B 没有发生，说话人由此反推出 A 的发生，才导致 B 没有发生。这一格式中"想来"也可以替换为"看来""X 猜想""X 怀疑"等。例如上述的例（9）"想来是出了什么事，否则他不会迟到的"。

现实中"他"是迟到了的，但是由说话人了解"他"的性格和为人，认为"他"在一般情况下不会故意迟到，因此反推测一定是"出了什么意外"，才导致"他迟到"。

二　因果性假转句的认知层面分析

（一）"幸亏 A，否则 B"的主观推测层面：$0 \leqslant P\{B/A\} < 0.5$，$0.5 < P\{B/\neg A\} \leqslant 1$

在"幸亏 A，否则 B"句式中，主观推测层面所反映的认识是，说话人认为在条件 A 成立的前提下，后项结果 B 成立的可能性很小，在条件 A 不成立的前提下，后项 B 成立的可能性大，即 $0 \leqslant P\{B/A\} < 0.5$，$0.5 < P\{B/\neg A\} \leqslant 1$。例如：

（25）"他们的情况非常糟糕，幸亏及时回到了乌克兰，否则后果不堪设想。"沙罗夫说。

（26）幸亏那女人对这类场合已是久有经验，一闪身，她就躲开了，否则，真让这只花瓶打着，少说也要砸个大包。

例（25）中根据沙罗夫所说的情况，根据我们的生活经验和对事情的理解，可以分析得出当“他们”“及时回到了乌克兰”时，“后果不堪设想”发生的可能性很小，即 0≤P｛后果不堪设想/他们及时回到了乌克兰｝<0.5，而当“他们”没有“及时回到乌克兰”时，“后果不堪设想”的可能性很大，即 0.5<P｛后果不堪设想/他们没有及时回到乌克兰｝≤1。这里所说的主观认识，往往都是说话人大脑中主观推测层面所具有的认识，即说话人主观上所认为的可能性大小。而“幸亏”一词本就表明 A 是确实发生了的，而且还带有说话人庆幸的语气，“幸亏 A 发生了，才避免了 B 的发生”，因此用信赖程度表示该句式的主观推测层面的关系即为 0≤P｛B/A｝<0.5，0.5<P｛B/¬A｝≤1。

同样地，例（26）中，在说话人心中，在“那女人久有经验，一闪身就躲开了”的情况下，“让这只花瓶打着，少说也要砸个大包”的可能性很小。即 0≤P｛让这只花瓶打着，少说也要砸个大包/那女人久有经验，一闪身就躲开了｝<0.5。

而如果是非 A，即 A 的情况不会出现时，B 的情况就很可能成立，甚至必然成立，即 0.5<P｛B/¬A｝≤1。如例（25）中，说话人大脑中认为当“他们及时回到了乌克兰”的情况不出现时，即在“¬A”的情况下，“后果不堪设想”很可能为真，甚至必然为真。例（26）中，“那女人久有经验，一闪身就躲开了”的情况没有出现，即在“¬A”的情况下，“让这只花瓶打着，少说也要砸个大包”则很可能为真，甚至必然为真。用信赖程度表示即为 0.5<P｛B/¬A｝≤1。

（二）“幸亏 A，否则 B”的客观反映层面：P｛B/A｝=0，且 P｛A｝=1，P｛B｝=0

在“幸亏 A，否则 B”句式的客观反映层面，由于条件 A 表示的是一种已然的、已发生的事件，因此从客观上得知其发生的可能性大小为 1，此时从说话人大脑中认为的客观现实情况出发，判断 A、B 客观发生的可能性大小关系。在主观推测层面，由于说话人要受质量准则的制约，因此在其主观推测中不能直接断定 A、B 是否发生，只能大概判定其发生的可能性大小的范围为 0≤P｛B/A｝<0.5，而在客观反映层面，没有了这一准则的制约，此时在说话人的客观认识中

认为A发生时，B不可能发生，而当A不会发生时，B必然发生，同时A是已然发生的客观事实，B是没有发生的事，用信赖程度表示即为P｛B/A｝=0，P｛B/¬A｝=1。例如：

(27) 幸亏他不是粮店的党委书记，否则人民公园的职工岂不早已饿毙街头！

(28) 幸亏他说西班牙语而不是古吉拉特语、巴利语、吐火罗语，否则我还得回北大请季羡林先生来翻译。

例(27)中，说话人认为客观现实情况为，当“他不是粮店的党委书记”时，那么“人民公园的职工早已饿毙街头”则是不可能的，而当“他是粮店的党委书记”时，则“人民公园的职工早已饿毙街头”，即P｛人民公园的职工早已饿毙街头/他不是粮店的党委书记｝=0，P｛人民公园的职工早已饿毙街头/他是粮店的党委书记｝=1，同时，客观上P｛他不是粮店的党委书记｝=1，P｛人民公园的职工早已饿毙街头｝=0。例(28)也是如此，P｛我还得回北大请季羡林先生来翻译/他说西班牙语而不是古吉拉特语、巴利语、吐火罗语｝=0，P｛我还得回北大请季羡林先生来翻译/他不说西班牙语｝=1，同时，客观上P｛他说西班牙语而不是古吉拉特语、巴利语、吐火罗语｝=1，是已然发生的，P｛我还得回北大请季羡林先生来翻译｝=0，是没有发生的事实。因此，“幸亏A，否则B”这类因果性假转句式的客观反映层面的关系为P｛B/A｝=0，P｛B/¬A｝=1，且P｛A｝=1，P｛B｝=0。

第二节 条件性假转句

一 条件性假转句的语义关系

条件性假转句表示结果与条件相忤逆，一般具有必要性和析因性两种语义关系。必要性是指“非这样不可”，一般强调条件的重要性，非要做到该条件不可。析因性是指“除了某种原因”，一般强调的是转折后句的重要性，并非强调要满足条件。二者在语义上稍有差异。在这里以“除非 A，否则 B”为代表句式，对该条件性假转句的语义关系加以说明。

首先，必要性。当“除非 A，否则 B”句式要表达条件的必要性时，此时的“除非 A，否则 B”句式相当于“非 A 不可，否则 B”。后项结果 B 从反面强调了条件 A 的重要性，同时也强调了选择条件 A 的绝对必要，如果不选择该条件 A，则会导致 B 这一不好的结果，以此说明选择条件 A 的必要性。例如：

(29) 除非维和人员解除阿里斯蒂德支持者的武装，否则他们将拒绝缴械。

表示说话人认为“维和人员解除阿里斯蒂德支持者的武装”是绝对必要的，必须满足该条件，才能让“他们将拒绝缴械”的结果不会发生。相当于“非要维和人员解除阿里斯蒂德支持者的武装不可，否则他们将拒绝缴械”。后项“他们拒绝缴械”当然是不好的结果，同时也不是说话人想要表达的重点，而是以此从反面强调“维和人员解除阿里斯蒂德支持者的武装”这一条件的必要性。

其次，析因性。当“除非 A，否则 B”句式要表达条件的析因性时，条件 A 是用来解释分析 B 没有发生的原因的，此时的“除非 A，否则 B”句式相当于“除非因为 A，否则 B”。后项结果 B 虽然也从反面说明了条件 A 的决定性作用，但说话人的真正意图并不是为了强调必须满足条件 A 的，而是强调无论任何条件都不会改变结果 B，即强调结果 B 不受其他任何条件的影响。例如：

(30) 除非是法拉利车队自己出现失误，否则没有人能击败他们。

虽然也从反面解释说明了条件 A“法拉利车队自己出现失误”会导致他们失败的决定性作用，但说话人的真正用途是要强调并坚信

"没有人能击败他们"。此时句式相当于"除非因为法拉利车队自己出现失误，否则没有人能击败他们"。说话人认为，后项结果B"没有人能击败他们"是不受其他任何条件影响的，除非一种可能，即条件A"法拉利车队自己出现失误"。

二 条件性假转句的认知层面分析

(一)"除非A，否则B"的主观推测层面：$0 \leqslant P\{B/A\}<0.5$，$0.5<P\{B/\neg A\} \leqslant 1$

在"除非A，否则B"句式中，主观推测层面所反映的认识是，说话人认为在条件A成立的前提下，后项结果B成立的可能性很小，在条件A不成立的前提下，后项B成立的可能性大，即$0 \leqslant P\{B/A\}<0.5$，$0.5<P\{B/\neg A\} \leqslant 1$。例如：

(31) 除非使用的飞机非常之小，或者能在特别的高度或以特别的速度飞行，否则我国的战斗机和防空工事就足以对付它们。

(32) 除非他们居住在要求用纸张表格的国家里，否则所有的雇员都能在线地行使他们的股票购买权。

比如例(31)中，依据生活经验和背景知识，人们一般都会认为：当"使用的飞机非常之小，或者能在特别的高度或以特别的速度飞行"时，"我国的战斗机和防空工事足以对付它们"的可能性小，即$0 \leqslant P$ {我国战斗机和防空工事足够对付/飞机小，速度快} <0.5。这里所说的主观认识，往往都是说话人大脑中主观推测层面所具有的认识，即说话人主观上所认为的可能性大小。而"除非"一词本就表示"除了这种情况以外，都会……"也就是说，说话人心中认为，当"这种情况"发生时，后者成立的可能性很小，甚至不会成立，用信赖程度表示即为$0 \leqslant P\{B/A\}<0.5$。

又如例(32)中，在说话人心中，在"他们居住在要求用纸张表格的国家里"的情况下，"所有的雇员能在线地行使股票购买权"

的可能性很小。即 0≤P｛所有的雇员能在线地行使股票购买权/他们居住在要求用纸张表格的国家里｝<0.5。

而如果是非 A，即 A 的情况不会出现，B 的情况就很可能成立，甚至必然成立，即 $0.5 < P\{B/\neg A\} \leq 1$。如例（31）中，说话人大脑中认为当“飞机小，速度快”的情况不出现时，即在“¬A”的情况下，“我国的战斗机和防空工事就足够对付”很可能为真，甚至必然为真，即 $0.5 < P\{B/\neg A\} \leq 1$。

（二）“除非 A，否则 B”的客观反映层面：$P\{B/A\} = 0$，$P\{B/\neg A\} = 1$

在“除非 A，否则 B”句式的客观反映层面，由于条件 A 句表示的是一种未然的、未发生的事件，因此不能完全从客观上得知其发生的可能性大小，此时要从说话人大脑中认为的客观现实情况出发，判断 A、B 句客观发生的可能性大小。在主观推测层面，由于说话人要受质量准则的制约，因此在其主观推测中不能直接断定 A、B 是否发生，只能大概判定其发生的可能性大小的范围为 $0 \leq P\{B/A\} < 0.5$，而在客观反映层面，没有了这一准则的制约，此时在说话人的客观认识中认为 A 发生时，B 不可能发生，而当 A 不会发生时，B 必然发生，用信赖程度表示即为 $P\{B/A\} = 0$，$P\{B/\neg A\} = 1$。例如：

（33）后来的几个月里，阿士诺送给米斯拉看的报告几乎都是千篇一律，除非她写得很详细，否则是看不出她每天有多少进展的。

（34）它在很大程度上推动了现代科学的蓬勃发展。除非遇到强有力的实验证据，需要我们改变态度，否则继续运用还原论就是唯一合理的方法。

例（33）中，说话人认为客观现实情况为，当“她写得很详细”时，那么“看不出她每天有多少进展”则是不可能的，而当“她没有写得很详细”时，则必然“看不出她每天有多少进展”，即 P｛看不出她每天有多少进展/她写得很详细｝=0，P｛看不出她每天有多少进展/她没有写得很详细｝=1。例（34）也是如此，P｛继续运用还原论就是唯一合理的方法/遇到强有力的实验证据｝=0，P｛继续运用还原论就是唯一合理的方法/没有遇到强有力的实验证据｝=1。

第三节　选择性假转句

一　选择性假转句的语义关系

选择性假转句表示选择后项与选择前项有所忤逆，一般来说，后项对前项具有补说性或者对立性两种不同的语义关系。补说性就是指假转句的后项B是对前项A的一个补充说明，此时的表达重心仍在前项A上。对立性是指此时选择性假转句的前项A与后项B存在着互相对立的一面，当然对立的一面可以是结果与条件的对立，也可以是单纯并列的两种选项的对立。二者在语义上稍有差异。在这里以“要么A，否则B”为代表句式，对该选择性假转句的语义关系加以说明。

首先，补说性。以“要么A，否则B”句式为代表，该类的选择性假转句的后项B对前项A具有补充说明的性质，此时的前项“要么A”通常可以扩展为“要么……要么……”无论扩充几项，后项结果B都是从反面对前项A做的一个补充说明，同时说话人的表达重心也在前项A上。例如：

（35）要么把他们引渡回南非，要么确保他们不会被交给赤道几内亚审判，否则他们就起诉南非政府。

说话人先列出选择前项“把他们引渡回南非”或是“确保他们不会被交给赤道几内亚审判”，最后再从反面补充说明一下，否则“他们就起诉南非政府”。当然说话人的表意重点并非在后项B“他们就起诉南非政府”上，而是在前项A上，只是以B来补充说明并从反面衬托希望听者选择前项“把他们引渡回南非”或是

“确保他们不会被交给赤道几内亚审判”。同时，无论前项A还是后项B都是对此时话中“他们”的几种不同出路的说明。

其次，对立性。在“要么A，否则B”这种选择性假转句中，除了后项B对前项A具有补充说明的性质外，A、B两项还具有彼此对立的性质。这种对立性既包括条件与结果的选择对立，也包括两项并列关系的选择对立。此时的前项“要么A”通常可以扩展为“要么……要么……”无论扩充几项，后项结果B都是与前项A具有对立性质的，同时说话人的表达重心也在前项A上。例如：

（36）要么理发师给你修面，否则自己给自己修面。

此时的前项A“理发师给你修面”与后项B“自己给自己修面”就是两种并列关系的选择对立，二者是并列的选择关系，但同时也具有条件与结果的选择对立关系，如果不接受前项A“理发师给你修面”这一条件，那就只能选择后项结果B“自己给自己修面”。同时，无论前项A还是后项B都是对“你”现在所面对的几种不同出路的选择。

二　选择性假转句的认知层面分析

（一）“要么A，否则B”的主观推测层面：$0 \leqslant P\{B/A\} < 0.5$，$0.5 < P\{B/\neg A\} \leqslant 1$

在“要么A，否则B”句式中，主观推测层面所反映的认识是，说话人认为在条件A成立的前提下，后项结果B成立的可能性很小，在条件A不成立的前提下，后项B成立的可能性大，即$0 \leqslant P\{B/A\} < 0.5$，$0.5 < P\{B/\neg A\} \leqslant 1$。例如：

（37）要么提高在专业市场的零售价，要么从市场里撤出，否则将被赶出大商场。

（38）去拜年时，要么捎上几种本地的土特产品，要么带去名牌烟酒，否则面子上过不去。

例（37）中，依据生活经验和背景知识，人们一般都会认为，当“提高在专业市场的零售价”或者“从市场里撤出”时，“将被赶出大商场”的可能性很小，即 0≤P｛将被赶出大商场/提高在专业市场的零售价或从市场里撤出｝<0.5。这里所说的主观认识，往往是说话人大脑中主观推测层面所具有的认识，即说话人主观上所认为的可能性大小。而之前也说过从该选择性假转句的语义关系中可以看出，说话人的表意重点在前项 A 上，也就是说话人心中认为，当“这种情况”发生时，后者成立的可能性很小，甚至不会成立，用信赖程度表示即为 $0\leqslant P\{B/A\}<0.5$。

例（38）中，在说话人心中，在拜年时，在“捎上几种本地的土特产品”或是“带去名牌烟酒”的情况下，“面子上过不去”的可能性很小。即 0≤P｛面子上过不去/捎上几种本地的土特产品或是带去名牌烟酒｝<0.5。

而如果是非 A，即 A 的情况不会出现时，那么 B 的情况就很可能成立，甚至必然成立，即 $0.5<P\{B/\neg A\}\leqslant 1$。例（37）中，说话人大脑中认为如果做不到“提高在专业市场的零售价”或是“从市场里撤出”时，即在“$\neg A$”的情况下，“将被赶出大商场”就很可能为真，甚至必然为真，即 $0.5<P\{B/\neg A\}\leqslant 1$。

（二）“要么 A，否则 B”的客观反映层面：$P\{B/A\}=0$，$P\{B/\neg A\}=1$

在“要么 A，否则 B”句式的客观反映层面，由于前项 A 与后项 B 表示的是说话人认为的将要面临的几种不同出路的选择，它所表示的是两种未然的、未发生的事件，因此不能完全从客观上得知其发生的可能性大小，此时要从说话人大脑中认为的客观现实情况出发，判断 A、B 句客观发生的可能性大小。在主观推测层面，由于说话人要受质量准则的制约，因此在其主观推测中不能直接断定 A、B 是否发生，只能大概判定其发生的可能性大小的范围为 $0\leqslant P\{B/A\}<0.5$，而在客观反映层面，没有了这一准则的制约，此时在说话人的客观认识中认为 A 发生时，B 不可能发生，而当 A 不会发生时，B 必然发生，用信赖程度表示即为 $P\{B/A\}=0$，$P\{B/\neg A\}=1$。例如：

(39) 墨索里尼说，要么战争在春季以前结束，否则就要拖到明年。

(40) 补贴要么给生产企业，要么直接给农民，二者必居其一，否则补贴难以发挥应有的作用。

例 (39) 中，说话人认为客观现实情况为，当“战争在春季以前结束”时，那么“就要拖到明年”则是不可能的，而当“战争没有在春季以前结束”时，则必然“要拖到明年”，即 P {就要拖到明年/战争在春季以前结束} =0，P {就要拖到明年/战争没有在春季以前结束} =1。例 (40) 也是如此，甚至 A 项中含有“二者必居其一”的意思，此时非 A 即 B，所以 P {补贴难以发挥应有的作用/补贴给生产企业或直接给农民} =0，P {补贴难以发挥应有的作用/补贴不给生产企业也不直接给农民} =1。

第四节　祈使性假转句

一　祈使性假转句的语义关系

祈使性假转句表示结果与祈求相忤逆，前分句带有祈使语气，后分句表示逆祈求后的不利后果，强调如果违反了祈求，那么将要面临的不利结果。这类假转句的表意重心在后分句，首先带有祈使性，并且具有一定的逻辑性。这里以“还是 A 吧，否则 B”为代表句式，对该祈使性假转句的语义关系加以说明。

首先，祈使性。祈使性假转句的前分句可以说就是一个祈使句，多是表达说话人对听话人的一种祈求，因此带有祈使性。在“还是 A 吧，否则 B”句式中，前项 A 具有祈使性，整个前分句是一种祈使句的形式，表达了说话人内心祈求听话人做到 A 的一种请求，同时后项 B 是说话人要表达的如果听话人没有选择 A，即违反了他的请求，那么将得到 B 这一不利的结果。例如：

(41) 还是支持加入欧盟吧，否则匈牙利就会脱离欧洲进程。

说话人先以一种祈使语气列出选择前项“还是支持加入欧盟吧”，然后再从反面补充如果不接受这种祈求，即“不支持加入欧盟”，那么就会得到“匈牙利就会脱离欧洲进程”的不利结果。此时说话人的表意重点在后项B“匈牙利就会脱离欧洲进程”上，而这一结果也是大家都不希望看到的，因此，还是接受说话人的祈求“支持加入欧盟”吧。

其次，逻辑性。祈使性假转句除了前分句具有祈使性外，还具有一定的逻辑性，这是因为从逻辑上看，该类句式还包含着一个选言推理，以“还是A吧，否则B”句式为例，当使用这类祈使性假转句式时，其实暗含着一定的选言推理，即“要么A，要么B，B不好，所以还是最好选A”。虽然没有直说，但是听话者可以从逻辑上进行判断，从而选择A，接受说话人的祈求。例如：

(42) 还是抑制这个行业的发展吧，税率不能太高，否则投资者都被吓跑了。

说话人先用祈使的语气提出祈求，“还是抑制这个行业的发展吧”，然而听话人从逻辑上进行判断，会得出要么“抑制这个行业的发展”，要么“投资者都被吓跑”，而B项“投资者都被吓跑了”是不利的后果，为了不要这种结果，因此还是选择A项“抑制这个行业的发展”比较好。

二　祈使性假转句的认知层面分析

(一)“还是A吧，否则B”的主观推测层面：$0 \leqslant P\{B/A\} < 0.5$，$0.5 < P\{B/\neg A\} \leqslant 1$

在“还是A吧，否则B”句式中，主观推测层面所反映的认识是，说话人认为在条件A成立的前提下，后项结果B成立的可能性很小，在条件A不成立的前提下，后项B成立的可能性大，即$0 \leqslant P\{B/A\} < 0.5$，$0.5 < P\{B/\neg A\} \leqslant 1$。例如：

（43）还是冷静一点吧，否则我们一出手，你会身体不健康的。

（44）还是力争做到自给自足吧，否则整个经济运转都会陷入被动。

例（43）中，依据生活经验和背景知识，人们一般都会认为：当听话人“冷静一点”时，“我们一出手，你会身体不健康的”可能性很小，即 $0 \leqslant P$ {我们一出手，你会身体不健康的/冷静一点} < 0.5。这里所说的主观认识，往往都是说话人大脑中主观推测层面所具有的认识，即说话人主观上认为的可能性大小。而之前也说过，从该祈使性假转句式的语义关系中可以看出，说话人的表意重点在后项 B 上，也就是说话人心中认为，听话者肯定不想看到 B 这种情况发生，因此为了让 B 发生的可能性小下来，听话者就一定要做到前项祈求 A，用信赖程度表示即为 $0 \leqslant P\{B/A\} < 0.5$。

例（44）中，在说话人心中，后项 B“整个经济运转都会陷入被动”的情况必然不是听话者希望看到的，因此听话人为了不让它发生，必然会接受前项 A“力争做到自给自足”这一祈求的。即 $0 \leqslant P$ {整个经济运转都会陷入被动/力争做到自给自足} < 0.5。

如果是非 A，即 A 的情况不会出现，B 的情况就很可能成立，甚至必然成立，即 $0.5 < P\{B/\neg A\} \leqslant 1$。如例（44）中，说话人大脑中认为，如果做不到“力争自给自足”，即在“$\neg A$”的情况下，“整个经济运转都会陷入被动”就很可能为真，甚至必然为真，即 $0.5 < P\{B/\neg A\} \leqslant 1$，当然这是听话人不想看到的。

（二）“还是 A 吧，否则 B”的客观反映层面：$P\{B/A\} = 0$，$P\{B/\neg A\} = 1$

在“还是 A 吧，否则 B”句式的客观反映层面，由于前项 A 与后项 B 表示的是说话人所认为的将要面临的两种不同出路的选择，它所表示的是两种未然的、未发生的事件，因此不能完全从客观上得知其发生的可能性大小，此时要从说话人大脑中认为的客观现实情况出发，判断 A、B 句客观发生的可能性大小。在主观推测层面，由于说话人要受质量准则的制约，在其主观推测中不能直接断定A、B是否发生，只能大概判定其发生的可能性大小的范围为 $0 \leqslant P\{B/A\} < 0.5$。而在客观反映层面，没有了这一准则的制约，此时在说话人的客观认识中认为A发生时，B不可能发生，而当A不会发生时，B必然发生，用信赖程度表示即为 $P\{B/A\} = 0$，$P\{B/\neg A\} = 1$。例如：

(45) 还是着眼于切实的推广措施吧，否则仍是纸上谈兵。

(46) 我还是爽快地领下这任务吧，否则我就得去公社水库工地抬石头。

例(45)中，说话人认为客观现实情况为，当"着眼于切实的推广措施"时，"仍是纸上谈兵"则是不可能的，而当"不着眼于切实的推广措施"时，则必然"仍是纸上谈兵"，即P{仍是纸上谈兵/着眼于切实的推广措施}=0，P{仍是纸上谈兵/不着眼于切实的推广措施}=1。例(46)也是如此，说话人不希望B项"去公社水库工地抬石头"发生，所以必须接受A项"爽快地领下这任务"的祈求，即P{我就得去公社水库工地抬石头/我爽快地领下这任务}=0，P{我就得去公社水库工地抬石头/我不爽快地领下这任务}=1。

第五节 需求性假转句

一 需求性假转句的语义关系

需求性假转句表示结果与需求相忤逆，一般具有必要性、需求性和说明性三种语义关系。必要性就是指"非这样不可"，这里指强调需求的重要性，即非做到不可。需求性是指对某种情况的需求，一般强调的是对前项A的需求。说明性是指有时该类假转句不光是提出需求，同时是对某种情况进行一定的说明解释。在这里以"不能A，否则B"和"不能不A，否则B"为代表句式，对该需求性假转句的语义关系加以说明。

首先，必要性。当“不能 A，否则 B”句式要表达前项的必要性时，此时的“不能 A，否则 B”句式是从否定的角度来分析事物的必要性的，“不能”也相当于“不应”“不可”等。后项结果 B 从反面强调了前项 A 的重要性，同时强调了不选择前项 A 的绝对必要性，如果选择了前项 A，则会导致 B 这一不好的结果，以此说明不要选择条件 A 的必要性。例如：

(47) 烧水时不能将水装得太满，否则水会受热膨胀溢出来。

表示说话人认为“烧水时不要将水装得太满”是绝对必要的，必须满足该条件，才能让“水会受热膨胀溢出来”的结果不发生。后项“水会受热膨胀溢出来”当然是不好的结果，同时也是说话人想表达的重点，而以此来从反面强调“烧水时水不要装得太满”这一条件的必要性。

其次，需求性。当“不能 A，否则 B”句式要表达对前项的需求性时，后项 B 是从反面不利后果来反衬说话人对前项 A 的强烈需求的，此时的“不能不 A，否则 B”句式相当于“需要 A，否则 B”，从双重否定表肯定的角度来分析对事物的绝对需求。说话人的真正意图并不是要强调 B 的不利结果，而是以此来反衬强调对前项 A 的强烈需求。

如例（16）“不能不支援，否则他们会支撑不下去的”，虽然也从反面表达了“不支援”会导致他们“支撑不下去”的决定性作用，但说话人的真正用意是要通过听话人不希望看到后项 B“他们支撑不下去”这一后果，从而表达此刻对于前项 A“支援”的强烈需求。

最后，说理性。无论是“不能 A，否则 B”还是“不能不 A，否则 B”，与上面所说的祈使性假转句“还是 A 吧，否则 B”相比较，重在分析事物的主客观需要，说理意味比较重。此时这两种句式都很好地表达了说话人对 A 与 B 事物的客观分析与说理。例如：

(48) 当火车开来时，不能离铁轨太近，否则易发生伤亡事故。

例（48）虽然也表达了作者对于当火车开来时，人们“不能离铁轨太近”的需求与这样做的必要性，但更多的是对这一情况的客观分析与说理。教导人们，尤其是孩子，在火车开来时，为了不“发生伤亡事故”，一定要做到“不能离铁轨太近”。

二　需求性假转句的认知层面分析

（一）“不能A，否则B”的主观推测层面：$0.5 < P\{B/A\} \leqslant 1$，$0 \leqslant P\{B/\neg A\} < 0.5$

在“不能A，否则B”句式中，主观推测层面所反映的认识是，说话人认为在前项A成立的前提下，后项结果B成立的可能性很大；在前项A不成立的前提下，后项B成立的可能性小，即$0.5 < P\{B/A\} \leqslant 1$，$0 \leqslant P\{B/\neg A\} < 0.5$。例如：

（49）香港不能照抄西方议会民主的那套，而是要根据香港的实际情况来制定自己的政治制度，否则将造成动乱，破坏香港的稳定和繁荣。

（50）一篇作品一般只有一个主题，不能有两个、三个或多个主题，否则就会“意多乱文”，失去中心了。

例（49）中，依据生活经验和背景知识，人们一般都会认为：当“香港照抄西方议会民主的那套”时，“将会造成动乱，破坏香港的稳定和繁荣”的可能性很大，即0.5 < P｛将造成动乱，破坏香港的稳定和繁荣/香港照抄西方议会民主的那套｝≤1。这里所说的主观认识，往往都是说话人大脑中主观推测层面所具有的认识，即说话人主观上所认为的可能性大小。而之前也说过，从该选择性假转句式的语义关系中可以看出，说话人的表意重点在前项A上，也就是说话人心中认为，当前项A发生时，后者发生的可能性很大，甚至必然成立，用信赖程度表示即为$0.5 < P\{B/A\} \leqslant 1$。

例（50）中，在说话人心中，一篇作品的主题只能有一个，如果“有两个、三个或多个主题”时，“‘意多乱文’，失去中心”的可能性就会很大。即 $0.5 < P$ {“意多乱文”，失去中心/有两个、三个或多个主题} $\leqslant 1$。

而如果是非A，即A的情况不会出现，B成立的可能性就很小，甚至必然不成立，即 $0 \leqslant P\{B/\neg A\} < 0.5$。如例（49）中，说话人大脑中认为如果做到“不照抄西方议会民主的那套”，即在“¬A”的情况下，“将造成动乱，破坏香港的稳定和繁荣”发生的可能性就会很小，甚至必然不会发生，即 $0 \leqslant P\{B/\neg A\} < 0.5$。

（二）“不能A，否则B”的客观反映层面：$P\{B/A\} = 1$，$P\{B/\neg A\} = 0$

在“不能A，否则B”句式的客观反映层面，由于前项A与后项B表示的是说话人认为的将要面临的几种不同出路的选择，它所表示的是两种未然的、未发生的事件，因此不能完全从客观上得知其发生的可能性大小，此时要从说话人大脑中认为的客观现实情况出发，判断A、B句客观发生的可能性大小。在主观推测层面，由于说话人要受质量准则的制约，在其主观推测中不能直接断定A、B是否发生，只能大概判定其发生的可能性大小的范围为 $0.5 < P\{B/A\} \leqslant 1$，而在客观反映层面，没有了这一准则的制约，此时在说话人的客观认识中认为A发生时，B必然会发生，而当A不会发生时，B必然不会发生，用信赖程度表示即为 $P\{B/A\} = 1$，$P\{B/\neg A\} = 0$。例如：

（51）专家提醒公众，不能用肉眼直接观看，也不能通过天文望远镜等设备观看，否则会有致盲的危险。

（52）这些准备搬迁的企业不能因为搬迁而放松安全生产投入，否则因为设备老化、投入少还会发生事故。

例（51）中，说话人认为客观现实情况为，当“用肉眼直接观看或是通过天文望远镜等设备观看”时，“会有致盲的危险”这一结果必然发生，而当“不用肉眼直接观看，也不用天文望远镜等设备观看”时，则必然不会“有致盲的危险”，即P｛会有致盲的危险/用肉眼直接观看或是通过天文望远镜等设备观看｝=1，P｛会有致盲的危险/不用肉眼直接观看，也不通过天文望远镜等设备观看｝=0。

例（52）也是如此，当准备搬迁的企业“因为搬迁而放松安全生产投入”时，“因为设备老化、投入少还会发生事故”这一结果必然发生，所以P｛因为设备老化、投入少还会发生事故/因为搬迁而放松安全生产投入｝=1，P｛因为设备老化、投入少还会发生事故/不能因为搬迁而放松安全生产投入｝=0。

综上所述，五类假转句的语里特征，即语义关系与认知层面上的不同情况可用表2－1表示如下。

表2－1　**不同假转句的语里特征对比**

语里特征 / 假转句	语义关系	认知层面（信赖程度）	
		主观推测层面	客观反映层面
因果性假转句（例“幸亏A，否则B”）	释因性、推因性	0≤P｛B/A｝<0.5，0.5<P｛B/¬A｝≤1	P｛B/A｝=0，且P｛A｝=1，P｛B｝=0
条件性假转句（例“除非A，否则B”）	必要性、析因性	0≤P｛B/A｝<0.5，0.5<P｛B/¬A｝≤1	P｛B/A｝=0，P｛B/¬A｝=1
选择性假转句（例“要么A，否则B”）	补说性、对立性	0≤P｛B/A｝<0.5，0.5<P｛B/¬A｝≤1	P｛B/A｝=0，P｛B/¬A｝=1
祈使性假转句（例“还是A吧，否则B”）	祈使性、逻辑性	0≤P｛B/A｝<0.5，0.5<P｛B/¬A｝≤1	P｛B/A｝=0，P｛B/¬A｝=1
需求性假转句（例“不能A，否则B”）	必要性、需求性、说理性	0.5<P｛B/A｝≤1，0≤P｛B/¬A｝<0.5	P｛B/A｝=1，P｛B/¬A｝=0

第三章　假转句的语用价值

研究完假转句的语表特征和语里特征后，接下来研究假转句的语用价值。我们学习一门语言的目的就是要在生活中使用，与他人进行沟通。在语言的使用中，说话人往往并不是单纯地要表达语言成分和符号单位的静态意义，听话人通常要通过一系列心理推断，去理解说话人的实际意图。要做到真正理解和恰当使用一门语言，仅仅懂得构成这门语言的发音、词汇和语法是远远不够的。同样地，要考察假转句就离不开对它的语用价值的研究。这里仍以上述分类法进行分类考察，从语境以及客观反映层面的不同来归纳分析假转句的语用价值。

第一节　因果性假转句的语用价值

因果性假转句以“幸亏 A，否则 B”“可惜 A，否则 B”“因为 A，否则 B”和“想来 A，否则 B”为代表，因为该类句式的 A 项有的是已然事实，有的尚未发生，所以使得客观反映层面 P｛A｝与 P｛B｝的信赖程度不同，此时说话人所要表达的思想感情根据关键词的不同而稍有不同，具体的有以下几种。

一　“幸亏 A，否则 B”的语用价值

因为 A 是已然，所以客观上 P｛A｝=1，P｛B｝=0。此时表示说话人所蕴含的庆幸语气，庆幸 A 发生了，B 没有发生，同时暗含了说话人不希望 B 发生的情感倾向。例如：

(53) 幸亏武装部队司令派来两架直升机，轮番向大楼喷水才压住了火势，否则大楼有可能全部坍塌。

(54) 幸亏前面优势比较大，加上加尔金娜发挥得也不是特别好，否则将功亏一篑。

上述例子中，在客观反映层面 A 皆是已然发生的，B 皆是没有发生的，即 P {A} =1，P {B} =0，此时通过“幸亏……否则……”句式将已然发生的 A 及没有发生的 B 串联起来，所表达的正是说话人对于 A 发生的庆幸之意，并且暗含了说话人不希望 B 发生的情感倾向。如例（53）中，说话人明显不希望 B“大楼有可能全部坍塌”发生，而同时庆幸因为“武装部队司令派来两架直升飞机，轮番向大楼喷水才压住了火势”发生了，才没有导致 B 发生，即 P {武装部队司令派来两架直升机，轮番向大楼喷水才压住了火势} =1，P {大楼有可能全部坍塌} =0。

例（54）也是如此，说话人明显不希望 B“功亏一篑”发生，同时又庆幸因为“前面优势比较大，加上加尔金娜发挥得也不是特别好”，所以导致 B 没有发生。

二　“可惜 A，否则 B”的语用价值

(一) 当 P {A} =1，P {B} =0

当在客观反映层面 A 是必然发生的，B 是不可能发生的，即 P {A} =1，P {B} =0 时，表示说话人所蕴含的惋惜语气，惋惜 A 没有发生，同时暗含了说话人希望 B 发生的情感倾向。例如：

(55) 可惜我没有钱，否则我一定借给他。

(56) 可惜我们尚不具备庞大详尽的指纹系统，否则只凭一个线索，他的身份就暴露无遗。

上述例子中，在客观反映层面 A 皆是已然发生的，B 皆是没有发生的，即 P {A} =1，P {B} =0，此时通过“可惜……否则……”

句式将已然发生的 A 及没有发生的 B 串联起来，所表达的正是说话人对于 A 没有发生的惋惜语气，并且暗含了说话人希望 B 发生的情感倾向。如例（55）中，说话人明显是惋惜 A“我没有钱”这一现实，而同时遗憾于因为“我没有钱”，所以导致了 B“我一定借给他”的无法实现，同时暗含了说话人希望 B 发生即想要借钱给他的情感倾向，即 P｛我没有钱｝=1，P｛我一定借给他｝=0。

例（56）也是如此，说话人明显是惋惜 A“我们尚不具备庞大详尽的指纹系统”这一现实，而同时又遗憾于因为“我们尚不具备庞大详尽的指纹系统”，所以导致 B“只凭一个线索，他的身份就暴露无遗”的无法实现，同时暗含了说话人希望 B 发生即“只凭一个线索，他的身份就暴露无遗”这一事件可以实现的情感倾向，即 P｛我们尚不具备庞大详尽的指纹系统｝=1，P｛只凭一个线索，他的身份就暴露无遗｝=0。

（二）当 P｛A｝=P｛B｝=0.5

当在客观反映层面 A 和 B 发生的可能性不确定，即 P｛A｝=P｛B｝=0.5 时，该句式只是表达说话人对于 A 的惋惜和遗憾，但因为 A、B 并未发生，只是说话人陈述的客观道理，所以此时 P｛A｝=P｛B｝=0.5，同时也表达了说话人不希望 B 发生的情感倾向。例如：

（57）可惜越有趣的事，越不能做得太多，否则就会变得很无趣了。

此时 A“越有趣的事，越不能做得太多”与 B“就会变得很无趣了”在客观反映层面皆为不确定的，即未发生的，只是说话人在客观陈述一种情况，此时 P｛A｝=P｛B｝=0.5，即 P｛越有趣的事，越不能做得太多｝=P｛就会变得很无趣了｝=0.5。而其中说话人明显惋惜 A“越有趣的事，越不能做得太多”的发生，因为“有趣的事做得太多就会变得无趣”，而说话人明显不希望 B“就会变得很无趣”的发生，因此只有惋惜地选择 A 了。

三　“因为A，否则B”的语用价值

（一）当P｛A｝=1，P｛B｝=0

当在客观反映层面A必然发生，B不可能发生，即P｛A｝=1，P｛B｝=0时，此时A是已然发生的，B是没有发生的，表达了说话人对于A与B之间因果关系的陈述，对于B未发生原因的反推测，因为A，所以导致B没有发生，同时或许也暗含着说话人对于B未发生的庆幸、喜悦等情感倾向。例如：

（58）因为她化了妆，否则肯定进不来。

（59）因为他找到了后台，否则他过不了这一关。

此时，A是已然发生的，B是没有发生的，即P｛A｝=1，P｛B｝=0。例（58）中，说话人只是客观陈述了因为A“她化了妆”这个事实，导致B“肯定进不来”没有发生，即P｛她化了妆｝=1，P｛肯定进不来｝=0，但同时暗含着说话人对于B“她肯定进不来”的情感倾向是喜悦、庆幸还是遗憾等要到具体语境中才能体现，此时单凭句子无从得知。

例（59）也是如此，说话人客观地陈述了因为A“他找到了后台”这个已然发生的事实，所以导致了B“他过不了这一关”没有发生，即P｛他找到了后台｝=1，P｛他过不了这一关｝=0

（二）当P｛A｝=P｛B｝=0.5

当在客观反映层面A和B发生的可能性不确定，即P｛A｝=P｛B｝=0.5时，A与B均是未然的，未发生的，只是说话人客观地陈述事实，但同时该类句式并不能表达说话人明显的情感倾向，因此只是客观地陈述A、B之间的因果逆转关系。例如：

（60）现在每场比赛都让我心惊肉跳，因为你不能有一点闪失，否则一个小失误就可能让你全盘皆输！

（61）在城市作战，通信保障成为攻防双方赢得胜利的必要条件，因为只有通信畅通才有可能实现统一的指挥和密切的协同，否则再训练有素的军队也不可能在城市战中取得主动。

例（60）中A“你不能有一点闪失”与B“一个小失误就可能让你全盘皆输”都是未然的、尚未发生的事，只是说话人客观陈述事实，A、B之间存在因果逆转关系，即P｛你不能有一点闪失｝=P｛一个小失误就可能让你全盘皆输｝=0.5，因为“一个小失误就可能让你全盘皆输”，所以“你不能有一点闪失”。

例（61）也是如此，A“只有通信畅通才有可能实现统一的指挥和密切的协同”与B“再训练有素的军队也不可能在城市战中取得主动”都是尚未发生的事，只是说话人客观陈述A、B之间的因果逆转关系，即P｛只有通信畅通才有可能实现统一的指挥和密切的协同｝=P｛再训练有素的军队也不可能在城市战中取得主动｝=0.5，因为“再训练有素的军队也不可能在城市战中取得主动”，所以“只有通信畅通才有可能实现统一的指挥和密切的协同”。

四　“想来A，否则B”的语用价值

在“想来A，否则B”句式中，由于B所反映的情况是已然的，所以在客观反映层面P｛B｝=0，而A是不确定的，此时表示说话人由B而做出的对A的一种反推测。至于A究竟有没有发生，是未知的。例如：

（62）想来他一定发生了什么事，否则他不会不来。

（63）想来他们是找过何建国的，否则他们再不懂事也不敢凭着一面之交就这样硬来。

由例（62）句式我们可知，客观上“他”现在还没有来，即B“他不会不来”未发生，此时P｛B｝=0，即P｛他不会不来｝=0，然而以说话人对“他”的了解，“他”不会无缘无故不来，所以做出了A“他一定发生了什么事”这样一种反推测，至于A究竟有没有发

生，我们也不知道，这种句式所要表达的即是说话人对于 A、B 事件的一种反推测。例（63）也是如此，由句式可知，客观上“他们”已经“硬来”过了，此时 P｛B｝=0，即 P｛他们再不懂事也不敢凭着一面之交就这样硬来｝=0，而至于“他们”是否找过何建国也是不可知的，具体情况要到语境中才能得知，此时只是表达说话人对“他们”敢硬来的一种反推测，即“想来他们是找过何建国的”。

第二节　条件性假转句的语用价值

条件性假转句以“除非 A，否则 B”为代表，该句式在不同的语境及 A、B 句成立的可能性大小不同时，结合说话人所要表达的不同思想，可以从客观反映层面将其语用价值分为以下几种情况。

一　当 P｛A｝=0

这是该类句式的一种特殊情况，由认知层面的主观推测层面及客观反映层面的不同结论可知，该句式的主观推测层面为 $0.5<P\{B/\neg A\}\leqslant 1$，客观反映层面为 $P\{B/\neg A\}=1$。即说话人认为客观上条件 A 完全无法成立时，结果 B 必然成立。这也符合之前所说的“除非 A，才¬B，否则 B”的句式，以及客观上 $P\{B/\neg A\}=1$ 这一结论。此时要结合特殊语境，以及说话人所要表达的思想进行语用价值分析。由于说话人本身知道 A 不可能发生，也知道在这种情况下 B 必然发生，而说话人还要这样使用该句式，恰恰表明了说话人想要用 A 这件客观上无法成立的事来衬托表达自己对于实现 B 的决心或是坚信 B 必然成立。例如：

（64）“除非将泼出去的水收回，将破碎的镜子还原，否则我不会与你在一起！”伤心的妻子对丈夫说。

（65）若说这不是巧合，大金鹏王又怎会知道这秘密的？他们一离开霍休那小楼，就直接到了这里，大金鹏王，除非有千里眼，顺风耳，否则又怎么会知道他们要来看他的脚？

（66）马匹可以在上面前进，车辆也可以缓慢地拖拉上去，不过，除非敌人生出翅膀，否则是无法进攻此地的，因为，这里的防卫都是建造在上方的。

上述例子中，“除非”后的条件A皆是客观上无法成立的事件，即P｛泼出去的水收回，破碎的镜子还原｝=0，P｛大金鹏王有千里眼，顺风耳｝=0，P｛敌人生出翅膀｝=0，所以，根据认知层面的主客观反映层面的不同结果，可以推测出当作为唯一反例条件的A不成立时，结果B“我不会与你在一起！”“他不会知道我们要来看他的脚”“敌人无法进攻此地”都是必然成立的。例（64）中，伤心的妻子借用两种不能实现的客观事实，来衬托表达自己不会再与丈夫在一起的决心，而例（65）中原话的意思为“除非有千里眼，顺风耳，否则他（大金鹏王）不会知道他们要来看他的脚”，而通过“大金鹏王有千里眼，顺风耳”这件必然不可能成立的事来表达说话人所认为的“大金鹏王不会知道他们要来看他的脚”是必然成立的。例（66）同样通过“敌人生出翅膀”这一不可能成立的事实，来反映说话人坚信B“敌人无法进攻此地”是必然成立的。

二　当 $0<P\{A\}<0.5$，$0.5<P\{B\}<1$

这种情况是最常见的，其中所包含的语境与说话人想表达的思想类型也是最多的。第一种情况暗含着说话人希望并期盼事件A发生，虽然明知道事件A发生的可能性很小，但是依然希望它发生。这时就要通过具体语境来分析推测了。例如：

（67）（这柄核剑由最细的线悬挂着，这根线随时都可能由于意外事件、估计错误或神经错乱而被人割断。……）除非人类在社会和政治发展方面能与武器和技术的进步并驾齐驱，否则我们的巨大力量就会像恐龙一样，变得无法控制，而人类也就会像恐龙一样，从地球上消失。

由背景与语境可知，说话人想要表达的是对核武器与人类自身生存好坏关系的担忧，所以虽然明知道人类在社会和政治发展方面能与武器和技术的进步并驾齐驱这种可能性很小，但仍然期盼着人类在未来能够做到。

第二种情况则表达了说话人完全倾向于结果 B，希望并且认为结果 B 一定会发生的意愿。例如：

(68) 除非是法拉利车队自己出现失误，否则没有人能击败他们。

(69) 阿萨德说："我们为何要偷偷摸摸地谈？除非想对其人民隐瞒些什么，否则一个国家不会秘密谈判。"

例（68）中由背景与语境可知，说话人主观上认为 P｛法拉利车队自己出现失误｝的可能性很小，而 P｛没有人能击败他们｝的可能性很大，而说话人如此说也是为了表达自己对于后者的相信程度，也就是坚信没有人能战胜他们。同样的，例（69）中"我们为何要偷偷摸摸地谈？"便表达了说话人的立场与想法，即强调自己的国家永远不会进行秘密谈判，不会对人民隐瞒些什么。

第三种情况是存在于说话人与听话人之间的，即听话人不希望 B 发生，说话人也知道听话人的想法，因此提醒听话人，要想非 B，就必须 A。由于比较隐晦，这就要结合具体的语境与说话人的立场等方面来推测分析。往往有些时候同样话语的客观反映程度也相同，但是由于语境与说话人的立场不同，表达的意思则完全不同。如例（68），在正常情况下，属于第二种情况所表达的说话人的思想，而如果在另外一种语境下，在说话人与听话人皆持与法拉利车队对立的立场时，所隐含的说话人的思想就完全改变了。此时就会变为说话人提醒听话人，要想战胜法拉利车队（即非 B），那么就必须让法拉利车队出现"失误"（即必须做到 A）。

三　当P {A} = P {B} = 0.5

此时，由于A、B发生的可能性皆为不确定情况，即无法知道其发生的可能性大小，使用该句式是为了表示说话人没有任何思想倾向，A、B两件事的客观发生情况是不知道真假的，即客观反映上二者的信赖程度都为0.5。这种情况多是说话人处于中立旁观立场，或者是对A、B事件进行陈述性解说性说明时存在的，并不反映说话人任何思想上的倾向性。例如：

(70) 除非遇到紧急情况，司机不能在驾车途中用手接打电话，否则他们将会收到交通违规传票，并被处以100美元罚款。

(71) 除非下一场大雨，否则无法阻止这场大火继续烧上几个星期，使方圆数百英里的第一流土地变为一片焦土。

在这两个例子中，例（70）包含着特定的语境与背景，即“司机不能在驾车途中用手接打电话”这个大前提，在此前提下，才会有前后两种情况。而在客观情况下，P {遇到紧急情况} 和P {他们将会收到交通违规传票，并被处以100美元罚款} 的可能性都是不确定的，二者皆为0.5，而此时说话人并未表现出更倾向于希望听话人遇到紧急情况，或是希望其被罚款，只是单纯地对这一情况这一条例进行解释说明。

同样地，例（71）中P {下一场大雨} 与P {无法阻止这场大火继续烧上几个星期} 发生的可能性皆是不确定的，说话人处于背景旁白语境下，而用“除非A，否则B”句式只是为了从客观上对其进行解释说明，告诉读者们，此时只有“下一场大雨”，才能够“阻止这场大火继续烧上几个星期”。

第三节　选择性假转句的语用价值

选择性假转句以“要么A，否则B”为代表，该句式在不同的语境及A、B成立的可能性大小不同时，结合说话人所要表达的不同思想，可以从客观反映层面将其语用价值分为以下几种情况。

一　当$P\{A\}=0$

这是该类句式的一种特殊情况，由第二部分认知层面的主观推测层面及客观反映层面的不同结论可知，此时该句式的主观推测层面为$0\leqslant P\{B/A\}<0.5$，$0.5<P\{B/\neg A\}\leqslant 1$，客观反映层面为$P\{B/A\}=0$，$P\{B/\neg A\}=1$。即说话人认为客观上条件A完全无法成立时，结果B必然成立。此时要结合特殊语境，以及说话人所要表达的思想进行语用价值分析。由于说话人本身知道A不可能发生，也知道在这种情况下B必然发生，而说话人还要使用该句式，恰恰表明了说话人想要用A这件客观上无法成立的事来衬托表达出自己对于实现B的决心，并强迫对方选择B，此时的情况与条件性假转句中的“除非A，否则B”句式类似。例如：

(72) 要么将我死去的父亲复活，否则趁早离开！

(73) 要么你能在床上挣钱，否则就别赖在床上不出去！

上述例子中，“要么”后的A皆是客观上无法成立的事件，即$P\{$将我死去的父亲复活$\}=0$，$P\{$你能在床上挣钱$\}=0$，所以，根据认知层面的主客观反映层面的不同结果，可以推测出当作为并列选项的A不成立时，另一项B“趁早离开!”“就别赖在床上不出去”都是必然成立的。此时说话人要表达的是自己对于B的选择与决心，并逼迫对方只能选择B。例（72）中，说话人借用A“将死去的父亲复活”这一不能实现的客观事实，来衬托表达自己对对方的不满以及逼迫对方“趁早离开”的决心，而例（73）中说话人通过“你能在床上挣钱”这种必然不可能成立的事来表达说话人对听话人总“赖在床上不出去”的不满，并逼迫对方选择B“别赖在床上不出去”。

二　当P｛A｝=P｛B｝=0.5

由于“要么A，否则B”为选择性假转句，A和B是并列选项的关系，因此当A、B发生的可能性皆为不确定情况，无法知道其发生的可能性大小，即P｛A｝=P｛B｝=0.5时，使用该句式是为了表示说话人没有任何思想倾向，A、B两件事客观发生的情况是不知道真假的，即在客观反映上二者的信赖程度都为0.5。这种情况多是说话人处于中立旁观立场，或者是对A、B事件进行陈述性解说性说明时存在的，并不反映说话人任何思想上的倾向性。此时也分为两种情况。

第一种情况是，当A和B表示对立的选择与结果时，该句式表达的是说话人希望A发生，而听话人不希望B发生，所以说话人以此来强调要求听话人选择A项。例如：

(74)“藏本”寻不到，要么订城下之盟，否则金陵古城难免冰火之灾。

(75)要么照我的意思办，否则你别想走！

在这两个例子中，例(74)包含着特定的语境与背景，即“‘藏本’寻不到”这个大前提，在此前提下，才会有前后两种情况。而在客观情况下，P｛订城下之盟｝和P｛金陵古城难免冰火之灾｝的可能性都是不确定的，二者皆为0.5，然而，此时说话人用这种句式将选择与结果并列表达出来，实际上暗含着说话人希望A发生，而听话人不希望B发生，所以说话人以B“金陵古城难免冰火之灾”这一不利的结果来强调要求说话人不得不选择A“订城下之盟”。

例(75)中，在客观情况下，P｛照我的意思办｝与P｛你别想走｝发生的可能性皆是不确定的，二者皆为0.5，然而同样地，此时说话人用这种句式将选择与结果并列表达出来，实际上暗含着说话人希望A“照我的意思办”发生，而听话人不想B“你别想走”发生，所以说话人以B这一不利结果来强迫听话人不得不选择A“照我的意思办”这一选择。

第二种情况是，当A和B是并举关系的两种对立选择时，此时P{A}=P{B}=0.5，表示说话人没有任何感情倾向，只是列举两种对立的选择，让听话人从中做出选择。例如：

(76) 要么照我的意思办，否则就照你哥的意思办。

(77) 国产影片历史人物太干净，要么是好人，否则是坏人。

例（76）中A“照我的意思办”和B“照你哥的意思办”实属并举关系的两种对立选择，并不是选项与结果，而二者发生的可能性都为不确定的，表现在客观反映层面上就是P{A}=P{B}=0.5，即P{照我的意思办}=P{照你哥的意思办}=0.5，此时该句式并没有表现出说话人的任何情感倾向，只是列举两种对立的选择，让听话人从中做出选择，多是说话人为听话人列举出几种选项，供其自主选择，所以不反映说话人的主观情感倾向。例（77）也是如此，在“国产影片历史人物太干净”这一前提下，说话人列出A“历史人物是好人”与B“历史人物是坏人”并举关系的两种对立选择，而二者发生的可能性也是不确定的，表现在客观反映层面上是P{A}=P{B}=0.5，即P{历史人物是好人}=P{历史人物是坏人}=0.5，此时该句式也没有表现出说话人的任何情感倾向，只是列出两种对立选择，以此来说明一些客观现象，即“国产影片历史人物太干净”这一前提。

第四节　祈使性假转句的语用价值

祈使性假转句以“还是A吧，否则B”为代表，因为该句式为祈使句，句式本身带有祈使语气，含有说话人对听话人的一种祈求心理，所以本身A发生的可能性是比较小的，即0<P{A}≤0.5。而此时A要么发生的可能性很小，要么发生的可能性不确定，但是与A相比，说话人或听话人更加不希望B发生，因此祈求听话人选择A。

这类祈使性假转句同上述选择性假转句中的第一种有些相似，区别在于祈使性假转句中说话人不希望 B 发生，哪怕不希望 A 发生也只能祈求听话人选择 A。“还是 A 吧，否则 B”句式在客观语用中通常可以分为以下两种情况。

一　当 $0<P\{A\}<0.5$，$0.5<P\{B\}<1$

在客观反映层面上，当 A 发生的可能性很小，而 B 发生的可能性很大，即 $0<P\{A\}<0.5$，$0.5<P\{B\}<1$ 时，说话人使用该句式，明显整个句式都表达着说话人希望 A 发生或者说不得已而祈求听话人选择的情感倾向，哪怕明知道 A 发生的可能性很小，B 发生的可能性较大。例如：

(78)“还是放弃吧，否则他们不会善罢甘休的。”妻子劝道。

(79)“你还是离开吧，否则会出问题的。”

在上述两例中，由语意可知，A 发生的可能性很小，B 发生的可能性很大，但是为了不让 B 这一不利后果发生，说话人祈求听话人还是选择 A 吧，以免 B 发生。如（78）中，妻子明知让丈夫选择 A“放弃”是不太可能的，而“他们不会善罢甘休”是很有可能的，即 $0<P\{$放弃$\}<0.5$，$0.5<P\{$他们不会善罢甘休$\}<1$，但是与丈夫的固执相比，B“他们不会善罢甘休”发生的后果更为可怕，因此祈求听话人（丈夫）还是选择 A“放弃”吧。例（79）也是如此，说话人明知 A“你离开吧”是不太可能的，而 B“会出问题”的可能性较大，即 $0<P\{$你离开吧$\}<0.5$，$0.5<P\{$会出问题的$\}<1$，但是与“你离开吧”相比，B“会出问题的”发生的后果更为可怕，因此祈求听话人“你”还是选择 A“离开”吧。

二　当 $P\{A\}=P\{B\}=0.5$

另一种情况是当客观上 A 与 B 发生的可能性均不确定，即 P

{A} = P {B} = 0.5 时，此时说话人使用该句式只是客观地表达自己对事物的一种看法，虽然也暗含着不希望 B 发生的意思，所以祈求听话人选择 A，但是此时 A、B 都是未然的，是尚未发生的，只是说话人所理解并要陈述表达的一种客观情况。例如：

（80）“还是加入欧盟吧，否则匈牙利会脱离欧洲进程的。”一位从事翻译工作的女孩儿说。

（81）还是结合实际吧，否则纸上谈兵是不能解决问题的。

例（80）中 A“加入欧盟”与 B“匈牙利会脱离欧洲进程的”均是未然的，尚未发生的事，即 P {加入欧盟} = P {匈牙利会脱离欧洲进程的} = 0.5，只是在说话人头脑中认为如果做不到 A“加入欧盟”，就会得到 B“匈牙利会脱离欧洲进程”这一不利结果，因此为了避免不利结果 B 的产生，说话人祈求还是选择 A“加入欧盟”吧，虽然真正加入后能否有利尚未可知。

例（81）也是如此，A“结合实际”与 B“纸上谈兵是不能解决问题的”也均是未然的、尚未发生的事，即 P {结合实际} = P {纸上谈兵是不能解决问题的} = 0.5 只是说话人头脑中所认为并直接阐述的一种情况，为了避免 B“纸上谈兵是不能解决问题的”这一结果的发生，还是祈求听话人选择 A“结合实际”吧。

第五节　需求性假转句的语用价值

需求性假转句表示结果与需求相忤逆的意思。该类句式多以“不能 A，否则 B”和“不能不 A，否则 B”为代表，前分句用了能愿动词。“不能 A，否则 B”的前句用了“不能”，从否定的角度分析事物的必要性，从而指明某种需求。而“不能不 A，否则 B”则是相反的，前句用了“不能不”，从双重否定表肯定的角度来分析事物的必要性，指明某种需求。然而这两种句式无论是从肯定还是否定的角度，都是表达说话人对事物的一种客观分析，同时 A、B 两项也均是未然的、尚未发生的事。表现在客观反映层面即为 P {A} =P {B} =0.5。

此时当 A 和 B 发生的可能性均不确定，即 P {A} =P {B} =0.5 时，在“不能 A，否则 B”句式中该类需求性假转句主要从否定角度来分析事物，表达了说话人对于事物的客观分析，同时也表明了说话人不希望 B 发生的情感倾向。上面我们说过，在客观反映层面该类句式的信赖程度表达为 P {B/A} =1，P {B/¬A} =0，即要想 B 不发生，就必须要 A 也不发生，即¬A。而此时因为客观上 P {A} =P {B} =0.5，即 A、B 均未发生，说话人只是客观陈述事实，但仍表明了立场，为了不让 B 发生，必须避免 A 发生。例如：

(82) 当火车开来时，不能离铁轨太近，否则易发生伤亡事故。

(83) 地下水有一个总体平衡问题，不能盲目和过度开发，否则容易形成地下空洞、地层下陷等问题。

例 (82) 中由句意可知，在“当火车开来时”这一前提下，A“离铁轨太近”与 B“易发生伤亡事故”均是未然事件，在客观上并未发生，用信赖程度表示为 P {A} =P {B} =0.5，而说话人此时用“不能 A，否则 B”句式只是为了从客观上陈述这一事实，因为听话人必然不希望 B“易发生伤亡事故”发生，而从客观反映层面可知 P {B/A} =1，P {B/¬A} =0，因此必须强调当火车开来时避免 A“离铁轨太近”的必要性。

例 (83) 也是如此，由句意可知，在“地下水有一个总体平衡问题”的前提下，A“盲目和过度开发”与 B“容易形成地下空洞、地层下陷等问题”均是未然事件，在客观上并未发生，用信赖程度表示为 P {A} =P {B} =0.5，而说话人用“不能 A，否则 B”句式只是为了从客观上陈述这一事实，因为听话人必然不希望 B“容易形成地下空洞、地层下陷等问题”产生，而从客观反映层面可知 P {B/A} =1，P {B/¬A} =0，因此必须强调避免 A“盲目和过度开发”的重要性。

在另一种代表句式“不能不A，否则B”句式中，当A和B发生的可能性不确定，即 $P\{A\}=P\{B\}=0.5$ 时，该类需求性假转句主要从双重否定表肯定角度来分析事物，表达了说话人对于事物的客观分析，同时也表明了说话人不希望B发生的情感倾向，而在客观反映层面该句式的信赖程度表达为 $P\{B/A\}=0$，$P\{B/\neg A\}=1$，即要想B不发生，就必须使A发生。而此时因为客观上 $P\{A\}=P\{B\}=0.5$，即A、B均已发生，说话人只是客观地陈述事实，但仍有表明立场的意思，即为了不让B发生，必须让A发生。例如：

（84）不能不支援，否则他们支撑不下去。

（85）问卷要在规定时间内完成，不能不填写，否则会被视为不合作，引人反感，影响案件成败。

例（84）中的A“支援”与B“他们支撑不下去”均是未然事件，在客观上并未发生，用信赖程度表示为 $P\{A\}=P\{B\}=0.5$，而说话人此时用“不能不A，否则B”句式只是为了从客观上陈述这一事实，因为听话人必然都不希望B“他们支撑不下去”这一情况发生，而从客观反映层面可知，$P\{B/A\}=0$，$P\{B/\neg A\}=1$，因此为了不让B发生，就必须做到A“支援”。

例（85）也是如此，A“填写”与B“会被视为不合作，引人反感，影响案件成败”也均是未然事件，在客观上并未发生，用信赖程度表示为 $P\{A\}=P\{B\}=0.5$，而说话人此时用“不能不A，否则B”句式只是为了从客观上陈述这一事实，因为听话人必然不希望B“会被视为不合作，引人反感，影响案件成败”发生，而从客观反映层面可知 $P\{B/A\}=0$，$P\{B/\neg A\}=1$，因此为了不让B发生，就必须做到A“填写”。

综上所述，五类假转句式在客观反映层面的情况不同时，结合语境可表达的说话者与听话者的思想倾向及说话意图等情况如表3-1所示。

表 3－1　　**不同假转句的语值特征对比**

语用 假转句	语用（客观反映）
因果性假转句（例“因为 A，否则 B”）	当 P {A} =1，P {B} =0 时，A 已然，B 未然，因果陈述，对 B 未发生的反推测，或暗含庆幸喜悦倾向
条件性假转句（例“除非 A，否则 B”）	当 P {A} =0 时，A 不可能发生，B 必然发生，表明说话人对于实现 B 的决心或坚信 B 成立 当 0 <P {A} <0.5，0.5 <P {B} <1 时，希望并期望 A 发生；倾向于结果 B，希望并相信 B 一定会发生；听话人不希望 B 发生，说话人也知道听话人的想法，因此提醒听话人，要想非 B，就必须 A 当 P {A} =P {B} =0.5 时，A、B 的发生可能不确定，说话人处于中立立场，或只是客观陈述
选择性假转句（例“要么 A，否则 B”）	当 P {A} =0 时，说话人想要用 A 这件客观上无法成立的事来衬托表达自己对于实现 B 的决心，并强迫对方选择 B（类似除非 A，否则 B）。 当 P {A} =P {B} =0.5 时，说话人持中立立场，或进行客观陈述：当 A 和 B 为对立选择与结果时，表示说话人希望 A 发生，而听话人不想 B 发生，所以说话人以此强调要求听话人选择 A；当 A 和 B 为并举关系的两种对立选择时，说话人立场中立，只是列出两种选择
祈使性假转句（例“还是 A 吧，否则 B”）	当 0 <P {A} <0.5，0.5 <P {B} <1 时，说话人表达了希望 A 发生或者说不得已而祈求听话人选择 A 的情感倾向，哪怕明知道 A 发生的可能性很小，B 发生的可能性大 当 P {A} =P {B} =0.5 时，客观地表达自己对事物的一种看法，虽然也暗含着不希望 B 发生，祈求听话人选择 A 的情况，但是此时 A、B 都是未然的
需求性假转句（例“不能/不能不 A，否则 B”）	当 P {A} =P {B} =0.5 时，从否定/双重否定表示肯定的角度来分析事物，表达了说话人对于事物的客观分析，同时也表明了说话人不希望 B 发生的情感倾向。说话人只是客观陈述事实，但仍表明了立场，为了不让 B 发生，必须避免 A 发生的意图

结　语

本编主要研究转折类复句中的假转句。从“幸亏A，否则B”“因为A，否则B”“要么A，要么B”“不能A，否则B”等几种常见的假转句式入手，先将其归为五大类，再根据邢福义的“小三角”理论，将“语表—语里—语用”三个方面结合起来进行研究，考察五类假转句的句式特征。

首先，我们对五类假转句从语表形式上进行考察，分别从关键词“否则”可否省略、前后分句中A、B位置可否互换以及假转句式可否扩展三个方面加以探讨，通过研究可得，因果性假转句、选择性假转句中的“否则”不可省略，需求性假转句中的“否则”可以省略，而在条件性假转句和祈使性假转句中通常不省略，有时可省略，且省略通常出现在句子语气不强烈的情况下。五类假转句中A、B的位置除了在选择性假转句中可以调换外，其余四类中皆不可调换，偶尔可调换后，其句意也会发生改变。在句式扩展上，五类假转句式都可在A、B间加入一定成分后，扩展为另一种句式，其中加入的成分如“才¬B”、表示某种选择的“要么B”等都是句子本身所暗含的某种意义。

其次，从语里层面对五类假转句式进行分析，考察五类假转句式中关键词前后的语义关系，并分别从认知层面对其进行分析，考察五类句式的主观推测层面与客观反映层面的信赖程度。通过考察可得，五类假转句在语义关系上有着不同的情况：因果性假转句具有释因性和推因性，条件性假转句具有必要性和析因性，选择性假转句具有补说性和对立性，祈使性假转句具有祈使性和逻辑性，需求性假转句具有必要性、需求性和说理性。同时从认知层面看，主观推测层面用信赖程度表示，除了需求性假转句为 $0.5 < P\{B/A\} \leq 1$，$0 \leq P\{B/\neg A\} < 0.5$，其余几类都为 $0 \leq P\{B/A\} < 0.5$，$0.5 < P\{B/\neg A\} \leq 1$；而在客观反映层面则是条件性假转句、选择性假转句和祈使性假转句可用信赖程度表示为 $P\{B/A\} = 0$，$P\{B/\neg A\} = 1$，因果性假转句为 $P\{B/A\} = 0$，且 $P\{A\} = 1$，$P\{B\} = 0$，需求性假转句为 $P\{B/A\} = 1$，$P\{B/\neg A\} = 0$。

最后，运用语用层面的知识分类总结五类假转句式的语用价值。结合不同的语境，在客观反映层面的情况不同时，考察假转句的使用分别表达了说话人与听话人的何种思想倾向及说话意图，具体结论见表 3 - 1 所示。

综合以上三个角度，本编主要通过邢福义的“小三角”理论，对五类假转句式做了一个整体的分析比较，尤其对其语里、语值从认知层面进行分析研究，得出结论，方便人们在日常使用与教学中更多地理解与运用假转句。

当然本编还有许多不足之处。首先，对于假转句的分类采取的是邢福义的分类法，对各类句式的考察范围较窄，仅选择了其中一种或几种较典型的代表性句式进行研究，对于其他不同的假转句式该如何归类及具体的语表、语里、语值三方面的研究不能全部纳入。其次，对语料的归纳分析能力还有待提高，结论是否正确仍需实践检验。最后，本编对于假转句式的考察仅限于以“否则”为关键词的几类假转句式，而假转句中除了“否则”外还有其他类的关键词，如“要不然、不然、要不、不若”等，且几类假转句彼此之间的一些细节比较和区分，以及具体何时使用，怎样使用假转句能达到更好的效果，这些问题仍有待研究。

参考文献

一　专著

G. 波利亚：《数学与似真推理》，杨讯文译，福建人民出版社 1985 年版。

丁力：《汉语语法问题研究》，三秦出版社 2012 年版。

丁力：《语法》，三秦出版社 2005 年版。

范开泰：《关联词语》，上海教育出版社 1981 年版。

郭志良：《现代汉语转折词语研究》，北京语言文化大学出版社 1999 年版。

黎锦锡：《新著国语文法》，商务印书馆 1992 年版。

吕叔湘：《现代汉语八百词》，商务印书馆 1999 年版。

吕叔湘：《中国文法要略》，商务印书馆 1982 年版。

王力：《中国语法理论》，中华书局 1957 年版。

邢福义、汪国胜：《现代汉语》，华中师范大学出版社 2001 年版。

邢福义：《复句与关系词语》，黑龙江人民出版社 1985 年版。

邢福义：《汉语复句研究》，商务印书馆 2002 年版。

邢福义：《汉语语法学》，东北师范大学出版社 1996 年版。

邢福义：《语法问题思索集》，北京语言学院出版社 1995 年版。

徐阳春：《现代汉语复句句式研究》，中国社会科学出版社 2002 年版。

二　学术期刊

曹秀玲、张磊：《“否则”类连词的语法化梯度及其表现》，《汉语学习》2009 年第 6 期。

陈昌仪：《谈谈“否则”在复句中所表示的意义关系》，《南昌大学学报》（人文社会科学版）1990 年第 3 期。

刘永红：《转折复句语意重心的逻辑语义分析》，《暨南大学华文学院学报》2003 年第 1 期。

王英泽：《“除非 A，否则 B”句式考察》，《黑龙江科学》2013 年第 10 期。

王元祥：《试说“否则”前后的结构关系》，《遵义师范高等专科学校学报》2000 年第 1 期。

邢福义：《试论“A，否则 B”句式》，《中国语文》1983 年第 6 期。

邢福义：《现代汉语复句问题之研究》，《黄冈师专学报》1994 年第 2 期。

邢福义：《现代汉语研究的两个“三角”》，《云梦学刊》1990 年第 1 期。

冶艳杰、高水云、冶慧颖：《也说“否则”类复句》，《语言研究》2014 年第 4 期。

张斌：《试论“否则”和“不然”的连接功能及其差异》，《励耘学刊（语言卷）》2009 年第 2 期。

郑荣华：《“否则”和逆假句——兼论邢福义先生的“假言逆转句”》，《荆门职业技术学院学报》2001 年第 2 期。

朱斌、伍依兰：《“否则”的隐省规律》，《语言研究》2012 年第 2 期。

朱斌、武依兰：《句联层结构与“否则”焦点投射》，《汉语学报》2012 年第 4 期。

朱斌：《“如果 A，那么 B，否则 C”的语义关联及其“否”的辖域》，《世界汉语教学》2011 年第 4 期。

三　学位论文

陈晨：《“幸亏”类语气副词与复句格式的匹配能力考察》，华中师范大学，2013 年。

韩晓慧：《“否则”类连词的系统研究》，哈尔滨师范大学，2012 年。

黄春妮：《现代汉语“X，不然的话，Y”假转句研究》，华中师范大学，2012 年。

卢海丽：《“除非”句研究》，华中师范大学，2012 年。

叶娟：《“除非…，否则…”句式研究》，上海外国语大学，2009 年。

第五编

现代汉语“虽然 A，但是 B”与“即使 A，也 B”句式比较

李玮曼

作者简介：李玮曼（1990.2—　），女，河南焦作人。陕西理工大学2012级汉语言文字学专业硕士研究生，师从丁力教授，研究方向为现代汉语语法。读研期间发表学术论文《“如果说A，那么B”的认知层面》。曾被评为优秀学生干部和研究生优秀学生干部。现工作于河南省国税局。

绪　论

一　研究背景与现状

在汉语语法学的初始阶段，有关转折句的研究就一直是个热点问题。关于转折复句的界定和分类，语法学家有不同的分析和归类方法。

《马氏文通》只是简单地从表层的语义关系入手，“着眼于复句中分句与分句之间的关系”①，将转折句称为“反正之句”，即“前后句意义相背，中假连字以捩转也。捩转而不用连字者亦有焉，然不概见也”②。将表示转折的关系词语“虽然”“即使”归入“推拓连字”，意为“推开上文而展拓他意”③，将“但是”归入“转捩连字”，意为“反上文而转申一义也”④。从他的说明中可以看出，马氏认为，由该两类关系词构成的复句前后分句之间存在着“转折”意味，不同的是，推拓句更加偏重后一分句，转捩句则“承上文，不相批驳，只从言下单抽一端轻轻掉转，犹云别无可说，只有一件如此云云”⑤。

《新著国语文法》则认为，转折句属于等立复句，意为“平等而对立”。分成“重转的”“轻转的”“意外的”⑥ 三类，并将“但是”

---

① 郭志良：《汉语复句问题的思考》，《语言研究》2002 年第 2 期，第 15 页。

② 马建忠：《马氏文通》，商务印书馆 1898 年版，第 434 页。

③ 同上书，第 316 页。

④ 同上书，第 311 页。

⑤ 同上书，第 315 页。

⑥ 黎锦熙：《新著国语文法》，湖南教育出版社 2007 年版，第 237 页。

归入重转类。将“虽然（虽、虽则）”和“纵令（纵然、纵）”归入主从复句，并观察到“从句和主句立于反对的地位，但说者也承认容许从句事实或理由的存在，像是表示说话时的让步”①，划入主从复句下的让步句这一小类。

20世纪40年代后，王力的《中国现代语法》将“虽、虽然”和“纵、纵然”都归为容许式，表示“和条件式恰恰相反。乙事之存在，依通常的见解，甲事该受其影响，然而事实上甲事并未受（或决不受）乙事的影响，可见甲事不受此种条件的限制”②。同时说明“虽、虽然”一类表示事实的容许，“纵、纵然”一类表示假设的容许。

吕叔湘在《中国文法要略》中指出：“凡是上下两事不和谐的，即所谓句意背戾的，都属于转折句。所说不和谐或背戾，多半是因为甲事在我们心中引起一种预期，而乙事却轶出这个预期。因此由甲事到乙事不是一贯的，其间有一转折。”③“首次明确指出转折关系构成上的心理层面因素，强调转折句同心理预期的密切关联。”④

他认为，代表性的词语是“而”“然而”“但是”“可是”“却”“倒”等，将其归入“离合、相背”这一大类。“虽然”“虽则”和“纵”“纵然”“即使”则分属于容认句和纵予句，都属于让步句，归入“擒纵、衬托”这一大类。容认句指“先承认甲事之为事实（一放），接下来说乙事不因甲事而不成立（一收）”⑤。容认句和纵予句之间的区别是，“容认句所承认的是实在的事实，而纵予句所承认的是假设的事实”。容认句和转折句之间的关系是“容认句和转折句很相近，同时表示不调和，或相违逆的两件事情；所不同者，转折句是平说，上句不表示下句将转折，而容认句则上句已作势，预为下句转

① 黎锦熙：《新著国语文法》，湖南教育出版社2007年版，第254页。

② 王力：《中国现代语法》，商务印书馆1985年版，第61—62页。

③ 吕叔湘：《中国文法要略》，辽宁教育出版社2002年版，第341页。

④ 张建军：《现代汉语转折复句研究综述》，《现代语文》2012年第11期，第78页。

⑤ 吕叔湘：《中国文法要略》，辽宁教育出版社2002年版，第435页。

折之地”①。

从以上几本著作可知，对于转折句和让步句的分析有两点是基本相同的：

其一，转折句和让步句都表示转折关系，转折句以“……但是……”句式为代表。让步句则以“虽然/虽则/虽……但是/但……”和“即使/纵/纵然……也……”两类句式为代表。其区别是，转折句的转折关系是指A事在我们心目中引起一种期望或预期，而B事则没有顺着这个期望或预期继续发展。让步句则带有先“姑且承认”A事，然后再转折的意思。

其二，让步句的两类句式，“虽然/虽则/虽……但是/但……”表示对已然事实的“姑且承认”，“即使/纵/纵然……也……”表示对未然事实的“姑且承认”。

20世纪80年代，现代汉语复句研究进入新的活跃时期。以邢福义和王维贤为代表，邢福义从分句之间的语义关系出发，认为“事物间的逆转性，或者说是事物间的矛盾对立”② 都可认为是转折类复句，可分为转折句、让步句、假转句三类。转折句是指“分句间有突然转折关系的复句”，以“……但是……”为代表；让步句是指“分句间有先让后转关系的复句”，以“虽然……但是……”和“即使……也……”为代表；假转句是指“分句间有假转关系的复句”，以“……否则……”为代表③。邢福义这种依托于分句间“逆转关系”的转折类复句划分，大大扩大了一般理解的转折句范围。

王维贤从逻辑语义关系与形式特征相结合的角度出发，认为凡是预设分句A同B之间具有“$A \rightarrow M_1 \sim B$（如果A，那么较大可能非B)”这样蕴涵关系的复句都是转折句，表示“‘这种实际’和‘较大可能性’之间的对立”④。他将转折复句分为三类：一是“虽然A，

① 吕叔湘：《中国文法要略》，辽宁教育出版社2002年版，第431页。

② 邢福义：《汉语复句研究》，商务印书馆2003年版，第45页。

③ 同上书，第45—46页。

④ 转引自郭燕妮《汉语转折复句研究综述》，《长江大学学报》（社会科学版）2008年第2期，第97页。

但是 B”和“即使 A，也 B”，是“表让步的和表转折的关联词语成对使用的让步句”；二是“A，但是 B”，表“单用转折的关联词语的转折句”；三是“A，（但是）B”，表“不用关联词语的意合句”[①]。王维贤认为，纵予句（指“即使 A，也 B”）和让步句（指“虽然 A，但是 B”）之间的区别主要在于，“让步句对 A 作了判定，然后推出 B，让步句是一种紧缩的推理；纵予句并没有对 A 作出判定，它只是表示在 A 真的条件下，那么 B 也真，纵予句是一种表示判断间具有蕴涵关系的复合判断，但是它跟一般的蕴含关系不同，它还带有‘转折’的性质”[②]。

目前各高校通行的现代汉语教材，大都将“A，但是 B”和“虽然 A，但是 B”并为一类，归入偏正复句这一大类。将“即使 A，也 B”归入偏正复句这一大类，在做具体划分时，或并入条件句、假设句，或并入转折句，或独成一类[③]。

二 研究内容、方法与创新点

邢福义认为：“任何语法事实都存在语表形式、语里意义和语用价值三个角度，研究中这三个角度往往都需要考察。‘小三角’指的就是‘表—里—值’三角，由语表形式、语里意义和语用价值所构成。”[④] 本编以“虽然 A，但是 B”和“即使 A，也 B”为主要研究对象，采用“小三角”理论，分别从语表形式、语里意义和语用价值来分析研究这两类句式的共性特征和个性特征。

本编的创新点在于，在“小三角”研究理论的基础上，结合

---

① 王维贤、张学成、卢曼云、程怀友：《现代汉语复句新解》，华东师范大学出版社 1991 年版，第 189—190 页。

② 同上书，第 182 页。

③ 胡裕树主编的《现代汉语》将“即使”句独立划分为让步句；黄伯荣主编的《现代汉语》将“即使”句并入条件句；张静主编的《现代汉语》将“即使”句并入让转句（即转折句）；北京大学中文系现代汉语教研室编的《现代汉语》将“即使”句并入转折句，等等。

④ 邢福义：《汉语语法学》，东北师范大学出版社 1996 年版，第 439 页。

“认知层面”和“信赖程度”[①] 等相关概念，首先进一步证明同为让步句式的“虽然 A，但是 B”和“即使 A，也 B”存在着前者“表实在的事实”，后者表“假设的事实”这一大的区别；其次从更深层次挖掘人们选择使用不同句式的原因，除了有表达需要和语言环境的制约这两个因素外，还有就是在大脑思维的两种不同的认知层面——主观推测层面和客观反映层面——对这两个句式有不同的信赖程度，因而造成不同的表达效果。

三 语料来源

本编所使用的语料均来自 CCL 语料库[②]、语料库在线[③]和华中师范大学语言和语言教育研究中心汉语复句语料库[④]。

① 丁力：《汉语语法问题研究》，三秦出版社 2012 年版，第 44 页。

② http：//ccl. pku. edu. cn：8080/ccl_ corpus/.

③ http：//www. cncorpus. org/ccindex. aspx.

④ http：//ling. ccnu. edu. cn/.

第一章 “虽然 A，但是 B”与“即使 A，也 B”句式语表形式比较

根据“小三角理论”，语表形式是指显露在外的可见形式，“可以是任何语法单位的显露在外的可见形式”“小到语素或词，大到复句或句群，都有其语表形式”[①]。我们在研究“虽然 A，但是 B”与“即使 A，也 B”句式时，主要从它们的关系词、前后分句的语序以及各自常见的拓展式三个方面展开。

第一节 “虽然 A，但是 B”与“即使 A，也 B”的关系词

在转折复句“虽然 A，但是 B”与“即使 A，也 B”中，关系词“虽然”“但是”“即使”“也”承担着极为重要的角色。这几个关系词的隐现、替换、移位等都或多或少地影响着整个句子的表达。

一 “虽然 A，但是 B”的关系词

对于单个的“虽然”和“但是”来说，普遍认为“虽然”有“表示让步和转折”[②] 的意思，“但是”则表示转折。在具体应用时，二者各有不同。例如：

---

① 邢福义：《汉语语法学》，东北师范大学出版社 1996 年版，第 439 页。

② 王自强：《现代汉语虚词词典》，上海辞书出版社 1998 年版，第 195 页。

（一）“虽然”的隐现

“虽然A，但是B”句式若隐去前一个关系词“虽然”，句式就体现为“A，但是B”。

（1）秦统一六国之后，虽然在中央和地方政权中都吸收了嬴姓以外的人参加，但是这个政权的领导核心依然是嬴姓的宗室力量，保持着氏族贵族的种族统治。

（2）秦统一六国之后，在中央和地方政权中都吸收了嬴姓以外的人参加，但是这个政权的领导核心依然是嬴姓的宗室力量，保持着氏族贵族的种族统治。（改写）

比较变化了的前后两个句子，例（1）使用了完整的“虽然A，但是B”句式，例（2）则去掉了“虽然”，只简单地使用了“但是”。例（1）使用了“虽然”，全句直接体现了转折意味，我们仅从前一分句即可知道后一分句存在转折。去掉“虽然”的例（2），则使听话人无法依据前一分句来判断全句的语义走向，从前一分句到后一分句的转折显得突然而急促。另外，从表达效果上说，采用“虽然A，但是B”句式，是承认并让开A事实从而突出B事实，有一个感情的过渡过程，去掉“虽然”后，全句只表示A、B两事件之间存在转折关系。需要注意的是，在任何情况下，“虽然A，但是B”句式在去掉“虽然”后句子仍然表示转折关系，句子意思也未发生变化，只是表达效果略有不同。而“……但是……”并不是在任何情况下都可以加上“虽然”一词的，只有当A事与B事存在因果逆转关系，或者可以理解为隐含因果逆转关系的时候，才可以加上“虽然”，构成“虽然A，但是B”句式。比较：

（3）我一愣，但是来不及细想下去，便追问：“那么，鱼呢？”

（4）＊虽然我一愣，但是来不及细想下去，便追问：“那么，鱼呢？”（改写）

例（3）可以成立，例（4）却不能成立。这是因为，“来不及细想下去”不是“我一愣”的逆结果，二者没有直接的因果关系。

（二）“虽然”的替换

在实际应用中，“虽然”还可以被“尽管”“固然”“即使”等关系词替换，与“但是”构成转折关系。

（5）虽然他们的世界观还是资产阶级的，但是，他们所作的某些历史研究工作，在当时曾经起了一定的作用。

（6）尽管他们的世界观还是资产阶级的，但是，他们所作的某些历史研究工作，在当时曾经起了一定的作用。（改写）

（7）固然他们的世界观还是资产阶级的，但是，他们所作的某些历史研究工作，在当时曾经起了一定的作用。（改写）

（8）即使他们的世界观还是资产阶级的，但是，他们所作的某些历史研究工作，在当时曾经起了一定的作用。（改写）

将例（5）中的“虽然”替换为“尽管”“固然”“即使”后，句子仍然表示转折的意思。但是，当“虽然”被替换为“即使”的时候，需要考虑事件 A 究竟是表示真实性的还是假设性的。我们将在分析“即使 A，也 B”的关系词时作进一步的讨论。

（三）“虽然”的移位

当“虽然”出现在前一分句时，可以用在主语之前，也可以用在主语之后。

（9）虽然我国法律规定，病态人格者做出严重危害社会和人民的事要负一定的刑事责任，但是它与真正的罪犯还是有所区别的。

（10）他问群臣：“古来的帝王虽然能平定境内，但是却不能安定少数民族。”

(四)“但是”的隐现

“但是”的隐现同“虽然”的隐现相比，有一定的条件限制，在以下这种情况里，后一分句中除了“但是”这个转折词外，还出现了其他的转折词：

(11) 大气，虽然我们看不见，也摸不着，但是，却能够感觉到它的存在。

将“但是”隐去后，全句的意思基本没有任何改变，“但是”承担的转折性和强调功能由“却”承担。单用“虽然”或单用“却”时，“但是”主要对前后分句划出转折界线，常用逗号隔开，“却”则是从意义上标明转折。而且，“却”只能用在主语的后面。

下面的例子是同样的情况：

(12) 虽然，含泪的微笑不属于我们，但是，对艺术的追求却得有个严肃的态度。

(13) 这次滑沙，虽然开头有些惊险，但是，后来却非常愉快。

(14) 这奖牌虽然没有你赢得的拳王金腰带重，但是，价值却远远超过它。

一般其他形式的“虽然A，但是B”句式，出于强调后一分句的要求，一般情况下不隐去“但是”。在口语交际中，如果省去了“但是”，常在此时作一停顿，并且加重后一分句的语气，以弥补“但是”的强调功能。

(五)“但是”的替换

“但是”可替换为“却”“倒”“还是”“仍然”“可”“可是”“然而”“不过”等关系词。其中，“却”“倒”“还是”“仍然”可以与“但是”同时出现，加重句子的转折意味。

(15) 有一件事，虽然很小，却说明了延安的民主风气。

“却”的分析见上文“但是”的隐现部分。“却”可单用，也可与“但是”同时出现。

(16) 头一年，我们虽然苦，倒还吃得饱。

(17) 头一年，我们虽然苦，但是，倒还吃得饱。(改写)

“倒”表示让步和转折，转折意味较轻。如果为了进一步加强转折意味，常与“但是”一同出现。例(17)的转折意味较例(16)重，强调了“吃得饱”这一事实。

(18) 虽然我们取得了较大的成绩，还是要虚心向别人学习。

(19) 虽然我们取得了较大的成绩，但是还是要虚心向别人学习。(改写)

(20) 虽然比赛已经结束，观众仍然议论纷纷。

(21) 虽然比赛已经结束，但是观众仍然议论纷纷。(改写)

“还是”和“仍然”本身没有转折的意思，和“虽然”等表示让步转折的词语配用时，表示不管前一分句的情形有无改变，后一分句的情况继续存在，同原来一样，只能用在主语后面。如果为了表示强调，常与“但是”一同出现。

“可”“可是”“然而”“不过”都有“但是”的意思，转折意味较“但是”轻。“可”“可是”可以用在主语前，也可用在主语后。“然而”多用于书面语中，只能用在主语前。“不过”比较口语化，只能用在主语前。

(22) 文字虽然短，可/可是内容不错。

(23) 文字虽然短，内容可/可是不错。(改写)

(24) 黄金的价格虽然也有高涨的可能性，然而不像白银那样大。

(25) 在长江中下游平原，冬季虽然也穿棉衣，不过室内一般不用烤火取暖。

二 “即使A，也B”的关系词

(一)“即使”的隐现

“即使”在口语里常常省略。

(26) 你即使穿得再潇洒，人民也会说你丑。

(27) 你穿得再潇洒，人民也会说你丑。(改写)

例(27)是例(26)去掉“即使”后的表达方式，句子的意思没有发生改变，只是前者的强调意味更加突出，也更为正式。直接在前一分句就使用“即使”，假设、让步的意味笼罩全句，容易引起听话人的注意。

(二)“即使”的替换

“即使A，也B”句式是带有让步性的转折句式，可以用表示有“退一步讲”意思的其他关系词代替，像“虽然”“就是”“就算”“哪怕”等。

(28) 你的伤虽然不重，也够你睡一阵子了。

(29) 就是对过去那些站在敌对立场上的人，只要他们能够真心改变态度，李世民也同样采取了团结的方针。

(30) 就算风调雨顺的好年景，一个最强的劳力，一年干下来，也不过只能挣一千多个工分，合人民币二百多元。

(31) 哪怕人们具有小学和中学的文化水平，接受一些科学常识，也不易受迷信的欺骗和愚弄。

在这些可以用来替换的关系词中，“就是”“就算”“哪怕”表示假设和让步，相当于口语化的“即使”。“虽然”则略有不同。首先，

“虽然”可用于书面语，也可用于口语，而“就是”“就算”“哪怕”多用于口语。其次，“即使”可表示已发生的事实，也可表示还未发生的事实，因而在用“虽然”替换时就要仔细区分原句中所表示的事实是已然的还是未然的。比如在下面这个例子中：

（32）即使遇到空袭，机组人员也不能离开。

很明显，句子表示的事实是未然的情况，全句只是对未发生的事实做出的一种假设。若替换成“虽然”，则假设的成分大大减少，表示的是一种已经发生的事实，替换后句子的表达准确度就降低了。而像例（28），“你的伤即使不重，也够你睡一阵子了”，这个句子如果没有给出具体的上下文语境，我们很难准确地说出受伤的严重程度。对句子的理解有两种：一是受伤的程度事实上很轻，“也”带有“无论假设成立与否，后果都相同”① 的意思，表示在“不重”的情况下主角仍旧需要好好休息。二是受伤的程度重，可是受伤人自己表示受的伤不重，在这种情况下，说话人顺着受伤人的意思安慰说：“你受的伤可能确实不重（事实上我认为很重），为了你的健康考虑，你要好好休息。”而用“虽然”替换后，句子表达的意思就发生了改变，表示说话人认为主角受的伤确实不重，只是为了健康才需要好好休息的，此时语句意思就比较明确了。

关于“即使”所在的分句到底是实言还是假言②，一般认为“即使”表示假设和让步，先承认假定的情况，再转入正意。在实际的语言交际中，“即使”所在的分句有两种情况。一是没有实现或者不存在的事实，则“既表示假设，又表示让步”③。二是已经实现或者存在的事实，则只表示“退一步讲”。因而“‘即使’实言句必须在特定的语境中才具有明晰性。如果脱离特定语境，孤零零地说‘即使

① 吕叔湘：《现代汉语八百词》，商务印书馆1999年版，第455页。

② 实言表示句子陈述的是已经发生或存在的事实，假言表示句子陈述的是还没有发生或不存在的事实。

③ 北京大学中文系：《现代汉语虚词例释》，商务印书馆1998年版，第141页。

A，也B’往往会被认为是假言的，或者是真假不定”[①]。

（三）“即使”的移位

当前后分句有一个共同的主语，且主语出现在前一分句时，“即使”在前一分句中的位置可移动，可用在前一分句的主语前，也可用在主语后，句子的意思没有发生变化。当主语出现在后一分句时，“即使”只出现在句首。当前后分句有不同的主语时，“即使”只出现在句首。例如：

（33）你即使对某题无把握，也不要放弃选择。

（34）即使你对某题无把握，也不要放弃选择。（改写）

（35）即使对某题无把握，你也不要放弃选择。（改写）

例（33）（34）（35）都是前后分句有一个共同的主语。例（34）是将例（33）的关系词“即使”挪到了主语前，句子整体意思较例（33）没有任何不同。例（35）的主语出现在后一分句中，是个典型的“即使A，也B”句式。

（36）即使赫鲁晓夫退休后，我也给他看病。

（37）＊赫鲁晓夫即使退休后，我也给他看病。（改写）

例（36）的前后分句各有一个主语，“即使”一般用在前一分句的主语前，像例（37）的用法很少见。这是因为，“即使A，也B”句式的重心一般放在后一分句上，说话人和听话人都会无意识地降低对前一分句的关注度。如果此时将“即使”放在了前一分句的主语后，听话人的注意力很容易被前一分句的主语“赫鲁晓夫”分去一部分，进而降低了对全句的主要意思“我给他看病”的关注度。为了避免出现这种问题，“即使”就放在了前一分句的主语前。

① 邢福义：《汉语复句研究》，商务印书馆2003年版，第457页。

(四)“也”的隐现

“也”作为副词,用在“即使 A,也 B”句式中,表示“无论假设成立与否,后果都相同”。为了保证关系词的成套使用,一般不省略。

(五)“也”的替换

当前一分句用“即使”提醒后一分句的转折时,后一分句常常可以替换为“还”“又”“仍然”“但是”等。可以替换为“还”“又”“仍然”是因为这几个关系词都有“情况照旧”的意思,表示不受前面“即使”假设情况的影响,构成了全句转折。

(38)即使结束后,BBC 等外国大的广播公司和通讯社还在追着中国申办团采访。

(39)例如,没搞懂的数学公式,往往难以记住,即使今天记住了,过几天又可能忘记了。

(40)退一步说,即使我们假定一个孤立的词,可以按照它的意义来分类,仍然能碰到难以解决的问题。

例(38),将“也”替换为“还”。“还”表示(会议)没有结束时,广播公司和通讯社追着中国申办团采访;现在(会议)结束了,广播公司和通讯社追着中国申办团采访。也就是,“BBC 等外国大的广播公司和通讯社追着中国申办团采访”是上一情况的继续,故用“还”表示。而且,在(会议)结束后,广播公司和通讯社停止采访是常态,和现在的“追着中国申办团采访”形成对比,“即使”假设的情况和“还”表示的情况就构成了转折。例(39)和例(40)是同样的情况,用“又”和“仍然”表示不受“即使”假设的情况的影响,构成转折。在进行替换时,无须考虑关系词位置的移动问题,直接替换即可。

尽管“也”表示类同,“但是”表示转折,仍旧可以将“也”替换为“但是”,是由于“即使 A,也 B”句式全句有让步转折的意思,“但是”转折性更强,构成的“即使 A,但是 B”句式前后分句“在意义上有明显的转折”[①]，可以更好地强调后一分句的情况，转折效果较“即使A，也B”句式强。例如：

(41) 一个人的中枢神经受到损伤，那么即使局部的肌体还能活动，但是它毕竟是有很大缺陷的人，不能正常地运转和行动了。

(42) 一个人的中枢神经受到损伤，那么即使局部的肌体还能活动，他也毕竟是有很大缺陷的人，不能正常地运转和行动了。(改写)

例(41)是将例(42)中的“也”替换为“但是”后的例子。对比变化了的前后两个例子，很明显，例(41)更加强调了“有缺陷”“不能正常地运转和行动”的情况，与“局部的肌体还能活动”构成鲜明的转折。例(42)用“也”的话，则语气比较委婉、平淡。

(六)“也”的移位

“也”通常放置在后一分句的主语后，如果全句为同一个主语，且主语在后一分句中省略，则将“也”置于后一分句的句首。

(43) 即使皇帝累诏礼聘，他也婉谢不出。

(44) 因此，他们即使连连干杯，也毫不在意。

例(43)中前一分句的主语是“皇帝”，后一分句是“他”，“也”置于“他”后。例(44)全句有共同的主语“他们”，置于全句句首，“也”置于后一分句的句首。

① 冯志纯：《试论转折关系的假设复句》，《语言教学和研究》1990年第2期，第52页。

第二节　“虽然 A,但是 B”与“即使 A,也 B”前后分句的语序

“虽然 A，但是 B”与“即使 A，也 B”在复句中出现时，一般遵循着 A 分句在前，B 分句在后的惯例。“句序变异之所以产生，主要是受语用和语体特色的影响”①。在实际的语言交际过程中，说话人可能会一时口快，先脱口而出转折后的某个事实，再对其进行补充说明前提条件。或者，有时为了引起听话人的注意，故意先说出转折后的结果，再对这个结果进行补充。调换语序后的句子在表达效果上也与之前有些不同。

一　“虽然 A，但是 B”前后分句的语序

“虽然”和“但是”在搭配使用时，通常将“虽然”置于前一分句，“但是”置于后一分句。例如：

(45) 虽然国民经济总产值也在增长，但是，人均国民收入增长不快。

(46) 人均国民收入增长不快，虽然国民经济总产值也在增长。(改写)

例（45）中前后分句的主语不同，将前后分句调换位置时，只需要将“但是”删去即可。例（45）先让步“国民经济总产值也在增长”这一事实，接着转折，表示“人均国民收入增长不快”。例（46）直接简明地提出“人均国民收入增长不快”这一事实，然后才补充说明“国民经济总产值也在增长”这一事实。例（46）较例（45），句子的焦点性更强，就直接集中在前一分句；让步意味则减弱，后一分句“除了表示容认让步之外，更多表示的是一种补充限制

① 黎洪：《汉语偏正复句句序变异研究》，学位论文，安徽大学，2012 年。

的语义关系，对主句的内容有所修饰和限制”①。例如：

(47) 虽然职工生活近几年有了明显的改善，但是他们还有一些实际困难。

(48) 他们还有一些实际困难，虽然职工生活近几年有了明显的改善。(改写)

例（47）中前后分句的主语一样，都是“职工”。将前后分句调换位置时，也是只删去“但是”即可。对比例（47）和例（48），“虽然”用在例（47）中，从语义关系上侧重于表示让步转折，用在例（48）中则侧重于对前一分句进行补充说明。

在讲到“虽然”的移位时说“虽然”可以用在主语之前，也可以用在主语之后，例（45）（47）所举的例子都是将“虽然”置于主语前，当“虽然”置于主语后时，在调换前后分句的位置时，句子要发生一些变化。例如：

(49) 我们虽然失去了父母，但是党组织和大家一直关怀着我们。

(50) 这笔钱虽然能解决一些实际问题，但是，不可能在全区彻底治本。

(51) 党组织和大家一直关怀着我们，虽然我们失去了父母。(改写)

(52) 这笔钱不可能在全区彻底治本，虽然能解决一些实际问题。(改写)

观察例（49），前一分句的主语为“我们”，后一分句的主语为“党组织和大家”，将前后分句调换位置时，“但是”删去，“虽然”

① 牛海燕：《现代汉语居后“虽然”句的多角度考察》，学位论文，华中师范大学，2011年。

置于主语“我们”前。再来看例（50），全句具有相同的主语“这笔钱”，在后一分句隐去。将前后分句调换位置时，主语位置不变，仍置于全句的句首，前一分句删去“虽然”后置于句尾。

使用“虽然 A，但是 B”的复句调换前后分句的位置后，在表达效果上更加直接，更加突出句子焦点。首先就让听话人直接明确地掌握句子的重点，此时后一分句则对前一分句进行辅助性的解释说明。

二　“即使 A，也 B”前后分句的语序

“即使 A，也 B”句式也可调换前后分句的语序。例如：

（53）即使你考不上，爸爸也不怪你。

（54）爸爸也不怪你，即使你考不上。（改写）

很明显，例（53）前后分句的主语不同，前一分句的主语是“你”，后一分句的主语是“爸爸”。像这种句子，在调换前后分句的位置时，只需要将后一分句提前。在实际的应用中，本着经济的原则，一般就把“也”省略了。例如：

（55）即使他心脏在跳，也只是一个活着的骷髅。

（56）他只是一个活着的骷髅，即使心脏在跳。（改写）

（57）即使在千里之外，他也会想到你。

（58）他会想到你，即使在千里之外。（改写）

例（55）和例（57）都是前后分句的主语相同，只是例（55）将主语置于前一分句，在后一分句省略，而例（57）的主语置于后一分句，在前一分句省略。在将例（55）和例（57）的前后分句调换位置时，只需将后一分句提前即可。

也有些“即使 A，也 B”句式中没有出现主语，这时就需要我们根据上下文的语境补出主语，再根据例（55）和例（57）的模式将前后分句调换位置。

"即使A，也B"还经常用来表示一种极端或特殊的情况，表示在这种情况下，仍然会出现"也"后的情况。例如：

（59）即使战死沙场，也要偿我平生报国之恩。
（60）我要偿我平生报国之恩，即使战死沙场。（改写）
（61）即使这样，笔者当时也尴尬得想钻地缝。
（62）笔者当时尴尬得想钻地缝，即使这样。（改写）
（63）即使这样，也要追究任某重婚的责任。
（64）法院要追究任某重婚的责任，即使这样。（改写）

例（59）中前一分句的极端情况是"战死沙场"，并且全句都没有出现主语。将前后分句调换位置时，首先要在句首补出主语"我"，再将前后分句调换位置即可。例（61）和例（63）是"即使A，也B"句式经常使用的一种情况，首先在前文已经说明了分句A的情况，放到"即使"句中就用代词"这样"代替了，最后用"也"说明分句B的情况。遇到这种"即使"加上代词的情况，在考察它可否调换前后分句的位置时，处理的方式和前文一样，将后一分句前置时，首先找到主语，如例（61）在后一分句有明显的主语"笔者"时，就可以直接调换两个分句的位置。如果是例（63）这种情况，在后一分句中并没有出现主语，在将前后分句调换位置时就需要依据上下文补出主语，再调换前后分句的位置即可。

使用"B，即使A"句式，在表达上和"即使A，也B"相比，着重强调了B事件对于主语的重要性，同时淡化了分句A的影响。让听话人顺着说话人的想法，更加关注分句B所表示的情况。

第三节 "虽然A，但是B"与"即使A，也B"的拓展式

"虽然A，但是B"和"即使A，也B"在具体的语篇中常和一些关系词或代词、短语等同时出现，我们将之称为"虽然A，但是

B”与“即使 A，也 B”的拓展式。

一 “虽然 A，但是 B”的拓展式

在具体的语篇中，“虽然 A，但是 B”句式经常和表示因果的关系词“所以”“因此”“因而”连用。

(65) 由此可知我对于这一类书是如何的没有好感，虽然我知道要研究士大夫的腐败思想这些都是极好的资料，但是现在无此雅兴，所以只好撂下。

(66) 两年来，虽然大家都磨起了手茧，担痛了肩头，流过汗，也流过泪，但是，大家自觉到自己是在建设社会主义，所以谁也没把“苦”字挂在口上；大家都是你帮我，我帮你，用集体的力量来克服一个个艰难困苦。

(67) 少年思维的抽象性与概括性虽然已经有了很大的发展，但是在一定的程度上还受具体形象的支持，因此可以说，少年的抽象思维是属于经验型。

(68) 狮子虽然不是图腾崇拜物，但是民间传说中的百兽之王，是瑞兽，便产生了图腾一样的功利，因此受到民间的敬仰。

(69) 唯物的唯理论和经验论虽然都有片面的真理，但是它们都把统一认识过程中的感性认识和理性认识这两个不可分割的阶段绝对对立起来，因而在认识的总体上都是错误的。

(70) 虽然人们在远古时代就用火，在古代还用火制造出陶器、铜器和铁器，在生产和生活上接触到许多热现象，但是，由于古代和中世纪的生产发展比较缓慢，积累的知识还不够丰富，因而，从远古到十八世纪初这个时期，热学还不能作为一门系统的科学建立起来，人们对于热的本质只有一些不成熟的想法。

这是一类既包含转折关系又包含因果关系的句子。“虽然 A，但是 B，因此 C”中，C 是对 B 的补充或意思引申。

二 “即使A，也B”的拓展式

我们在讲到“即使A，也B”的关系词时曾提到，“即使”句有实言句和假言句之分，如果脱离特定的语境，很难区分句子到底是实言的还是假言的。当“即使A，也B”与以下的短语同时出现时，我们就能较容易地判断了。

（一）与时间确指项“那时”或近似的词语连用

“即使A，也B”句式经常和表示明确时间的“那时”等相似的词语连用，指过去发生的事实。此时，“即使A，也B”就是实言句。例如：

（71）那时，即使人们的生活条件存在差别（如按需分配的差别），人们也不看成是权利不平等……

（72）舅舅省吃省用，平日即使吃汤糊糊，也总是说：“吃到挡得住的时候就可不吃了。”

（73）这个时期，他不懂什么叫地图，即使拿一张台湾图给他看，他也只会茫然以对，然而，在他的记忆深处，已经有一张活生生的地图在慢慢成长，只是他毫无所知。

（74）即使在“文化大革命”以前，也会有虔诚的观众耐心地在剧场坐上几个小时，静静地欣赏那慢慢的起霸与长长的拖腔，而这一切，在今天都已作古了。

例（71）中，人们“不看成是权利不平等”是“那时”面对“生活条件存在差别”的事实。例（72）中“平日”后面的“即使A，也B”的事实是对“舅舅省吃省用”的补充说明。例（73）中“这个时期”点明了“他不懂什么叫地图”的具体时间，之后的“即使A，也B”则是对“他不懂”的补充。例（74）中，“即使A，也B”句式的内容说明的是“‘文化大革命’以前”的情况，和“今天”形成对比。

(二) 与“在……时候/地方/中/里”等的“在”字结构连用，点明确定的时间或者地点。此时，“即使A，但是B”是实言句。例如：

(75) 这样，即使在最困苦的时候，也保证了下四角演员的最低生活。

(76) 整体美是传统的一条美学准则，即使在艺术舞台上五花八门，又在不断翻新的今天，也不能人为抛弃。

(77) 可是，大凡只要有人，即使在那个不堪回首的年代里，戈壁滩的生活也会掺入一些旁的色彩的。

(78) 即使在一些老记者中，也不是每个人都解决了的。

(79) 这种鸟儿，即使在动物园里，也不能从容地生活下去吧，它需要的天地太宽阔了。

(80) 其实，即使在沙漠里，也有植物的春荣秋枯。

(81) 即使在他的梦里，也没有出现过一次俞秋兰的影子，而总是梦见他扛着沉沉的粮食口袋，蹬着一块颤颤悠悠的跳板，到粮囤去入仓。

例(75)(76)(77)中的“在”字结构点明了具体的时间，例(78)点明了具体的范围，例(79)(80)(81)点明了具体的地点。

(三)“Y，因此即使A，也B”

这种句式，首先在前文说明一个事实Y，作为后文的原因，从而推导出“即使A，也B”这个结论。我们可依据这个事实Y来判断后面“即使”句是实言的还是假言的。例如：

(82) 因为人体内部不断在呼吸，消化，循环，新陈代谢，就像机器一样，不断制造热，要是这些热不传出去，人体内部的作用便要停止，人便要热得昏过去，因此除非在闯进火堆救人很短时间内才着浸湿的棉衣或者石棉衣服；在暑热天时即使在阳光下也决不如此。

（83）我看得出来，上次的谈话给他留下了深刻的印象，因此即使我们偶尔见了面，他也不愿意再和我谈论任何政治问题。

（84）起先姊姊还得意她神经健全有安慰人的余裕，因此即使父亲忧虑的事是不可避免的，姊姊也宁愿曲解事实。

（85）用一种形象的说法就是，他在自己的思想中建筑宫殿，但自己并不住入其中，因此，即使宫殿被烧光，对他也不会产生什么影响。

例（82）中“因此”引领的“除非在闯进火堆救人很短时间内才着浸湿的棉衣或者石棉衣服”是原因，说明一种极端情况下的表现，结论就是“即使A，也B”句式表示的“在暑热天的阳光下也决不如此”。而对于“因此”前的内容来说，“因为”引领的是原因，“因此”则是结果。我们据此判断“即使”句是对没有发生的情况所作的假设，例（82）是假言句。例（83）（84）中的“即使”句是实言句，例（85）中的“即使”句是假言句。

（四）“Y，但是即使A，也B”

这种句式，首先在文中提出一个事实Y，接着话锋一转，用“但是”指出不顺着Y的话出现的情况。用“即使A，也B”句式补充说明假设按着Y的意思出现的“但是”后的情况。我们可依据这个事实Y来判断后面“即使”句是实言的还是假言的。例如：

（86）我们常常发现这样的情况，有的幼儿把一首诗很快地滚瓜烂熟地背诵下来，但是，对于其含义的理解，即使他们付出了最大的努力也无法达到理想的效果。

（87）这时有人提出了购置打浆机，有人提出建存浆池，但是这些办法都是行不通的，一则市场上买不到机器，二则由于厂房已很狭窄，即使买到了设备也无处可安。

（88）倘若成员是孤立的，他们即倾向于屈服组合的压力；但是当他们发现即使只有一个人支持他，也会增加他抗拒压力的勇气。

（89）蒸汽机在历史上起过重大的作用，由于它的广泛应用，推动了欧洲的产业革命，但是在1768年瓦特改进蒸汽机之前，热机效率是很低的，即使在改进之后，热机效率也不超过5%。

例（86）中，原因Y是“有的幼儿把一首诗很快地滚瓜烂熟地背诵下来”，顺着这个意思，接下来应该说幼儿对诗歌的含义也了解得很好，而事实上却不是这样，为了强调这种转折，就采用“即使A，也B”句式说明在极端的程度下“他们付出了最大的努力”也没有做到理解诗歌的含义。我们据此判断“即使”句是实言的。例（87）和例（88）中的“即使”句是对很有可能发生的情况所作的推测。例（89）中的“即使”句则是实言的。

第二章　“虽然 A，但是 B”与“即使 A，也 B”的语里意义比较

根据“小三角”理论，语里意义是指隐含在内的不可见的关系或内容。我们在研究“虽然 A，但是 B”与“即使 A，也 B”的语里意义时，主要从它们分句之间的语义关系、认知层面和各自的前项三方面展开。

第一节　“虽然 A，但是 B”与“即使 A，也 B”分句间的语义关系

“虽然 A，但是 B”与“即使 A，也 B”句式的语义关系大致可分为三类。

一　因果违逆类

因果违逆类是指 A 事为因，B 事是逆着 A 事出现的，也就是说“A，一般情况下非 B，事实上出现了 B 的结果”。例如：

(90) 他虽然只念过初中，但是文思清晰，处理实际问题的水平比较高。

(91) 虽然立秋已半个月了，但是武汉仍出现 40 摄氏度左右的高温。

(92) 即使是冬天，也会大汗淋漓衣服湿透。

(93) 即使是“辛口”的酒，也不冲喉咙，回味较淡。

例（90）中，分句A是“只念过初中”，照这个原因，一般情况下主人公的文化水平有限，在处理实际问题时很有可能会出现应付不了的情况，但事实上是分句B“文思清晰，处理实际问题的水平比较高”，也就是分句B是逆着原因A出现的结果。再如例（92），“即使A，也B”是同样的情况，照理，冬天应该是很冷的，顺着这个意思应该是冻得人哆哆嗦嗦的，要穿上厚厚的衣服御寒才对。B分句却是说“大汗淋漓衣服湿透”，很明显，和顺着A句所要表达的意思截然相反。

二　前后对立类

前后对立类，是指A、B两事同时存在，互相对立。A和B代表的是各自对立的一个方面。例如：

（94）开始，他把五颗星放在旗帜正中，虽然显得稳重，但是看上去呆板、凝滞。

（95）袁立人说，行程虽然艰难，但是很有乐趣。

（96）即使为此非议四起，（他）也若无其事。

（97）即使真是好心，也构成了过失犯罪。

例（94）中，分句A指的是“显得稳重”，分句B指“看上去呆板、凝滞”，二者相互存在，两相比较，形成对比。例（96）中，“非议四起”指的是当前的一种境况，“若无其事”则指的是“他”在这种境况下的心理状态，二者一动一静，形成对比。

因果违逆类和前后对立类的主要区别在于分句A、B之间是否涉及了因果关系。当分句B是分句A的逆结果时，这个句子的两个分句间的语义关系就是因果违逆性的。当分句B只是分句A的对立面且不涉及因果关系时，这个句子的两个分句间的语义关系就是前后对比性。

三 差异订补类

差异订补类，是指A、B两事同时存在，有差异，但并不存在互相对立的因素。用转折句式，目的是用B事对A事进行订正和补充。例如：

(98) 这种批评虽然是实话实说，但是未免太刻薄了些。

(99) 她认为，虽然中国队输了这场比赛，但是不能以一场比赛成败论英雄。

(100) 胶皮即使不用，放置半年也会老化。

(101) 即使责任心强，也是心有余而力不足。

例（98）中分句A“实话实说”与分句B“太刻薄”并不存在因果上的违逆关系。我们不能说，因为“实话实说”，所以没有“太刻薄”。二者也没有形成前后对立的关系。“实话实说”和“太刻薄”没有对立的因素。事实上，A分句先让步承认“实话实说”这一事实，接着又对这一事实补充修饰“太刻薄”。因此，二者是明显的差异订补关系。例（100）中分句B“放置半年也会老化”是对分句A提出的情况“胶皮不用”的后果进行补充说明。

第二节 “虽然A,但是B”与“即使A,也B”的认知层面

“虽然A，但是B”和“即使A，也B”作为转折复句，都反映了人们在使用这一句式时在思维层面的对立性，也就是分句A和B在思维表述上前后不一致，相互对立。

(102) 这类问题虽然是一些个别现象，但是往往造成很恶劣的影响。

(103) 即使有难度，也必须努力去做。

以上两个例子的前后两个分句都具有思维表述的对立性。例（102）前一分句说“这类问题是一些个别现象”，既然是“个别现象”，就说明出现的数量少，频率低，也不会造成多大的影响。但后一分句却说“往往造成很恶劣的影响”，因此思维发展前后不一致、互相对立。例（103）是同样的情况，前一分句说“有难度”，一般人就会轻易地选择放弃，后一分句却说“必须努力去做”，在思维表述上前后不一致、互相对立。

说话人大脑思维层面的不一致性，具体可以从思维的两种不同认知层面所具有的不同认识来体现。“认知层面是指人们对客观事物或现象的概括认识以及对这种概括认识的主观判定。”① 它体现在两个不同的层面：“一种是主观推测层面，该层面反映的认识不是客观现实情况在大脑中的直接反映，而是人们依据自己的生活经验、背景知识等，对客观现实情况所进行的一种主观推测或判断。另一种是客观反映层面，该层面所反映的认识不是人们依据自己的生活经验、背景知识等对客观情况所进行的一种主观推测或判断，而是客观现实情况在大脑中的直接反应。”② 这两种关系又可以通过信赖程度加以描述。

一　“虽然A，但是B”的认知层面

（一）主观推测层面

说话人在使用具有转折关系的“虽然A，但是B”复句时，在思维表述上具有对立性，即人们在使用复句的过程中，认为该句式中各分句的内容在思维表述上前后不一致、相互对立。在主观推测层面所反映的认识就是人们在对分句A、B进行主观推测时，可依据前一分句的成立，推出后一分句很可能不成立，即 $0 < P\{B/A\} < 0.5$。例如：

（104）虽然爱美丽是外国孩子，但是她的言谈举止竟和中国

① 丁力：《语法》，三秦出版社2005年版，第2页。

② 丁力：《汉语语法问题研究》，三秦出版社2012年版，第44—47页。

孩子一样。

(105) 漏检的汽水在我们厂的产品中虽然是千分之一、万分之一，但是到顾客之中，就是百分之百。

(106) 城中虽然没有什么高楼大厦，但是别墅多姿，店铺林立。

例（104）的前后分句具有因果违逆的语义关系，例（105）的前后分句具有前后对立的语义关系，例（106）的前后分句具有差异订补的语义关系。如例（104），在说话人的主观推测中，既然“爱美丽是外国孩子”，那她所处的环境，她所接受的教育，都和中国孩子不一样，导致她的行为举止也应该和中国孩子有很明显的区别才对，也就是在P｛爱美丽是外国孩子｝=1的前提下，“她的言谈举止竟和中国孩子一样”成立的可能性很小，0<P｛她的言谈举止竟和中国孩子一样｝<0.5，即0<P｛B/A｝<0.5。例（105）和例（106）也是同样的道理，我们在对复句前后分句进行主观推测的过程中可依据前一分句的成立，推出后一分句不成立或者很可能不成立，也就是0<P｛B/A｝<0.5。

（二）客观反映层面

说话人在使用“虽然A，但是B”句式时，在客观反映层面的认识是分句A表示的事情成立，即P｛A｝=1，分句B表示的事情也成立，即P｛B｝=1，也就是P｛A｝=P｛B｝=1。

在例（104）（105）和例（106）中，不管它们的前后分句是哪一种语义关系，它们在客观反映层面都表示P｛A｝=P｛B｝=1。再比如：

(107) 津巴布韦1984年虽然遭受严重干旱，但是，农业仍然获得了好收成。

(108) 虽然在经济上医院受到一定损失，但是，维护了病人利益。

(109) 我们虽然向着这个方面做了些努力，但是还很不够，还要继续努力。

例（107）的前后分句具有因果违逆的语义关系，例（108）的前后分句具有前后对立的语义关系，例（109）的前后分句具有差异订补的语义关系。例（107）中说话人在说这句话时，在客观反映层面承认“津巴布韦 1984 年遭受严重干旱”这一客观事实，按照一般逻辑，该国本年度的农业收成肯定会遭受一定程度的损失，这也是说话人在阐述 A 分句事实时的想法，但是实际情况是分句 B“农业仍然获得了好收成”。说话人故而用“虽然 A，但是 B”来强调这种因果违逆性，然而最终事实并不是依据说话人的意志为转移的，分句 A：P｛津巴布韦 1984 年遭受严重干旱｝=1，分句 B：P｛农业仍然获得了好收成｝=1，也就是 P｛A｝=P｛B｝=1。例（108）（109）也是同样的道理。

二　“即使 A，也 B”的认知层面

（一）主观推测层面

同“虽然 A，但是 B”句式一样，说话人在使用具有转折关系的“即使 A，也 B”复句时，在思维表述上具有对立性，即人们在使用该句式的过程中，认为复句中各分句的内容在思维表述上前后不一致、相互对立。主观推测层面所反映的认识就是人们在对分句 A、B 进行主观推测时，可依据前一分句的成立，推出后一分句不成立或者很可能不成立，即 $0<P\{B/A\}<0.5$。例如：

（110）即使女生比男生强，（用人单位）也不要女生。

（111）即使（媒体）胡编乱造，（阅读者）也会信以为真。

（112）为省下几角钱，即使看病，他也常常步行。

例（110）的前后分句具有因果违逆的语义关系，例（111）的前后分句具有对立的语义关系，例（112）的前后分句具有差异订补的语义关系。如例（110），在说话人的主观推测中，既然“女生比

男生强”，那么本着择优录取的原则，用人单位肯定会先录取女生，也就是在P｛女生比男生强｝=1的前提下，“（用人单位）不要女生”成立的可能性很小，0<P｛（用人单位）不要女生｝<0.5，即0<P｛B/A｝<0.5。例（111）（112）是同样的道理，我们在对复句的前后分句进行主观推测的过程中可依据前一分句的成立，推出后一分句不成立或者很可能不成立，也就是0<P｛B/A｝<0.5。

由此我们可以看出，“虽然”句式与“即使”句式在主观推测层面的这种一致性，是这两个句式能互相转化的重要原因之一。

（二）客观反映层面

说话人在使用“即使A，也B”句式时，客观反映层面的认识是在前一个分句A成立的情况下，说话人认为后一个分句B也是成立的，即P｛B/A｝=1。

例（110）（111）和例（112），不管它们的前后分句是哪一种语义关系，它们在客观反映层面都表示P｛B/A｝=1。再比如：

（113）即使雪融化了，脚印也不会消失。

（114）即使身陷囹圄，他也时刻想着人民。

（115）这类影片即使制成了，发行也困难。

例（113）的前后分句具有因果违逆的语义关系，例（114）的前后分句具有前后对立的语义关系，例（115）的前后分句具有差异订补的语义关系。我们可以将例（113）看作实言即使句，也可看作假言即使句。不管是实言句还是假言句，当分句A“雪融化”是真实存在的，那么，说话人就认为分句B“脚印不会消失”也是真实存在的，P｛脚印不会消失/雪融化了｝=1，即P｛B/A｝=1。例（114）则是一个明显的实言即使句，因而在说话人看来，“身陷囹圄”是真实存在的，在内心深处“他时刻想着人民”也是真实存在的，P｛时刻想着人民/身陷囹圄｝=1，即P｛B/A｝=1。

由以上可以看出，“虽然”与“即使”句式在客观反映层面的不一致性，是这两个句式的语义存在差异的重要原因。正是这种差异，导致二者的用法有所不同，在某些时候不可以互换使用。

第三节　“虽然 A,但是 B”与“即使 A,也 B”的前项

“虽然 A，但是 B”与“即使 A，也 B”的前面总是或隐或现地会出现一个前项 O，这个前项 O 不是指出现在句式前的内容，而是指在语义关系与句法关系上与句式密切相关的成分。“虽然 A，但是 B”和“即使 A，也 B”的前项都可分为两种：显性的前项和隐性的前项。显性的前项是指出现在文中的、可直接找到的成分。隐性的前项则是指没有直接出现在句式前、可依据上下文补齐的成分。例如：

(116) 谈恋爱也要讲道德，我现在虽然进了城，条件变好了，但是我和小谢的感情没有变，也不能变。

(117) 虽然的确出现过一些挫折，但是，整个情况仍是很光明的。

(118)《窦娥冤》中的窦娥，临刑前发下血飞白练、亢旱三年、六月飘雪三桩誓愿，死后即使成了鬼魂，她的怨恨也没有平息，向父托梦伸冤。

(119) 即使个人遭遇不公正待遇，也在所不惜。

在例（116）中，前项是“谈恋爱也要讲道德”，例（118）中的前项是“《窦娥冤》中的窦娥，临刑前发下血飞白练、亢旱三年、六月飘雪三桩誓愿”。例（116）中的前项起到前提条件的作用，例（118）中的前项起到补充说明“即使 A，也 B”句式内容的作用，这两个显性前项都有助于我们理解文本内容，使我们可以更全面地理解例句的含义。例（117）和例（119）都没有明显的前项，但是我们可以根据例句的内容补出隐含的前项，例（117）的前项应该是“我们应该坚持不懈，正确地看待一时的挫折和弯路”，例（119）的前项是“他坚持正义，可以为了正义的事业做出牺牲”。

一　显性的前项与“虽然A，但是B”和“即使A，也B”之间的关系

显性的前项是在文本中可以直接找到的，它与“虽然A，但是B”和“即使A，也B”之间的关系均可分为三类：一是因果关系；二是解说关系；三是补充关系。

（一）因果关系

显性的前项与其后句式的因果关系是指前项O先提出一个条件原因，句式“虽然A，但是B”和“即使A，也B”则是前项O导致的结果。例如：

（120）各抗日根据地经过减租减息和大生产运动，并没有根本改变个体私有的经济性质，虽然劳动人民物质生活也有了相当的改善，但是，劳动人民还没有达到富裕的程度。

（121）青年学生们时刻悬念着祖国和民族的命运，即使那些素来埋头用功的学生，也情不自禁地投入这动荡不安的政治激流，再也不能安心读书了。

例（120）中，前项O提出一个原因“没有根本改变个体私有的经济性质”，导致的结果通过“虽然A，但是B”句式体现出来，就是“劳动人民还没有达到富裕的程度”。例（121）中，前项O提出的原因“青年学生们时刻悬念着祖国和民族的命运”，导致的结果通过跟在后面的句式“即使A，也B”体现出来，就是“情不自禁地投入这动荡不安的政治激流，再也不能安心读书了”。

有时，出现在“即使A，也B”句式前面的前项O所提出的原因并不一定是真实存在的，可以是某种条件或者某种假设，有助于我们明确判断“即使A，也B”所表达事件的真实性。形式上就表现为在前项中常出现表示条件的“只要”“无论”“不管”“不论”和表示假设的“如果”“倘若”“假使”“假如”，此时，“‘即使’后的A

也是虚拟性的‘即使’句，为‘即使’假言句”[①]。例如：

（122）只要下点功夫、持之以恒，即使没有教师直接传授，也可以通过自学来达到目的。

（123）如果没有良好的环境，学习的机会，兴趣的培养，苦心的锻炼，即使有优良的天资，也往往得不到能力和天才的发展。

例（122）中前项 O 提出一个条件“下点功夫、持之以恒”，该条件产生的结果，则由之后的“即使 A，也 B”句式体现出来，即“没有教师直接传授，可以通过自学来达到目的”。例（123）中前项 O 做出一个假设“没有良好的环境，学习的机会，兴趣的培养，苦心的锻炼”，该假设造成的结果是“有优良的天资，往往得不到能力和天才的发展”。通过以上两个例子，表示虚拟性的前项使我们很容易就判断“即使 A，也 B”句式表达的是一种假设的情况。同时，也可以看出，作为原因的前项 O 和分句 B 是有着直接因果关系的。

（二）解说关系

显性的前项与其后句式的解说关系是指前项 O 先提出一个事实，出于方便听话人理解的目的，在其后用“虽然 A，但是 B”和“即使 A，也 B”句式对这个前项进行总结或者更详细的解释说明，实际上在内容上并没有做出补充，仅仅是对前项的重新解说。例如：

（124）成人大脑平均值：男脑重 1388 克，女 1252 克。但是，相对于体重来说，男性每公斤体重的脑重为 21.6 克，女性每公斤体重的脑重为 23.6 克。这就是说，虽然绝对脑重是男性超过女性，但是相对脑重却是女性超过男性。

（125）正常人食物在胃内逗留的时间约为 4 至 5 个小时。这

① 梅立崇：《现代汉语的“即使”假言句》，《世界汉语教学》1995 年第 1 期，第 26 页。

就是说，即使吃一顿正常的晚餐，到上床的时候，胃内也已经没有食物了。

例（124）中，前项 O 是一系列详细的数据“成人大脑平均值：男脑重 1388 克，女 1252 克。但是，相对于体重来说，男性每公斤体重的脑重为 21.6 克，女性每公斤体重的脑重为 23.6 克”，举出这些数据要说明的规律则由“虽然 A，但是 B”句式来总结，即“绝对脑重是男性超过女性”“相对脑重是女性超过男性”。例（125）则是前项 O 先阐述一个事实“正常人食物在胃内逗留的时间约为 4 至 5 个小时”，为了使听话人更加直接清楚地了解这个概念，在其后用“即使 A，也 B”句式举了一个例子来说明，即“吃一顿正常的晚餐，到上床的时候，胃内已经没有食物了”，以此辅助说明前项 O。在这类解说关系的“虽然 A，但是 B”与“即使 A，也 B”句式中，常在前项 O 和句式之间插入表解释说明的“这就是说”“也就是”“换句话说就是”等插入语。

（三）补充关系

显性的前项与其后句式的补充关系是指前项 O 先提出一个事实，在其后用“虽然 A，但是 B”和“即使 A，也 B”句式加以补充说明，使前项 O 的意思更加完整。例如：

（126）郭子兴却有另一种主张，地主要少派些，横竖地面上只有数得出的几十家地主，派多了，地主吃不消，会逃跑，贫农小户，虽然油水少，但是人数多，一家派一点，汇总起来就是一个大数目。

（127）而对于犯错误的人来说，不揭露错误，就无法测知他对自己错误的态度，就无法使他进行自我反省，即使反省，也会多是表面的、应付的、没有下决心的，因而要他改正是不可能的。

例（126）中前项 O 说明的是郭子兴的主张“地主要少派些”，

如果这么做的话，油水多的地主派得少，贫农小户的油水又少，最后收到的数目肯定不会太多，于是又在其后用“虽然A，但是B”句式补充说明贫农小户“人数多，一家派一点，汇总起来就是一个大数目”。例（127）中前项O说明的是不指出一些人所犯的错误的话，会导致他们不进行自我反省。这句话还有不严密的地方，还存在有的人会进行自我反省的情况。于是用“即使A，也B”补充说明有的人进行自我反省也会有不足的地方：“反省，多是表面的、应付的、没有下决心的”。

二　隐性的前项与“虽然A，但是B”和“即使A，也B”之间的关系

隐性的前项是指在特定的条件下，没有直接出现在文中，并且不影响对文本的理解，我们可以根据上下文将其补出来的那部分。前项O传达的语义信息通过分句B体现出来，分句A起强调烘托的作用。因而，我们在补出前项O的内容时，要注意同时涵括分句A和分句B的信息。

同显性的前项相比，隐性的前项在文中与之后的“虽然A，但是B”和“即使A，也B”一样具有因果、解说、补充三种关系。例如：

（一）因果关系

（128）目前虽然我的女儿还未痊愈出院，但是，孩子终于得救了。

（129）即使你不会游泳，掉进死海也沉不下去。

从例（128）中我们可以推测出，前项O是“经过这一段时间的精心医护”。其中“得救”这一信息由“精心医护”来体现，而这种阶段性的成果“目前我的女儿还未痊愈出院”，则由“这一段时间”来体现。因而前项O的意思也就是，由于精心医护，孩子得救了；由于只是一段时间，不是一个完整的疗程或者长时间的医治，所以还需要继续住院接受治疗。对例（129），我们推测前项O是“死海的密

度很大”，对应了分句B“掉进死海也沉不下去”。为了说明密度到底有多大，分句A就举了一个极端的例子“你不会游泳”，强调在极端的情况下前项O依然成立。

（二）解说关系

（130）虽然秦始皇也曾推行种种不利于经济和文化发展的政策，曾对人民进行残暴的统治，因而秦不久也就灭亡，但是秦的统一，对此后历史的发展，影响还是巨大的。

（131）即使在医院里，他也闲不住。

例（130）中，我们推测出前项O是“我们应该辩证地看待秦始皇的功与过，尤其是功”。“过”对应的是分句A“秦始皇也曾推行种种不利于经济和文化发展的政策，曾对人民进行残暴的统治，因而秦不久也就灭亡”，“功”对应的分句B“秦的统一，对此后历史的发展，影响还是巨大的”。显然，分句B是对分句A的展开叙述。例（131）中，我们推测出前项O是“他勤快了一辈子”，对应了分句B的“闲不住”。为了说明勤快的程度，分句A就举了“在医院里”这么一个极端的情况，本应该是好好休息，接受治疗，“他”依旧很勤快。

（三）补充关系

（132）人的膳食中钙的含量虽然很多，但是吸收利用率不够理想。

（133）即使能够生产，质量也难完全保证。

例（132）中，我们推测出前项O是“服用钙片等补充剂是一个很好的选择，不能单依靠从食物中吸收”。分句A“人的膳食中钙的含量很多”，对应前项O中的“从食物中吸收”，分句B则对“不能单依靠从食物中吸收”进行说明，是因为“吸收利用率不够理想”。例（133）中的前项O可推测出是“该工厂很难恢复到停产前的效益，很多机器都有问题”。前项 O 说明了“很多机器都有问题”，所以应该无法进行生产工作，导致“该工厂很难恢复到停产前的效益”。为了强调说明“很难恢复到停产前的效益”，分句 A 做出假设“能够生产”，也就是退一步说保证了工厂的产量，还存在着分句 B“质量也难完全保证”的问题。

第三章 “虽然A,但是B”与“即使A,也B”语用价值比较

根据“小三角”理论，语用价值是指修辞效果以及在不同语境中的价值。“虽然A，但是B”和“即使A，也B”作为现代汉语转折句的代表句式，最明显的语用功能就是强调。具体说来，依据我们在第二章第一节的划分，分句间具有因果违逆关系的句式更突出强调功能，分句间具有前后对比关系的句式更突出对比功能，分句间具有差异订补关系的句式更突出补充功能。此外，由于“虽然A，但是B”让步承认的是已发生或存在的事实，因而在语气表达上侧重于实话实说，对事实描述更客观。而“即使A，也B”既可描述已发生或存在的事实，也可描述未发生或不存在的事实，让步的语气更重。

第一节 相同的语用功能

“虽然A，但是B”和“即使A，也B”句式分句间的语义关系都可分为因果违逆类、前后对比类和差异订补类，在实际交际中，有强调、对比和补充的功能。

一 强调功能

强调功能表现了转折句式在交际中的功能性，说话者为了能引起听话人的注意，尤其是为了使重要信息更好地传递出去，被听话人接受，就采用“虽然A，但是B”句式和“即使A，也B”句式。无论是在整体的语言环境中，还是在句式内部，“虽然A，但是B”和

“即使 A，也 B”都有强调所描述信息的作用。只是从句式内部来说，具有因果违逆性的两个句式比“因为 A，所以 B”到“A，较大可能非 B”的因果不一致性所导致的强调功能更突出。

（一）“虽然 A，但是 B”与“即使 A，也 B”在语篇中的强调功能

在语篇中使用转折句式来表情达意可以使表达产生跌宕起伏的良好效果，增加文章的变化美。同时，由于转折句式暗含了人们在正常情况下对应当出现的结果的一种肯定，当事实的结果和人们的预测不一致时，就容易引起人们的心理落差感，促使人们或有意或无意地关注真实结果，使得说话人所传递的信息得到更普遍的关注。例如：

（134）写现代或当代生活的作品，素材不全是直接的；写历史小说的作家，虽然是要从历史书和地方志等材料中获得很多间接素材，但是也离不开直接素材的补充。

（135）写现代或当代生活的作品，素材不全是直接的；写历史小说的作家，从历史书和地方志等材料中获得很多间接素材，也离不开直接素材的补充。（改写）

（136）这样做的好处是，人们可以在两周时间内的任何一天投寄，不必一定赶在年底，因为即使早投寄出去，邮局也会代为保存到新年第一天一同投寄，从某种意义上来说这为人们节省了时间。

在例（134）中，句子分析的是写作素材的来源直接或者间接的都有，并不全是某一种。在“写现代或当代生活的作品”时，尽管很贴近我们现在的生活，但也会用到间接的素材，并“不全是直接的”，而像历史小说，一般认为它的时代背景远离我们的生活，素材应该全部是间接的才行，说话人为了说明事实并不是这样，采用“虽然 A，但是 B”句式来表示，确实是有很多间接素材，但也不是没有直接素材。此时采用转折句式，一方面说明了写作素材直接、间接的都有，另一方面又强调了两者缺一不可。如果像例（135）那样去掉

表示转折的关系词，句子的整体意思并未发生改变，仍表示写作素材有直接的也有间接的。但我们不能像例（134）那样准确理解说话人意在强调二者缺一不可。因而对比例（134）和例（135），前者的主观意味强，更加生动。后者则十分客观。在例（136）中，说话人先说出一个事实“可以在两周时间内的任何一天投寄，不必一定赶在年底”，接着解释这么做的原因，是因为“邮局也会代为保存到新年第一天一同投寄”，为了强调“不必一定赶在年底”，采用了“即使A，也B”句式来假设一种特殊情况，即“早投寄出去”，比如这两周时间内的第一天，然而其实际效果和这两周时间内的最后一天投寄出去是一样的，都是“新年第一天一同投寄”，验证了句子开头的事实。

（二）“虽然A，但是B”与“即使A，也B”句式内部的焦点

语义表达的重心即句子的语义焦点，是说话人想要突出表达的重点部分，也是听话人要着重把握的部分。对于“虽然A，但是B”和“即使A，也B”句式来说，句式内部的焦点一般放在后一分句，即分句B上。因为从标记的角度看，分句B的关系词明确了转折复句内部前后分句之间的关系和界限，加强了转折语气，导致在实际交际中，听话人会不自觉地将注意的重心放在后一分句上，从而有效地抓住所传递的信息。例如：

（137）这虽然是一场百年未遇的大洪水，但是，我们有充分的经验来和洪水进行战斗。

（138）即使是冬天，这里也是一派生机。

例（137）和例（138）是分句间具有因果违逆性的转折句。例（137）中，分句A说明了现在的情况是“一场百年未遇的大洪水”，那么接下来的反应一般是觉得这是一件很棘手的事情，我们没有多少经验来应对。而实际的情况是“我们有充分的经验来和洪水进行战斗”，为了着重说明这一点以引起听话人的注意，起到鼓舞士气的作用，此时说话人用转折句式“虽然A，但是B”话锋一转，说明现在“我们有充分的经验来和洪水进行战斗”。全句欲扬先抑，既说明了

现在的情况很严峻，让大家不要掉以轻心，又重点强调说明了我们可以妥善地解决这件事，以安抚听话人紧张的情绪，调动听话人的积极性。例（138）中，分句 A 点明现在的季节“是冬天”，冬天应该是万物萧条的样子，这里却与众不同，而是“一派生机”。采用表示转折的句式“即使 A，也 B”说明了这里平常一直是一派生机，包括在冬天这种极端天气情况下，其他地方都死气沉沉的，这里依旧生机勃勃。全句既隐含了这里平常“一派生机”的意思，又直接说明了在冬天这种极端天气下，这里依旧如此，让听话人对这里的情况有一个鲜明的直观的了解，即“一派生机”。

二　对比功能

对比功能是指“虽然 A，但是 B”和“即使 A，也 B”句式中的分句 A 和 B 分别代表两种事物，或者同一种事物的两个方面，用 A 事物来衬托 B 事物，使得人们可以更加全面地了解两种事物或者同一种事物。这种对比有时候在句子中表现得很明显，分句 A 和 B 出现了反义词，或者是分句 B 中出现了表示程度递增的“更”“还”等词语，还有的是在属性上有本质的区别和不同。有时候，这种对比则表现得不是很明显，需要我们结合常识或者是前项 O 才能体会出这种隐含的对比。这种对比在分句间具有前后对比性的转折句上表现得最清楚。例如：

（139）虽然王衍讨厌那匹河东狮子的贪浊，口不言“钱”，但是谈玄时所用“与手同色”的玉柄尘尾和那支“与玉同色”的手，没有钱哪里买得到办得起呢！

（140）章太炎的政治方案虽然也包含一些资产阶级民主思想的因素，但是更多的却是中国过去历史上开明专制的影子。

（141）即使是处在狂风暴雨的舆论中心，他也“我自岿然不动”。

（142）即使她没有上过学，也知道人得有个精神追求。

例（139）（140）（141）和例（142）都是分句间具有前后对比性的转折句。例（139）中，分句A“王衍讨厌那匹河东狮子的贪浊，口不言‘钱’”表示王衍并不贪财，而分句B中说他“谈玄时所用‘与手同色’的玉柄尘尾和那支‘与玉同色’的手，没有钱哪里买得到办得起呢”直接点明了王衍拥有大量的财富，和分句A中他的言行构成了鲜明的对比，使我们直观地感受到王衍的言行不一致。例（140）中，章太炎的政治方案既包含“资产阶级民主思想的因素”，又包含“中国过去历史上开明专制的影子”，资产阶级的民主思想和封建社会的专制本是完全对立的两种思想，却同时出现在一个政治方案里，对比鲜明。例（141）中，分句A点明舆论中心的情况是“狂风暴雨”，而分句B中主人公的“岿然不动”则和分句A形成对比，烘托了主人公的冷静淡定。

以上三个例子的对比都是比较鲜明的，例（139）中分句A和B分别表示的是言行上的不一致，例（140）中分句A和B则是本质属性上有明显的不同，例（141）中分句A和B则是两种截然不同的境况。例（142）中分句A和B的对比则没有以上三个例子明显，从表面上看“她没有上过学”和“知道人得有个精神追求”没有对立的地方，而隐含的前项O是指“人没有上过学，一般没有或者很少意识到精神追求的需要”，前项O和分句B中的“知道人得有个精神追求”形成对比。

三　补充功能

补充功能是指“虽然A，但是B”和“即使A，也B”中分句A和B略有差异，但又没有构成完全对立，分句B是对分句A的补充和完善，一般是更关键的信息。这种补充功能在分句间具有差异的订补性的转折句上表现得最清楚。例如：

（143）我们<u>虽然</u>为教练赢下了这场比赛，<u>但是</u>赢得并不漂亮。

（144）<u>即使</u>我们承认人人都有权发表自己的意见，那<u>也</u>不等于说人人发表的意见都是同样正确的。

例（143）和例（144）是分句间具有差异订补性的转折句。例（143）的内容是在比赛后对这次比赛做的说明，首先分句A说明赢了这场比赛，接着采用“虽然A，但是B”句式在分句B中补充“赢得不漂亮”，说明不要被胜利冲昏了头脑，接下来还可以顺着分句B对这场比赛做一个详细而全面的分析。例（144）是对言论自由权做的一个解释，分句A说明人人都有言论自由的权利，接着分句B对这个自由度做了一个限定，说明“不等于说人人发表的意见都是同样正确的”，完善了言论自由的具体含义。

第二节　不同的语用功能

黎锦熙《新著国语文法》在“让步句”下面讲“虽然”和“即令”等，指出前者重在“表事实上之容忍，后者重在表心理上之推宕”。“虽然A，但是B”句式和“即使A，也B”句式同时都具有让步性和转折性，很多时候两者还可以互换，但是它们有不同的表达效果。简单说来，“虽然A，但是B”句式实事实说，客观性较强。“即使A，也B”句式则是以虚表实、实事虚说，所说的事往往显得若有若无，似实似虚，并且带有某种主观情绪或夸张口气，让步意味重。

一　“虽然A，但是B”句式

“虽然A，但是B”主要是对事实的让步，表示容忍A事的存在，却不承认A事对B事的影响，它故意借A事来从相反的方向托出B事，使B事特别突出，引人注意。

（145）她没有上过学校，她不会法语、英语和德语。

（146）她没有上过学校，但是她学会了法语、英语和德语。（改写）

（147）她虽然没有上过学校，但是她学会了法语、英语和德

语。（改写）

以上三个例子，例（145）是因果句，说明人们一般在学校学习各种知识。例（146）是一般的转折句，前后分句用“但是”连接，说明“她”和一般人不太一样，是自学知识的。例（147）则是容认性让步句，先容认后让步转折，先用“虽然”指出“她没有上过学校”的事实，引出笼罩全句的转折语气，造成欲扬先抑的气势，从而衬托出“她”依靠自身努力，自学多种外语，产生积极的强调作用，引起人们的注意。

二　“即使A，也B”句式

“即使A，也B”句式是对虚拟情况的让步，或者是带虚拟口气的让步。表示承认A事的存在——A事一般是假设，不是假设的也带有一定的虚拟口气——却不承认A事对B事的影响，它故意借A事来从相反的方向托出B事，使B事特别突出，引人注意。

先说当A是虚拟事实的情况：

（148）即使你是孙悟空，也得受“紧箍咒”的制约。

（149）即使倾家荡产，也要给思佳治病。

以上两个例子都是假言即使句。通过“即使A，也B”句式，以虚表实，让步承认一种最不可能发生的情况，从而突出B事实，表现了说话人的态度坚决。例（148）中，孙悟空再无法无天，也得受到紧箍咒的制约。暗含“你”不如孙悟空，更得受到制约。例（149）中，说话人为了显示自己“要给思佳治病”的坚决态度，举了一个极端的情况“倾家荡产”，更能烘托出这种坚决性。

另外还有A事指的是事实，但“即使A，也B”句式实事虚说，加强前一分句的让步意味，强化信息。例如：

（150）即使关汉卿的《窦娥冤》是杰作，也加了一个乃父升官，为女复仇的胜利尾巴，反而冲淡了悲剧的气氛。

(151) 虽然关汉卿的《窦娥冤》是杰作，但是加了一个乃父升官，为女复仇的胜利尾巴，反而冲淡了悲剧的气氛。(改写)

(152) 即使在显微镜发明之后，人们一时也还没有寻出这种疟原虫来。

(153) 虽然发明了显微镜，但是人们一时还没有寻出这种疟原虫来。(改写)

例（150）和例（152）都是实事虚说。例（150）中，说话人意图说明过于圆满的结局会弱化悲剧效果，水平一般的剧本很容易出现这种弊病。现在，最不可能导致这种后果的杰出剧本都出现了相同的问题，就不用说不如这个的其他剧本了。此时，说话人和听话人心中都有一个共同的认知就是“杰出的剧本不会有这种瑕疵”，和说话人实际表达的内容产生碰撞，强化了全句的信息。而用“虽然A，但是B”句式所表达的同一内容，则是听话人客观地描述了这一现象，只是简单地说明存在这一现象，不会引起听话人的强烈关注或者反思。例（152）隐含的假设是“如果发明了显微镜，就能立刻找到这种疟原虫”，包含拥有显微镜是找到这种疟原虫唯一途径的意思。实际情况是“发明了显微镜，人们一时还没有寻出这种疟原虫来”。实事虚说，强化了“人们一时还没有寻出这种疟原虫来”这一信息。如果像例（153）那样用“虽然A，但是B”句式表达，则是客观地表达人们没有找到疟原虫。

结　　语

同为转折类复句的“虽然 A，但是 B”和“即使 A，也 B”句式，从语表形式、语里意义到语用价值，既有一些相同的特征，又各具其鲜明的特点。

首先从语表形式上说，“虽然 A，但是 B”句式和“即使 A，也 B”句式的关系词语都可替换为带有转折或者让步性质的关系词，还可以隐去关系词，构成带有转折性质的意合句。这些变动都不会改变句子原本的意思，只会造成不同的表达效果。而将后一分句提前，则更是加强了转折句的强调意味。在拓展式方面，“虽然 A，但是 B”和“即使 A，也 B”都可和表示因果关系的关系词连用。此外，“即使”句和表示时间、地点的短语连用，对复句进行补充说明，有助于我们理解“即使”句是实言的还是假言的。总的说来，二者在语表形式方面的区别不明显。

其次从语里意义上说，“虽然 A，但是 B”句式和“即使 A，也 B”句式分句间的语义关系都可分为因果违逆类、前后对立类和差异订补类三类。从前项来说，这两个句式也都可分为显性的前项和隐性的前项。尽管隐性的前项没有出现，但是它与显性的前项一样，和其后的句式之间的关系都可分为因果关系、解说关系和补充关系。只不过对于隐性前项来说，它虽然在句子中没有直接出现，但是它通过分句 B 体现出含义，分句 A 起强调作用。最大的区别则表现在认知层面，尽管两者在主观推测层面是相同的，都可依据前一分句的成立，推出后一分句不成立或者很可能不成立，用信赖程度表示是 $0 < P\{B/A\} < 0.5$。在客观反映层面则明显不同：对于“虽然 A，但是 B”

句式来说，人们认为分句 A 表示的事情成立，分句 B 表示的事情也成立，用信赖程度表示是 P {A} = P {B} = 1；对于“即使 A，也 B”句式来说，人们则认为在前一个分句 A 成立的情况下，说话人认为后一个分句 B 也是成立的，即 P {B/A} = 1。之所以会出现这种不同，是因为“虽然 A，但是 B”句式是对已然事实的转折让步，而“即使 A，也 B”则既有可能是对已然事实的转折让步，也有可能是对未然事实的转折让步，因而对于说话人来说，分句 B 依托于分句 A 的成立而成立。

最后从语用功能上说，“虽然 A，但是 B”句式和“即使 A，也 B”句式的“轶出预期”的特点使得两个句式的强调功能最为突出，其次还具有对比功能和补充功能。最明显的不同则是，在具体的表达上，“虽然 A，但是 B”句式实事实说，客观性较强。而“即使 A，也 B”句式则不论让步承认的是已然的事实，还是未然的事实，整个表达都显得似实似虚，简单看来，加重了句子的让步意味。从更深层次看来，则是说话人的主观意识强化了句子的表达效果。

综合以上三个角度，通过邢福义的“小三角”理论对“虽然 A，但是 B”和“即使 A，也 B”句式进行整体上的比较分析发现，二者最主要的区别表现在语里意义的认知层面：由于说话人对两个句式的信赖程度不同，尤其是客观反映层面的不同，导致在面临不同场合的不同表达需求时有选择性地使用了某个句式，从而形成了不同的表达效果。这也就导致我们在分析第三个角度“语用价值”时二者出现了区别，“虽然 A，但是 B”侧重客观描述，“即使 A，也 B”则多从主观出发，感情充沛，因而它所描述的事实往往带有较多的主观推测。

本编还有许多不足，对语料的分析和归纳能力还有待提高，有许多值得借鉴的有关理论观点被排除在外。这些问题都有待于以后的研究和实践。

参考文献

一　专著

G. 波利亚：《数学与似真推理》，杨讯文译，福建人民出版社 1985 年版。

北京大学中文系：《现代汉语虚词例释》，商务印书馆 1998 年版。

丁力：《汉语语法问题研究》，三秦出版社 2012 年版。

丁力：《语法》，三秦出版社 2005 年版。

龚千炎：《语言学论集》，京华出版社 2000 年版。

何兆熊主编：《新编语用学概要》，上海外语教育出版社 2000 年版。

黎锦熙：《新著国语文法》，湖南教育出版社 2007 年版。

吕叔湘：《现代汉语八百词》，商务印书馆 1999 年版。

吕叔湘：《中国文法要略》，辽宁教育出版社 2002 年版。

马建忠：《马氏文通》，商务印书馆 1898 年版。

王力：《中国现代语法》，商务印书馆 1985 年版。

王维贤、张学成、卢曼云、程怀友：《现代汉语复句新解》，华东师范大学出版社 1991 年版。

王自强：《现代汉语虚词词典》，上海辞书出版社 1998 年版。

邢福义：《汉语复句研究》，商务印书馆 2003 年版。

邢福义：《汉语语法学》，东北师范大学出版社 1996 年版。

邢福义：《语法问题发掘集》，湖北教育出版社 1992 年版。

邢福义：《语法问题思索集》，北京语言学院出版社 1995 年版。

邢福义：《语法问题探讨集》，湖北教育出版社 1986 年版。

邢福义：《语法问题追踪集》，中国社会科学出版社2008年版。

张谊生：《现代汉语虚词》，华东师范大学出版社2000年版。

章锡琛：《马氏文通校注》，中华书局1954年版。

二　学术期刊

陈小红：《现代汉语转折复句的语义基础》，《华文教学与研究》2012年第4期。

戴悉心：《“即使”句的分类及其语义语用分析》，《世界汉语教学》2001年第2期。

冯志纯：《试论转折关系的假设复句——兼谈“尽管”和“即使”“不管”的区别》，《语言教学与研究》1990年第2期。

高志胜：《现代汉语让步连词研究综述》，《安徽文学》（下半月）2008年第9期。

郭燕妮：《汉语转折复句研究综述》，《长江大学学报》（社会科学版）2008年第2期。

郭志良：《汉语复句问题的思考》，《语言研究》2002年第1期。

李昌年：《转折复句表述互逆转换现象及其语义关系论析》，《江西教育学院学报》2013年第4期。

刘加昆：《逻辑语义框架下的让步句语意重心分析》，《语文学刊》2006年第9期。

刘永红：《转折复句语意重心的逻辑语义分析》，《暨南大学华文学院学报》2003年第1期。

梅立崇：《现代汉语的“即使”假言句》，《世界汉语教学》1995年第1期。

牛保义：《复句语义的主观化研究》，《外国语言文学研究》2005年第4期。

史金生、孙慧妍：《“但（是）”类转折连词的内部差异及其形成机制》，《语文研究》2010年第4期。

王忠良：《“即使……但是”复句逻辑初探》，《延边大学学报》（哲学社会科学版）1993年第2期。

邢福义：《现代汉语转折句式》，《世界汉语教学》1992 年第 2 期。

张建军：《现代汉语转折复句研究综述》，《现代语文》（语言研究版）2012 年第 11 期。

郑丹、田文霞、张锐：《转折关系的预设研究》，《外语学刊》2013 年第 3 期。

三　学位论文

刘永红：《现代汉语转折复句的逻辑语义分析》，广西师范大学，2003 年。

牛海燕：《现代汉语居后“虽然”句的多角度考察》，华中师范大学，2011 年。

唐凤燕：《现代汉语“即使”复句探悉》，暨南大学，2003 年。

王小郴：《复句的预设和复句研究》，福建师范大学，2004 年。

朱珏：《“即使……也……”复句研究》，上海外国语大学，2008 年。

第六编

“即使”句与相关复句的比较研究

马　乐

作者简介：马乐（1989.4— ），女，河南南阳人，陕西理工大学2012级汉语言文学专业硕士研究生，师从丁力教授，研究方向为现代汉语语法。读研期间发表学术论文2篇：《“v-得-c”结构中“得”字的省略》《“即使A，也B”的认知层面》，参与陕西理工学院研究生创新基金项目1项。现在上海从事高级知识研究员一职。

绪　论

20世纪末，学者们对现代汉语复句继续进行深入探索，不仅表现出研究角度上的更新、研究视野上的开阔，也体现为范围上的更细致更深刻、研究方法的更加多样灵活，复句研究领域著述丰硕。但在"即使"句与相关复句比较分析研究这方面则缺乏高质量的研究成果和系统的整理。邢福义曾提出，并列关系和因果关系反映了事物间最原始最基本的联系，转折关系则是在这种联系的基础上产生的异变性联系[①]。他还提出，对并列复句或因果复句的后一分句进行否定，就可以将它们转化成转折复句，这是三类复句异变性联系的重要表现形式[②]。后来，邢福义在《汉语复句研究》中又提出"'即使'句是转折类复句，其中一部分由并列类复句转化而成，另一部分由因果类复句转化而成"[③]。本编受这些理论的启示，旨在尝试借用邢福义的"小三角"理论，对有着密切联系的"即使"句与相关复句进行比较研究，争取为复句的全面系统研究在新阶段的发展贡献一份绵薄之力。

一　研究对象及研究目的

在进行研究之前，须先明确本编的研究对象和研究目的，并对相关概念和定义加以界定。

本编的研究对象是现代汉语中"即使"句式及与之相关的另外两

---

① 邢福义：《语法问题探讨集》，湖北教育出版社1986年版，第291页。

② 同上书，第285—293页。

③ 邢福义：《汉语复句研究》，商务印书馆2001年版，第440页。

类复句“并列类复句”和“因果类复句”，以及该句式与并列类复句和因果类复句间的相互联系。“即使”句有多种表现形式，其“基本句法格式为‘即使A，也B’，属让步转折句”[①]。“即使A，也B”句式，是指以“即使……也……”为标志特征的句子。本编对“即使……也……”句式的探究，是建立在邢福义让步转折语义[②]基础之上的。由于“即使”句的表现形式多种多样，本编对“即使”句进行了界定——研究的对象仅包括由“即使……也……”引导的复句，不包括非复句形式。为了行文方便，正文中出现的“即使”句专指“即使……也……”句式。

并列类复句是表示广义并列关系的各类复句的总称，包括并列式、连贯式、递进式和选择式四种[②]，为了使讨论对象单纯、一致，本编主要选取了四大语义关系类型中的代表句式“既A，又B”“A，接着B”“不仅A，而且B”“或者A，或者B”等并列复句。因果类复句是表示广义因果关系的各类复句的总称，包括因果句、推断句、假设句、条件句、目的句五种[③]。本编的因果类复句也主要选取五大语义类型中的代表句式“因为A，所以B”“既然A，就B”“如果A，就B”“只有A，才B”“A，以便B”等进行重点分析比较。本编的研究对象以传统的比较典型的并列与因果复句为主，一些常见的用其他关系词语的，或是隐去关联词语的并列复句和因果复句会有所提及。但是为了方便研究问题，我们争取把范围限制在带有关系词语、只包含两个小句的最简单的复句里。实际上，对研究对象和范围进行限定后，对它们的比较和转化所得出的结论可能不是很全面，不过对常用的具有代表性的复句的这种比较和转化研究所得出的结论是相对通用的。

对“即使”句与相关复句进行比较研究，不仅可以对“即使”句进行更全面更深入的了解，而且可以通过对“即使”句与并列类复句及因果类复句的比较，剖析其联系与区别，揭示它们之间转化的

---

① 邢福义：《复句的分类》，语文出版社1987年版，第215页。

② 邢福义：《汉语复句研究》，商务印书馆2001年版，第42—44页。

③ 同上书，第39—42页。

语言规律与特征，进行归纳总结，以期达到细致、全面的理解。

二 研究现状及发展趋势

汉语语法研究在20世纪八九十年代走向了繁荣，复句是语法研究必不可少的一部分，目前，有关复句研究的成果已极为丰富，涉及因果类复句的论文和专著不少。学界对复句的探索继续深入，并尝试运用新的方法和理论，对一些具体的句子进行较深入较细致的研究，开拓新的语法体系理论，力图真正揭示汉语的一些句法规律。学者们对“即使”句、并列类复句和因果类复句的研究也渐渐多了起来，现将相关的研究现状综述如下。

（一）前人对“即使”类复句的研究

对“即使”句的研究，从现有的资料和文献来看，“即使A，也B”这一句式的关注点主要集中在归类、句法、语义和语用方面。

邢福义在《复句与关系词语》中提出新的复句分类体系，把复句分为“转折类、并列类及因果类”，并指出“即使”句属让步转折类复句，其中一部分由并列类复句转化而成，另一部分由因果类复句转化而成。他在《汉语复句研究》中把“即使……也……”句式作为转折类复句下虚拟让步句的典型格式，对“实言‘即使P，也Q’句式”进行了仔细的剖析，并作《现代汉语的“即使”实言句》。梅立崇则在邢福义的“实言句”概念基础上，撰写了《现代汉语的“即使”假言句》。丁力、李建国在《“即使”句的关系词语与句法关系》中指出，“即使”句的关系词语包括“让步标”和“应接标”，并讨论了“即使”句两类不同情况的句法关系，且引入信念值度对这两种句法关系的异同进行比较分析。

戴悉心的《“即使”句的分类及其语义语用分析》探讨了“即使P，也Q”的内部语义关系和外部语义关系，并从这个角度出发分析了“即使”句的归类和分类问题。唐凤燕的《现代汉语“即使”复句探析》将“即使……也……”句式根据“也”的表类同语义，分为对比式和类比式，考察研究句式的表意关系。朱珏在《“即使——也”复句研究》中，从句式的外部语义环境探析和语义特征两个维度对“即使”句的语义进行分析。严子寒的《关于“即使P，也Q”句式语用误用的几点分析》从语用方面辨析了“即使P，也Q”句式与“哪怕P，也Q”“即使P，但Q”三种句式在语义语用上所存在的差异，指导学生正确使用这三种语句。龚一文在《即使的篇章功能研究》中，分别对“即使”“也”进行了内部语义研究，又对句式与前项的关系进行了外部语义环境考察，并以焦点理论、预设理论、系统功能语言学衔接理论、语篇分析内聚性的理论为支撑，对“即使”在篇章中的语用功能进行了研究分析，认为“即使”在语篇中有以下语用功能：逻辑连接功能、凸显焦点功能、“主观化”表达功能和话题标记功能。

此外，其他一些学者也从不同角度对“即使”句进行了研究，如郑丽的《再论“即使”的语法化问题》，吕明臣、佟福奇的《“即使……也……”的语义分析》，刘雪春的《“即使……也……”式复句的逻辑分析》，杜国平的《“即使P，也Q”句式的逻辑分析》，樊明亚的《话说“即使”》，池昌海、凌瑜的《让步连词“即使”的语法化》，张凯悦的《现代汉语“即使……也……”句式研究》。

（二）前人对并列类复句的研究

目前汉语并列类复句的研究主要集中在单句和复句两个层面并围绕并列标志和并列结构进行，而复句层面主要是关于其定义、关联手段、变异、句序及较特殊的并列复句这些方面。

对于并列复句的界定基本上是一致的，黄伯荣、廖序东、胡裕树、张斌、张静、邵敬敏几家比较有影响的“现代汉语”教材对并列复句的定义大致就是并列复句主要是对同一件事、同一情况的几个方面或意义上有关联的几件事的描写或叙述。在《汉语复句研究》中，邢福义把汉语复句分为因果复句、并列复句和转折复句三大关系类别，他还提出，几件事之间存在并举罗列的关系，属于广义并列关系。他将并列复句划分为平列句、连贯式、递进句、选择句四个小类。祝克懿的《并列、承接复句中的词汇关联手段》和《并列复句和承接复句中的语法关联手段》分别探讨了并列复句的词汇关联手段和语法关联手段，他的《并列复句和承接复句的话语结构》考察并抽象出六种基本结构模式，从信息构成的角度分析这六种基本结构模式，并确认它们就是生成并列复句的基本结构形式。

王聿恩的《并列复句的异型变换》指出，并列复句可变换成递进、选择、承接、转折等复句，也可变换成因果、条件、假设等复句；尹小香、冯广艺的《浅谈并列复句的变异运用》探讨了变异的并列复句的平列句式和对照句式的变异类型、语义变化的特点，以及某些平列句式和对照句式互换现象。关于并列复句分句间的关系及顺序问题，学界普遍认为，并列复句前后分句之间并列平等，没有轻重之别，两分句的顺序基本上可以自由调换，如吴延枚的《承接复句应包含意义衔接的句子》，刘振铎的《现代汉语复句》，彭汝林的《并列复句的辨别方法辅导》，侯书华的《并列复句不可忽视的三特点》，冯至纯主编的《现代汉语》，都认为分句可互换位置，但基本意思不变。张斌主编的《新编现代汉语》，提出了除去两个限制因素“表述重心”和“语用安排”以外，并列复句的分句顺序往往能够调换。杨会在《几类并列复句句序的可逆与不可逆研究》中认为，并列复句的分句顺序并不是可以随意调换的，分句间的关系不全是没有轻重之分、完全平等的，而是受到诸多因素的限制。

另外，覃聪的《两可式并列复句“A也行，B也行”的分析》和《两可式及两难式并列复句研究》，对两可式及两难式并列复句作了细致的分析，总结出了这个句式的句法、语义和语用特点。

（三）前人对因果类复句的研究

目前对汉语表因果范畴的句型所进行的研究主要集中在复句和单句两个层面，而复句层面的研究又集中在因果复句的分类、因果复句的易位及语序和因果关联词语等问题上。

因果复句的分类主要是依据其“逻辑语义关系”所进行的下位分类。吕叔湘在《中国文法要略》中把因果关系分为“纪效”和“释因”两类，同时又把原因分成“行事的理由、事实的原因、推论的理由”三类。王维贤的《现代汉语复句新解》把它分成两类：一类是一般因果复句，另一类是复杂因果复句，后者又有转折和推断之分。邢福义的《汉语复句研究》指出，只要两件事之间存在因与果顺承的关系，都是广义因果关系。他还将因果复句划分为因果句、推断句等五个小类。邵敬敏的《建立以语义特征为标志的汉语复句教学新系统刍议》把“原因—结果”关系分为推断因果复句、说明因果复句、无奈因果复句三类。荣丽华的《汉语因果复句分类系统构拟》根据“表因句”与“表果句”之间的逻辑语义关系，把它分成“逻辑推论、事理说明以及心理意欲”三类因果复句。

在因果类复句易位方面，研究较多的是易位后意义是否发生了变化、为什么易位以及易位之后关系词语有什么特点等问题。吕冀平的《原因和理由的表达》认为，“因在前，果在后”的顺序重在说明结果，“果在前，因在后”的顺序，重在解释原因。还有一些学者从别的角度来分析易位问题。孙云的《论偏句的位置》认为，两分句的相对位置除不仅受句子本身所强调的重点不同的影响外，还受到其他因素的影响，比如说上下文的衔接影响着因果复句两分句的顺序。肖任飞的《现代汉语因果复句优先序列研究》，单珊的《现汉形合说明因果复句句序变异规律研究》，郝静芳的《试论因果复句语序的认知规律》从语序方面对因果类复句进行了研究。

因果类复句的研究主要集中在因果关系词语的研究上。从因果关系词语的语义功能方面进行探究的有邢福义的《“由于”句的语义偏向辨》，屈哨兵的《“由于”句的语义偏向》等。吕叔湘等人的《现代汉语八百词》，李晓琪的《现代汉语复句中关联词的位置》，王维贤的《现代汉语复句新解》。刘畅的《表因果关系的关联词语研究》从语法意义、句法结构、语用意义三个方面对表因果关系的关联词语进行了全方位、细致的考察和研究。张滟的《因果复句关联标记句法—语义研究》基于“交互主观性”认知观，阐释了因果关联项之间句法、行为表现的不同，以实现不同的修辞功能。

此外，其他一些学者也从不同角度对“即使”句进行了研究，如陈香的《因果复句研究综述》，荣丽华的《汉语因果复句研究综述》，曾常年的《现代汉语因果句群研究》，范丽君的《汉藏语因果复句研究》，郝静芳的《试论汉语因果复句的主观性》等。

（四）前人对“即使”句与其他复句的比较研究

对“即使”句与其他复句的对比研究，从现有的资料和文献来看，相关专著及论文有：程彬、何世英的《试论“尽管”和“即使”“不管”的区别》，杨年保的《关于假设句、让步句、条件句》，赵敏的《“连”字句、“甚至”句、“即使”句的对比分析》，张尖的《“即使”和“甚至”的用法和语义区别》，苏瑞卿的《“无论”还是“即使”》，等等。

综观以上研究发现，学术界对于“即使”句与相关复句研究的成果，大都集中在理论研究、句法分析、语义研究等方面，且多以专著论文为主。尽管目前汉语复句理论已呈多元化深入发展趋势，然而，对“即使”句与相关复句的比较性研究则相对薄弱，也很分散，缺乏系统性。因此，将“即使”句与相关复句集中起来进行系统的对比分析，总结出特有的句法规律，为以后的有关研究开启了一个新的视角。展望未来，汉语复句研究将会有新视角新特点，对具体问题的分析会更加精细深化，研究角度会更加多样化，也更加注重逻辑思维及语用研究。

三　研究方法及语料说明

本编采用邢福义的复句三分系统理论、“小三角”理论以及焦点理论、认知理论等，并引入信念值度。同时，基于客观语料，用具体的例子进行说明，再运用对比、转换、替换等方法对收集到的例子作详尽的分析，然后进行归纳，将现象、规律和理论通过自己的理解和验证，试图给出一个准确或相对准确的描述和解释。

本编研究的语料大部分源于 CCL 北京大学现代汉语语料库和语料库在线。本编的基础语料库是以关系词语为关键词进行搜索，然后再进行筛选而形成的。还有一些来自平时搜集的现代汉语教材语料、新闻及讨论复句的相关论文，另外是少数自省语料和广为接受的生活用例。为了方便讨论，在语料的选择上本编以单重复句为重点，基本不涉及多重复句。

四 本编的创新之处及研究的意义

本编拟在前人研究的基础上，对“即使”句与并列类复句和因果类复句进行分析比较，试图总结出其间的异同，验证其间的转化关系，呈现出转化的特点和心理依据，这种思路具有创新意义。

“即使”句与并列句及因果句本身就存在着密切的联系，通过考察“即使”句与并列句及因果句之间的比较这一具体问题，分析、探究其异同及渊源，归纳出特征，揭示出特有的句法规律，有助于验证邢福义的相关语言理论，对现代汉语语法的发展具有一定的拓展意义。本编内容既宏观又具体，对于以后相关问题的探讨具有启示和借鉴意义。另外，作为日常生活用语，“即使”句、并列句与因果句是语言交际过程中每时每刻都在使用的，清楚了这些句式间的区别和联系，为语言研究和语言教学应用提供一定的参考和借鉴，为日常生活的基本运用、计算机语言信息处理提供了便利。

第一章 “即使”句的语表、语里、语值

这一部分从“即使”句的“语表形式、语里内容、语用价值”进行考察和分析，主要从“即使”句的句法结构特点、语义结构特点、语用功能等方面进行相对全面的描述。

第一节 “即使”句的语表形式

“即使”句的基本句法格式为“即使 A，也 B”，该句式是由两个分句、一个连词“即使”和一个副词“也”共同作用而搭建起来的复句，研究“即使”句的语表形式，重点是要分析“即使”句的关系词语及语序。

一 “即使”句的关系词语

关系词语作为复句内部关系的标志，在复句中有着特殊的地位和作用。要考察“即使”句，就要探讨“即使”句的关系词语。“即使”句的关系词语由让步标和应接标构成。让步标，也就是 A 分句中的关系词语，具有标示让步和虚拟的作用，让步标的出现预示着两个分句间具有转折关系①。例如：

（1）即使重新找到工作，为了适应新的技术水平或新的职业

① 丁力、李建国：《“即使”句的关系词语与句法关系》，《陕西理工学院学报》（社会科学版）2012 年第 3 期，第 58 页。

技能，也需要进专业培训班，这笔相当大的学费仍需个人负担。(张赓辰《“繁荣”的另一面》)

(2) 即使经济生活充裕，也决不会是天堂。(马国亮《美国风情》)

例 (1)、例 (2) 中“即使”句的让步标可表示不管 A 分句是假设还是事实，说话人主观上虚拟 A 所表命题为真，但在客观上 A 所表事实未必全虚[①]。

(3) a. 即使这么便宜的房租，也有人交不起。(卞庆奎《风雨过后，请在歌里为我祝福》)

b. 这么便宜的房租，也有人交不起。

例 (3) a 中的让步标“即使”预示着分句间会有转折关系，例 (3) b 没有“即使”这个让步标，就没法预示前后分句间的转折关系，也就不能表达出让步转折的意思。

应接标是 B 分句中的关系词语，标示“异中有同”。“即使”句除了语表上显现的命题 A、B 外，还隐含着命题 P、Q。“异中有同”是指显现命题 A 与隐含命题 P 间的语义对立之异以及显现命题 B 与隐含命题 Q 间的语义一致之同[②]。例如：

(4) 它的飞行高度仅约 5 米，敌舰上的雷达难以发现，即使发现了，也很难进行反击。(邢涛《中国儿童百科全书》)

例 (4) 中 A 为“发现了战舰”，B 为“很难进行反击”，A 和 B 直接出现在句子中，是显现命题；P 为“没有发现战舰”，Q 为“很

---

① 邢福义：《现代汉语的“即使”实言句》，《语言教学与研究》1985 年第 4 期，第 34 页。

② 丁力、李建国：《“即使”句的关系词语与句法关系》，《陕西理工学院学报》(社会科学版) 2012 年第 3 期，第 58 页。

难进行反击”，P 和 Q 并未出现在句子中，是隐含命题。原本这个句子是说：“没有发现战舰，很难进行反击；发现了战舰，同样很难进行反击。”例（4）中 A“发现了战舰”为肯定命题，P“没有发现战舰”为否定命题，二者在语义上具有对立关系；而 B“很难进行反击”与 Q“很难进行反击”这两个命题表示同一事件，在语义上当然具有一致关系。

如若没有关系词语，则无法表现出让步转折的意思，更无法标示“异中有同”，也就无法明确地表达说话人的意图。

二　“即使”句的分句语序

通常，“即使 A，也 B”的顺序是“即使”分句在前，“也”分句在后。但是在特定的语境中，将两分句顺序进行调换，可以达到强调 B 分句的目的。两分句语序在发生变动后，原先的 B 分句就变成了先行句，同时引导 B 分句的关系词语“也”则被去掉了，因为它表示“补充”和“类同”的语义特点，不能位于先行的位置。例如：

（5）a. 即使没有什么利润，我也得把标争到手里。（老舍《春华秋实》）

b. 我得把标争到手里，即使没有什么利润。

（6）a. 他个头适中，两眼明亮，即使现在蓬发垢面，你也不难想象他平日的风采。（李树喜《烧不掉的故事》）

b. 他个头适中，两眼明亮，你不难想象他平日的风采，即使现在蓬发垢面。

例（5）a、例（6）a 是“即使 A，也 B”的正常句序，具备了全部的关联成分。如果想要进一步强调突出 B“我得把标争到手里”“你不难想象他平日的风采”，就可以将句子改写为例（5）b、例（6）b。例（5）b、例（6）b 分句的位置被刻意移动，这样极易引起听话者的注意，从而达到强调“我有极大决心”这一目的。而原先主句中的“也”则被去掉了。

第二节 “即使”句的语里内容

关于“即使”句的语里内容，主要从语义关系、句法关系以及认知层面三个方面进行分析。

一 “即使”句的语义关系

“即使A，也B”是让步转折句，这个句式的基本意思是先把A分句当成事实承认下来（不管A分句是事实还是假设），B分句不因前分句是不是事实而改变[①]。也就是说，不管“即使”分句是事实还是假设，都当它为事实，“也”分句则进行转折，表达退一步说都成立这一意思，也分句是对即使分句的补充和完善。

“即使”句，在表示让步转折这层上位语义关系的同时，也能表示“类同、延续、总括”等下位语义关系。[②] 例如：

(7) 伤了一个孩子的自尊心，即使没有罪名，也是个过错。（老舍《正红旗下》）

(8) 即使各方面都很优秀，她（也）还不满足。

(9) 即使是一个傻瓜，他都会明白其中的含义。

《现代汉语八百词》认为副词“也”一是表示两事相同；二是表示无论假设成立与否，后果都相同。[③] 以上两点解释了副词“也”的基本语法意义，即表示“类同”，当“也”进入“即使”句后也不例外。例（7）中，说话人在A中说出一种“极端”的情况表示“让转”，再于B中用“也”来体现一种“类同”关系。因此，“即使”和“也”的连用，就将“让步·类同”的语义关系表现出来了。“还”表示动作或状态持续不变的义项可以进入“即使”句，例（8）

① 朱珏：《“即使——也”复句研究》，学位论文，上海外国语大学，2007年。

② 唐凤燕：《现代汉语“即使”复句探析》，学位论文，暨南大学，2003年。

③ 吕叔湘主编：《现代汉语八百词》，商务印书馆1999年版，第326页。

中，副词“还”用于“即使”句中强调B所表示的结果“持续不变”。也就是B中的情况不因A的条件而有所改变，而是一直“延续”下去的，表达出“让步·延续”的语义关系，A先在“即使”分句中“让步”，后在“也”分句中“转折”到说话者真正想要表达的意思上，所述的内容主要是为了能在B中更明确地表达自己的意思而做的“铺垫”。副词“都”就范围来说，一般认为其基本语法意义是表示“总括全部”。“即使”句里的“都”是“都”的语法意义——“总括全部”。例（9）的“即使”句是“即使A，都B”用“都”突出了语义表述重心，目的是“总括”这个集合中的全部个体。也就是说，之前的“强调”是为了随后的“总括”，是通过对所突出强调的极端情况的否定或肯定来否定或肯定这个层级中所有的情况。

前面所说的这三种语义关系的“即使”句有明显的不同，但是它们又有共同之处，就是即使分句都用不同的方式来强调一种认识中比较“极端”的情况，这样做的目的都是先“让步”，以突出“也”分句中想要表达的真正意思。

二 “即使”句的句法分析

“即使A，也B”句式由让步分句A，结果分句B和关联词三部分构成。下面将着重介绍“即使”句前后分句的特征以及句法关系。

（一）“即使”句前后分句的特征

“即使A，也B”有实言句假言句之分，A表事实的叫“即使”实言句[①]，A表假设的称为“即使”假言句[②]。只有在特定的语境下，才能判定一个句子是“即使”实言句还是“即使”假言句。离开这种语境，就很难判断这个“即使”句的实言假言情况。例如：

---

① 邢福义：《现代汉语的“即使”实言句》，《语言教学与研究》1985年第4期，第34页。

② 梅立崇：《现代汉语的“即使”假言句》，《世界汉语教学》1995年第1期，第25页。

(10) 那时，她很安静，一心放在学习上，即使身体有点毛病，也没去在意。

(11) 若你努力过了，即使不成功也能够出名。

例（10）中“那时”指的是“之前的那些日子”，从这个句子语境中的前项可以知道指的是事实出现的那些日子。例（11）中的前项提出一个假设，并有表假设的连词“若”作为形式标志，很明显是假言句。

（二）“即使”句的句法关系

邢福义在《复句问题论说》一文中指出：“因果类各种关系和并列类各种关系反映了事物间最基本的最原始的联系，转折类各种关系则是在基本的原始的联系的基础上产生的异变性联系。”① 比如并列关系：“她交了英语作业——她交了语文作业”→转折关系：“她交了英语作业——她没交语文作业”；因果关系：“她交了英语作业——爸爸表扬她”→转折关系：“她交了英语作业——爸爸不表扬她”。

“即使”句是转折类复句，其中一部分由并列类复句转化而成，另一部分由因果类复句转化而成，前一类“即使”句，A、B间的关系为并列性逆转关系；后一类“即使”句，A、B间的关系为因果性逆转关系②。这两种句法关系都是转折关系。例如：

(12) a. 既能替资产阶级创造利润，又不会惊扰资产阶级安宁和悠闲。(《列宁选集》第4卷)

b. 即使能替资产阶级创造利润，也会惊扰资产阶级安宁和悠闲。

(13) a. 因为路上堵车了，所以他迟到了。

b. 即使路上堵车了，他也没有迟到。

① 邢福义：《语法问题探讨集》，湖北教育出版社1986年版，第291页。
② 邢福义：《复句与关系词语》，黑龙江人民出版社1985年版，第150页。

三 “即使A，也B”的认知层面

这一部分将从认知层面的角度来对“即使”句的语里内容进行探讨。为了便于理解，这里将先对认知层面和信赖程度进行简单介绍。

（一）认知层面与信赖程度

认知层面是指人们对客观事物或现象的概括认识以及对这种概括认识的主观判定[①]，包括主观推测层面和客观反映层面。主观推测层面是大脑思维中的一个认知层面，该层面所反映的认识不是客观现实情况在大脑中的直接反映，而是人们依据自己的生活经验、背景知识等，对客观现实情况所进行的一种主观推测或判断[②]；客观反映层面是大脑思维中不同于主观推测层面的另一认知层面，该层面所反映的认识不是人们依据自己的生活经验、背景知识等对客观现实情况所进行的一种主观推测或判断，而是客观现实情况在大脑中的直接反映[③]。

认知层面体现在两个不同的关系中：一种是客观事理关系，一种是主观判定关系，而这两种关系又可以通过信赖程度加以描述。

（二）“即使A，也B”的认知层面简析

“即使A，也B”这个句式在两种不同的认知层面具有不同的认识。在主观推测层面，$0 < P\{B/A\} \leqslant 0.5$；在客观反映层面，$P\{B/A_{min(B)}\} = 1$[④]，在此层面上，即使实言句和即使假言句又有所不同，实言句：$P\{A\} = 1$，假言句：$P\{A\} = 0.5$ 或者 $P\{A\} = 0$。说话人使用“即使A，也B”这一让步转折句，其目的是反映大脑思维中这两种不同认知层面所具有的不一致关系。

---

① 丁力：《语法》，三秦出版社2005年版，第2页。

② 丁力：《汉语语法问题研究》，三秦出版社2012年版，第44—47页。

③ 同上。

④ $P\{B/Amin_{(B)}\} = 1$，这个公式所表示的意思是：“即使A，也B”这个句式，在最不易导致B的情况下，命题为真，那么这个句子便始终为真（通过对所强调的极端情况的肯定来对这个层级中所有情况加以肯定）。此处涉及论域，可以参考王希杰的《词语和论域》。例如，即使是冬天，他也去游泳。众所周知，冬天比较冷，他游泳的可能性是在春夏秋冬四个季节中最小的，在最小可能性下，他还是去游泳。既然在最不易导致B的情况下此句为真：P｛去游泳/冬天（游泳可能性最小的季节）｝=1，更不用说春夏秋了，肯定P｛去游泳/春天｝=1，P｛去游泳/夏天｝=1，P｛去游泳/秋天｝=1。

具体来看，由并列类复句转化而来的“即使”句和由因果类复句转化而来的“即使”句所反映的认识有很大的差异。由并列类复句转化而来的实言“即使”句，在主观推测层面，在A分句成立的时候，B分句并不确定，A分句对B分句没有什么制约作用，即P｛B/A｝=0.5。在客观反映层面，由并列类复句转化而来的“即使”句，分句A为真或不确定（实言即使句——分句A是事实，为真；假言即使句——分句A为假设，真假不确定），后分句B始终为真，在最不易导致B的情况下，命题为真（通过对所强调的极端情况的肯定来对这个层级中所有情况加以肯定），那么这个句子便始终为真，即P｛A｝=1或P｛A｝=0.5，且P｛$B/A_{min(B)}$｝=1。例如：

（14）即使他疼她，也不纵容她。

（15）就算是实力稍微弱些，李勇的心理素质高于张斌，因此将来的决赛上，即使选李勇，也不会选张斌。

例（14）中，A“他疼她”与B“他不纵容她”具有并列性逆转关系。人们根据常识和对事物的理解可以明确地知道，A分句“他疼她”和B分句“他不纵容她”是并列关系，属于事物所并存的不同方面，也就是说B是否成立不受A的影响，A不能制约B的状况。即在主观推测层面：P｛他不纵容她/他疼她｝=0.5，所以，P｛B/A｝=0.5。说话人说这句话，当然知道实际情况，他疼她为真，且他不纵容她，即P｛他不纵容她｝=1，P｛他不纵容她/他疼她｝=1。依据常识，如果他疼她的话，那么他纵容她的可能性大，但事实情况是他不纵容她。在最小的可能性下，他依旧不纵容她，更不用说他不疼她了，那就更不可能纵容她了，P｛他不纵容她/他疼她$_{(最不易导致他不纵容她)}$｝=1，即P｛$B/A_{min(B)}$｝=1。同理，例（15）也一样，不同之处在于分句A，它的真假无法确定，即P｛A｝=0.5。

由因果类复句转化而来的即使句，在主观推测层面，在分句A成立的时候，B成立的可能性小，A对B有影响，即0<P｛B/A｝<0.5。在客观反映层面，依据分句A所处的语境，看A是事实还是假

设，这有三种情况：A 分句是事实，则 P {A} =1；A 分句的真假无法确定，则 P {A} = 0.5；A 分句是假的或不可能实现的，则 P {A} =0。B 分句所反映的认识是，不管 A 的假设或事实成立与否，退一步说，结果都成立，且传达出另一层信息，就是在最不易导致 B 的情况下，命题仍为真，那么此命题始终为真，用公式表示为“P $\{B/A_{min(B)}\} =1$”。因此，在客观反映层面 P $\{B/A_{min(B)}\} =1$，此层面有实言和假言之分，实言句：P {A} =1，假言句：P {A} =0.5 或 P {A} =0。例如：

(16) 即使对之前的行为很不满意，我也会很快调整到原有的正常轨道上来。

(17) 只要他答应，即使路上再难，她也会把女儿带到爸爸面前的。

(18) 即使天上下刀子，他也会来的。

在主观推测层面，例（16）中，人们根据背景知识和对事物的理解，一般都认为“对之前的行为很不满意”就不容易“很快调整到原有的正常轨道上来”，也就是在 A 成立的情况下 B 成立的可能性小：0 < P {很快调整到原有的正常轨道上来/对之前的行为很不满意} <0.5。例（17）、例（18）同理，0 < P {她会把女儿带到爸爸面前的/路上再难} <0.5，0 < P {他会来/天上下刀子} < 0.5。在客观反映层面，例（17）中 A“路上再难”与 B“她也会把女儿带到爸爸面前的”之间具有因果性逆转关系。在这句话里，在他答应的条件下，就算路上再难，她也一定会把女儿带到爸爸面前的，也就是说不管路上难不难，她都会完成任务。所以，P {她会把女儿带到爸爸面前的/路上再难} =1。在不易实现的情况下，她会把女儿带到爸爸面前，其他有利条件下就更能完成任务，即 P $\{B/A_{min(B)}\} = 1$。例（16）和例（18）的客观反映层面也一样。这三个例句的不同之处在于前分句 A，例（16）中 A 分句“对之前的行为很不满意”为真，即 P {对之前的行为很不满意} =1；例（17）中路上难不难待定，P

{路上再难}=0.5；例（18）中A“天上下刀子”，对说话人的这句话，人们十分明白地知道这是不可能的，P{天上下刀子}=0。

第三节 “即使”句的语用价值

对于“即使”句语用方面的探讨，将先综观其外部语义环境，再具体从突出强调功能、主观化地表达功能等方面做一个简要的分析。

一 “即使A，也B”的外部语义环境

不少学者一致认为，完整的“即使”句格式其实是“O，即使A，也B”，这个O或隐或现地存在于“即使A，也B”这个句式的前面，是整个句式的起点和基础[①]。这里的前项O并不是出现在“即使A，也B”句式前的所有成分，它指的是句法关系上能与“即使A，也B”紧密联系，语义上能与“即使A，也B”密切相关的成分。

我们将依据前项O是否在实际文本中出现，把它分成两类。第一类是O直接在文本中出现，称之为显性的前项。

（19）因为彗星的密度很小，即使它和地球相撞也不会有什么危险。

（20）各种动物的寿命不同，即使同一种动物，它们个体之间的寿命也有很大差异。

例（19）的前项O为“因为彗星的密度很小”，例（20）的前项O是“各种动物的寿命不同”。由于上面的两个例子中前项O的存在，人们得以准确地理解它们的含义。文学作品中的“即使A，也B”句前一般都会有前项O，因为只有用具体的文字说明营造出一定的语言环境，读者才能全面完整地理解文本。

另一类是前项O在文本中不直接出现，它的缺省基本上不会影响

① 朱珏：《“即使——也”复句研究》，学位论文，上海外国语大学，2007年。

我们对句子的正确理解，人们能够根据已有的常识或经验推断出 O，称之为隐性的前项。例如：

（21）甲：“你会来开会吗？”

乙：“即使天上下刀子，我也会来的。”

（22）即使赴汤蹈火，他也一定会完成任务。

在例（21）中，前项 O 应为“我一定会来”，其中“会来”这一信息由 B“我会来的”予以说明，但这种“必然性”则由 A 来承担。依据常识，一般来说“自然环境过于恶劣就不会再来”，现在，天上都下刀子了，那么在其他条件下就更易办到了。A 通过“下刀子”这个极端的例子，印证了“我会来”的必然性。例（22）中，我们能够推测出前项 O 是“他肯定会完成任务”。“肯定会完成任务”这一信息则是从 B 中体现出来的。A 则用一个比较极端的情况“赴汤蹈火”来表达“再艰辛的条件都不会影响他完成任务的决心”这一信息，在这里起强调的作用。显然，上面两个例子中的前项 O 都被省略了，但是这并不影响句子意思的表达，也不会影响人们对它的理解。

二 “即使 A，也 B”句式突出强调功能

“即使……也……”句式多用于陈述句中，在疑问句、祈使句和感叹句中出现的频率较少，说话者选择“即使 A，也 B”句式，一般都是为了对所传递的信息进行强调。这个句式不管是从其内部还是从其所处的整体语境来看，都能够强调所要表述的命题，它是说话人的意图与该句式本身所具备的属性之间互相选择的结果。下面我们主要谈谈“即使……也……”在陈述句中的突出强调功能。

（一）语境中的强调功能

“即使 A，也 B”在言语环境中起到了非常明显的强调作用。这种作用体现在它能够把所在的整个语段的表达按原本语文发展趋势继续推进，也能把所在句群的表达在原来的基础上向前推进，并加以强调。例如：

(23) 那日阳光明媚，微风徐徐，小燕儿的心情极其明朗，即使把上海的商场全部逛完，也一点都不觉得累。

(24) 阿飞这个人不但善良还有潜质，你必须好好把握，即使不能相濡以沫，也要齐心协力。

例（23）中，说话者重点要表达的是“小燕儿的心情极其明朗”，出现在语段中的“即使A，也B”把语义的表达在原基础上向前推动，起到了凸显的作用。当然如果不出现，对语义也不会产生根本性的影响，但是会丧失原本的表达效果。例（24）中，说话人具体说明了“必须好好把握”的原因，并用“即使A，也B”句式把整个语段的“好好把握”按原本语义发展进行了推进和凸显。

（二）凸显语义表述重心的功能

句子的语义表述重心，也就是说话者想要强调和突出的地方，这部分往往是新信息的核心。“即使A，也B”这一句式的语义重心落到了“也”后面的B上，使得B成了说话者主要说明的内容。这样也便于听话者在最短的时间内最为经济地掌握信息。例如：

(25) 刚进入青春期时，青少年男女开始彼此疏远，即使是儿童时代的好朋友，这时也会不自然地互相回避。

(26) 即使是白天有散兵闯入营中看看，也会引起许多流言蜚语。

例（25）和例（26）的语义重心落在了“也”后面的“不自然地互相回避”“会引起许多流言蜚语”上，这个最终的结论是这两个例句中说话者主要想说明的问题，是新信息的核心。“即使”后面的A“是儿童时代的好朋友”和“白天有散兵闯入营中看看”对表述重心B起到了衬托作用。

三　主观化的表达功能

一个人在说话的时候，总会或多或少地表明自己说这段话的态度、情感和立场，这样也就把具有说话者自身特点的印记留在了话语中。话语中说话人表达“自我”的成分是语言的一种特性，我们称之为主观性。

“即使 A，也 B”句式所包含的表现说话人自身特点的主观印记成分一般是从 A 递进到 B，再通过 A 的让转，进一步强调 B 的真实意图，这样可以更加明确地表明其说话时的态度、情感和立场，也强化了说话人所表达的情绪①。例如：

（27）那天，我终于见到了丁校长。进入大学整整三个月了，我都没见到她，这次是偶然碰到她的，也是我第一次见她，即使之前并不认识，单看她的优雅气质，也能猜出她就是丁校长，不会是别人了。

（28）最近他的酒量和烟瘾都越来越大，我很担心长期这样下去会影响到他的嗓音，王刚却说没有烟酒的话，他就丧失了搞音乐的热情。并且说，即使烟酒真的影响了他的嗓音，他也不怕，说不定还会形成他独特的嗓音呢！

例（27）中，说话人通过“即使”表明自己之前并未见过丁校长，转而表达出丁校长的“优雅气质”不同于一般人，突出了说话人这种主观性判断是合乎常理的。实际上，这句话还暗含了说话人对前项 O 的认同和肯定判断，A 分句通过“即使”来连接表现出强烈的转折意味，强调说话人在 B 部分所要表明的观点。例（28）中，A 就算能够看成一种假设，可是假设的可能性高，根据 O 的描写，对“烟酒影响了他的嗓子”比较合理的看法应该是对将来情况的逻辑推断，后面又以“他也不怕”来表达说话人对当前这样的一种状态持肯定、接受的态度和立场。

---

① 龚一文：《即使的篇章功能研究》，学位论文，上海师范大学，2011 年。

第二章　并列逆转“即使”句与并列类复句的比较

“即使”句是转折类复句，其中一部分由并列类复句转化而成，另一部分由因果类复句转化而成[①]。由并列类复句转化而成的“即使”句，前后分句间的关系是并列性逆转关系，笔者称之为“并列逆转‘即使’句”[②]；由因果类复句转化成的‘即使’句，前后分句间的关系是因果性逆转关系，笔者称之为“因果逆转‘即使’句”[③]。既然“即使”句由并列类复句转化而成，我们将对“即使”句与并列类复句进行比较分析，以便更清楚地了解两者的异同，同时通过“即使”句与并列类复句的比较，推断出它们内在的逻辑联系，指出内在的转化关系。下面，将先对并列类复句进行简单介绍，并对本节的比较对象进行界定。

并列类复句，是表示并列关系的各类复句的总称。排除平列性、连贯性、递进性、选择性等差异，几件事之间只要存在横式或纵式并

---

① 邢福义：《复句与关系词语》，黑龙江人民出版社 1985 年版，第 150 页。

② 邢福义在《复句问题论说》中提出，并列关系和因果关系反映了事物间最原始的最基本的联系，转折关系则是在这种联系的基础上产生的异变性联系。他还提出，对并列复句或因果复句的后一分句进行否定，就可以将它们转化成转折复句，这是三类复句异变性联系的重要表现形式。后来，邢福义在《汉语复句研究》中又提出，“即使句属转折类复句，其中一部分由并列类复句转化而成，另一部分由因果类复句转化而成”。前一类“即使”句，A、B 间的关系为并列性逆转关系；后一类“即使”句，A、B 间的关系为因果性逆转关系。这里我们用“并列逆转‘即使’句”来表示分句间有并列性逆转关系的“即使”句，用“因果逆转‘即使’句”来表示分句间有因果性逆转关系的“即使”句。

③ 同上。

举罗列的关系，都属于并列关系①。这里选取广义上的并列复句，其中包含平列、连贯、递进和选择四大语义关系类型。

为了提高研究质量，这一部分的比较仅限于“表并列性逆转关系的‘即使’句”和并列类复句，“即使”句中表因果性逆转关系的那部分不在讨论范围内。在并列类复句中重点选择四大语义关系类型中常用的具有代表性的“既……又……”“不仅……而且……”等作为例句进行分析。由于有些并列类复句不用关系标志，也无法添加关系标志，且并列标志的隐现是很常见的语法现象，少数没有关系标志或隐去关联词的并列复句也会有所涉及。

第一节　“即使”句与并列复句语表形式的比较

“即使”句与并列复句语表形式的分析比较具体从关系词的位置、分句语序、音节数目和肯定否定情况及它们之间的转化来进行。

一　关系词语的位置

并列复句的关系词语有“既……又……”“又……又……”“一边……一边……”“先……接着……”“不仅……而且……”“或者……或者……”等等。并列关系的各分句有的靠意合法组合，不需要关系词语的协助来表明各分句之间的关系，这样的并列复句不用关系词语，也添加不上关系词语，而“即使”句一般都需要用关系词语。关于“即使”句和并列句的关系词语主要从关系词语的位置角度进行描述。

（一）“即使”句关系词语的位置

“即使”和“也”在通常情况下位于分句谓语之前。它们可以和谓语直接相连。前后两个分句的主语情况对关系词语“即使”和“也”在各自分句中的句法位置制约作用最大。具体来说，“即使”在连接小句时，主语若不同，“即使”应该放在前边小句的开头；若

① 邢福义：《汉语语法学》，东北师范大学出版社1996年版，第351页。

主语相同，“即使”在小句开头或主语之后都行，但往往要省去一个主语，省去的通常就是“也”后边小句的主语①。例如：

(29) 即使她在某些地方骗了他，他对她也有一种愧疚之情。(铁凝《大浴女》)

(30) a. 受害者家属知道，即使打赢了这场官司，他们也拿不到钱，所以他们决定放弃。

b. 受害者家属知道，他们即使打赢了这场官司，也拿不到钱，所以他们决定放弃。

例（29）中，前后小句的主语分别是“她”和“他”，主语不一致。这时，“即使”就应放在前一小句的主语“她”前。例（30）a中，前后分句的主语都是“受害者家属”，“即使”既可以放在前一分句主语的前面，又可以放在它的后面，但需要省去一个主语，省去的通常是后一分句的主语，也就是说，“也”前边不会再出现主语了。如上文的例（30）a又可以改写为例（30）b。

（二）并列句关系词语的位置

有些并列类复句是无标组合，既不用关系词语，也添加不上关系词语，这就是纯粹的“无标组合”②，且并列标志的隐现是很常见的语法现象，因此，并列复句中有不少没有关系词语或是隐去关系词语的情况存在。下面，我们主要讨论的是有关系词语的并列复句中关系词语的位置特征。

汉语并列复句的关系词语，大多数都位于分句的句首或谓头。至于具体在哪个位置，就取决于前后小句的主语情况了③。

首先，汉语并列关系词语添加在分句的谓语前面。汉语中大部分的并列关系词语，在前后分句主语相同的情况下，都位于前一分句的

① 唐凤燕：《现代汉语“即使”复句探析》，学位论文，暨南大学，2003年。

② 邢福义：《汉语语法学》，东北师范大学出版社1996年版，第352页。

③ 李丹弟：《汉语并列连接词在分句中的位置》，《汉语学习》2010年第4期，第37页。

谓头。如"一方面……（另）一方面……""还是……还是……""或者……或者……""不但""不单是""不光""不仅""不仅仅""不只""非但""岂但""不说"等等。例如：

（31）他不但得到了她的人，并且得到了她的心。

（32）但是对经济思想如何由经济制度所产生这一问题，或者没有给予应有的答案，或者是回答得模棱两可；一方面承认经济思想是由经济制度产生的，另一方面又承认经济制度是经济思想的产物。（李宗正《关于中国经济思想史研究上的几个问题》）

例（31）中两分句的主语相同，都是"他"，因此先行并列关系词语"不但"位于先行小句的谓语前面，后续分句的主语因与先行分句相同而承前省略了。同样，例（32）中前后分句主语相同，因此先行并列关系词语"或者"位于先行小句的谓语前面，后续分句的主语因与先行分句相同而承前省略了；其中的"一方面……另一方面……"主语相同，先行并列连词添加在先行小句的谓头位置，后续分句的主语因与先行分句相同而承前省略了。因而例（31）、例（32）的后续关系词语"并且""另一方面"既能位于后续分句的句首又能位于后续分句的谓语前面。

其次，汉语并列复句的关系词语在前后分句主语不同的情况下，添加在分句的句首。例如：

（33）或者他出差，或者你出差，否则就无法搞定这个项目。

（34）目前，一方面就业人数多，另一方面就业机会少，这个问题已经引起关注。（李鹏《在全国经济工作会议上的讲话》）

例（33）中前后分句主语不同，一个是"他"，一个是"你"，关系词语"或者……或者……"位于分句句首；例（34）中前后分句的主语"就业人数"和"就业机会"也不相同，所以关系词语"一方面……另一方面……"应位于分句句首。

综上所述，“即使”句和并列句关系词语的位置都与前后分句主语是否一致相关。具体来说，关系词语“即使”连接分句时，在主语不同的情况下，“即使”位于前分句的开头；在主语相同的情况下，“即使”既可以位于分句的开头又可以位于主语之后，这时候往往要省略一个主语，省略的一般就是“也”后边小句的主语。并列复句中的关系词语，大都位于谓语前面或者是分句的句首。具体是谓语前面还是分句句首，那就要看前后分句的主语是否相同了。在并列复句前后分句主语相同的时候，先行并列关系词语位于先行分句的谓语前面。在并列复句前后分句的主语不同的情况下，关系词语位于分句的句首。

二 分句的语序

（一）“即使”句的分句语序

通常，“即使 A，也 B”这一句式的语序是“即使”分句在前边，“也”分句在后边。在特定的语境中，为了达到某种表达需要，可以调换两分句的语序。具体来说，在一定的上下文言语环境中，可以通过“即使”分句和“也”分句的顺序调整来达到强调的效果。这时原来的“也”分句就变成了先行句，关系词语“也”需要被去掉，因为“也”表“补充”和“类同”的语义，不能位于先行的位置。例如：

（35）a. 她即使掌握了标准的语言、丰富的词汇、正确的语法，也无法掌握有效的交际技巧。

b. 她无法掌握有效的交际技巧，即使掌握了标准的语言、丰富的词汇、正确的语法。

（36）a. 一次次地遭受重大的打击，即使她的身体不累，心也显得很累。

b. 一次次地遭受重大的打击，心显得很累，即使她的身体不累。

例（35）a、例（36）a是“即使A，也B”的正常语序，具有全部的关联成分。假如需要达到进一步强调B“无法掌握有效的交际技巧”“心显得很累”的目的，可以将句子改写为例（35）b和例（36）b。例（35）b和例（36）b中，B的位置被刻意移动，极易引起听话者的注意，从而达到了强调“她无法掌握有效的交际技巧”“心显得很累”的目的。而原先主句中的“也”则被去掉了。

（二）并列复句的分句语序

撇开语用安排或表述重心，并列复句分句之间的关系是平等并列的，前后分句的顺序往往可以调换，整个句意不变①。例如：

（37）他是学生，我是老师。

（38）她给人类带来了灿烂的文化，又给人类带来了巨大的灾难。（李准《黄河东流去》）

（39）王老师不仅从生物学方面描述了这个现象，而且从哲学方面分析了这个问题。

例（37）、例（38）、例（39）各分句是并举罗列关系，相互间无先后之分，前后分句往往可以倒置。倒置后，基本意思不变。这是因为并列成分“他是学生”和“我是老师”“给人类带来了灿烂的文化”和“给人类带来了巨大的灾难”“从生物学方面描述了这个现象”和“从哲学方面分析了这个问题”的语法地位相同，语法在此不起作用。

并列分句间的平等并列指的是它们在语法作用上的并列与平等，不是说它们在语序上可以随意改变。在具体的语言实践中，各并列成分的排列，常常依照一些语法之外的如时间顺序、程度、约定俗成的习惯等规律而排列。有时候，为了使语言取得某种表达效果，人们会刻意破坏语句中并列部分原有的语序规则，产生一种特殊的并列句语序。这种做法不但不是对语序通用原则的违背，反而是为了使语言的

① 张斌主编：《新编现代汉语》，复旦大学出版社2005年版。

功能得到更为巧妙地运用。并列结构语序变动可以达到文饰需要的目的——突出语气，突出重心，韵律和谐。例如：

（40）太阳出来了，黑夜过去了。（曹禺《日出》）
（41）臣屡败屡战。（《中华演义》）

例（40）的常规顺序本该是“黑夜过去，太阳出来”，该例句并不符合时间顺序原则。其实在曹禺的这句话中，太阳是新时代的象征，黑夜是旧时代的代表，作者有意这样安排两分句的顺序，把“太阳出来了”放在前面是为了强调他对新社会的强烈向往。如此，作者的爱憎之感跃然纸上。例（41）按照时间先后原则应该是“屡战屡败”，而此处违背了时间先后原则采用“屡败屡战”，简单的顺序调整改变了语义表述重心：“屡战屡败”的语义重心是“败”，而“屡败屡战”的语义重心是“战”，显然，后者表达了一种积极向上的态度，从而在使用中产生了意想不到的效果。再例如，“查无实据，事出有因”和“事出有因，查无实据”，通过变换语序，句子具有了不同的焦点信息。

综上所述，“即使”句和并列句都可以通过语序的变动从而更巧妙地发挥语言的功能。具体来说，在特定的语境中，把“即使”句的“也”分句移到“即使”分句的位置上，能够取得突出强调的表达效果；并列复句前后分句的顺序往往可以调换，整个句意基本不变，这不是说它们在语序上也可以随便变动。在具体运用中，各并列分句的排列，常常依照一些语法之外的如约定俗成的习惯、程度、立场、时间及语义侧重点等规律而排列。有时候，人们为了使语言的功能得到更为灵活的运用而刻意安排并列成分的语序，以达到突出语气、突出重心、韵律和谐等文饰的需要。

语言的研究是为了更好地应用，我们不能忽略语言的修辞、交际功能，它和语义、认知功能在实际应用中都有很重要的作用，也就是说语言的运用和语言本身的东西都要兼顾，这同时也验证了人们在语言认识上的共识：语言是理解和表达的工具①。

三　音节数目及肯定否定情况

（一）"即使"句的音节数目及肯定否定情况

即使类复句前后分句的音节数目往往相近，前后分句的肯定和否定情况不一致，通常，前分句是肯定，后分句是否定。两分句之间是并列性逆转关系。例如：

（42）虽然小张很优秀，对于她来说，她即使喜欢老王，也不喜欢小张。

（43）每天过着奢靡的生活，她即使在物质上得到了极大的满足，在精神上也十分空虚。

例（42）和例（43）构成材料中"喜欢老王"和"不喜欢小张""在物质上得到了极大的满足"和"在精神上十分空虚"之间有并举罗列关系，前后分句有并列的语义信息，这就为前后分句的音节数目基本相同提供了可行性。例（42）中"喜欢老王"和"不喜欢小张"及例（43）中"在物质上得到了极大的满足"和"在精神上十分空虚"表达的是并列性逆转关系，前后分句的肯定和否定不一致。

（二）并列复句的音节数目及肯定否定情况

并列复句前后分句音节数目常常相同或相近，并且往往同为肯定形式或者同为否定形式。两分句之间是并列关系。例如：

（44）"难道没有问过？"她既像是问马哲，又像是问自己。（余华《河边的错误》）

（45）孙小红涨红了脸，既不能承认，又不能否认。（古龙《小李飞刀》）

---

① 吴茜：《论现代汉语并列结构语序》，学位论文，天津师范大学，2009 年。

当然，有一些前后分句音节数目不同的情况存在。另外，也有部分前肯后否和前否后肯的情形存在，这类句子内部有转折关系。例如：

(46) 婆家也是一个大户人家，既有牲口有地，又开了一个油坊卖香油。(刘震云《故乡天下黄花》)

(47) 新郎官既要出出老头子的洋相，又不能让人看着小气。(映泉《同船过渡》)

在通常情况下，并列类和表并列性逆转关系的“即使”句前后分句的音节数目往往相同或相近，这与两者构成材料中均有并列罗举的成分、两者均有并列的语义关系相关。并列类分句间的肯定和否定常常一致，两分句是并列关系，也有少数不一致的情况存在，不一致的时候，句子内部都包含着转折关系；“即使”类前后分句的肯定和否定往往不一致，通常，前分句是肯定，后分句是否定，基本上很少有一致的情况存在。出现这种差异的原因是，并列类分句间的逻辑语义是并列关系，而“即使”句分句间是并列性逆转关系。

四 两类复句的转化及其不同

从语表形式上看，并列类复句可以转化为表并列性逆转关系的“即使”句，这种转化除了变换关系词语外，还要对B分句进行否定。基本方法是：添加或去掉否定词。例如：

(48) a. 在那里既能得到理解，又能得到照顾。(余纯顺《走出阿里》)

b. 在那里即使能得到理解，也不能得到照顾。

(49) a. 不但不让你知道，而且不让他知道。

b. 即使不让你知道，也要让他知道。

例（48）a和例（49）a并列句通过变换关系词语，添加和去掉否定词变化成“即使”句例（48）b 和例（49）b。

另外，与“即使”句相比，并列复句有三个显著特点：第一，并列语的数量可以是两个也可以是两个以上，“即使”句往往是由两个直接构成成分组成的。第二，由于并列复句各分句的语法地位相同，通常认为并列结构是多核心的向心结构，与“即使”句往往是单核心结构明显不同。第三，有些并列类复句是不用关系词语的，也添加不上关系词语，还有些并列复句会隐去关系词语，也就是说，并列复句中有不少是没有关系词语或是隐去关系词语的情况存在；“即使”句基本上都有关系词语，且关系词语一般不能隐去。

第二节　“即使”句与并列复句语里内容的比较

“即使”句与并列复句语里内容的比较主要从句法关系及语义、认知层面来分析。

一　句法关系及语义

按照复句系统“三分法”，“即使”句是转折类，前后分句是让步性逆转关系，说话的侧重点明确；并列复句是并列类，前后分句是并列关系，分句语法地位相同，作用大小相同，没有主次之分。这一部分将要具体探讨“即使”句和并列句的句法关系及语义方面的异同。关于“即使”句的句法关系及语义前文已作详述，这里就不再赘述了。下面将重点对并列复句句法关系及语义进行详细分析。

并列复句的分句之间是并列关系，表示不同意义的并列复句都是由基本分句并举罗列或添加不同的关系词语以及相应的调整变化而来的。在一种语言中，关系词语能够确定的关系相当有限，而客观现象之间的关系又非常复杂。受一些句法形式的制约，有些关系词语不仅仅能够表达一种关系，也可以同时表达多种关系，因此，在语言中就出现了同一关系词语表达不同语义关系的现象，比如说，并列复句的关系词语“既，又”不仅能够表示并列关系，还能够表示递进关系。

实际上，并列关系相当容易与其他某种关系形成一定的交叉，因为并列关系能够反映出事物之间基本的联系，它是很多复句关系的基础[①]。

从并列复句前后两项之间的逻辑语义关系来看，并列复句句式内部隐含着平列关系、递进关系或者转折关系。并列关系和递进关系及转折关系在某些情况下会形成一些交叉，这时候并列复句在表并列的同时，也可以表转折和递进的含义。例如：

(50) 这样的改进既能优化性能，又可以提高速度。

(51) 这使我既感到欣慰，又体会到某种凄凉。（余纯顺《走出阿里》）

(52) 三年工夫，不仅欠账还清，而且，在企业自有基金方面，成了临江首户，真正的百万富翁。（李国文《花园街5号》）

从逻辑基础上看，例（50）中A、B两分句间原本就属于并列关系，关系词语“既”和“又”在这里的作用是为了体现A、B之间的并列关系。例（51）中A、B两分句间原本隐含着转折关系。关系词语“既”和“又”在这里的作用是将转折关系转化为并列关系，从而形成并列复句。也就是逻辑基础是转折关系，但在主观视点上转化成并列，于是语义上表示为并列。例（52）是程度上的某种递进关系，这实际上还是并列关系，只是语义上后项范围较大，程度较深。

另外，“即使”句和并列句中都有一些句子允许“但”类词的进入。在并列句中，只要构成基础属于转折关系的“既A，又B”句式，都允许“但”类词的进入，于是形成“既……但又……”的句式；“即使”句本是转折类复句，语义基础有转折关系，因此，“即使……但也……”之类的例子并不很少。例如：

“但”+“既P，又Q”“既P，但又Q”。

(53) 陈毅说得既是微妙的外交辞令，但又是率真的大实

---

① 周静：《并列与递进的转换制约》，《殷都学刊》2003年第2期，第97页。

话……（宗道《冀朝铸一生哭过三次……》）

“但”＋“即使P，也Q”“即使P，但也Q”。

（54）假如他接管了这个公司，即使合法，但也不光彩。

综上所述，首先，由并列类转化而来的“即使”句表达的是并列性逆转关系：即使分句不管是真是假，退一步说，后分句都成立；并列复句表达的是并列关系：两分句间可以是并列并举关系、先后相继关系、层递关系或选择关系。其次，“即使”句前分句可表假设亦可表事实；在并列类复句中，并列式、连贯式和递进式中的前一分句都表事实，只有选择式的前一分句表不确定。最后，“即使”句和并列句所表达的语义都不是单纯的。因为“即使”句的一部分由并列类复句转化而成，另一部分由因果类复句转化而成，所以“即使”句所表达的让步转折关系既包括并列性逆转，又包括因果性逆转；因为并列关系能够反映出事物之间基本的联系，它是很多复句关系的基础，所以并列关系相当容易与其他某种关系形成一定的交叉，一些并列复句在表达并列的语义基础的同时，还隐含了递进或转折的含义。

二　认知层面

这一部分将先通过讨论表并列性逆转关系的“即使”句和并列复句的认知层面，然后对两者进行比较。

（一）并列逆转“即使”句的认知层面

在主观推测层面，并列逆转“即使”句在分句A成立的时候，B并不确定，A对B没有制约作用，即P｛B/A｝=0.5。例如：

（55）他这种极其不负责任的行为，即使符合法律规范，也不符合道德标准。

（56）她这次考试发挥得还不错，即使达不到90分，也能达到85分。

这两个例句是由并列类转化而来的“即使”句，A“符合法律规范”与B“不符合道德标准”可构成并列性逆转关系。例（55）中，人们根据常识，就能看出分句A“符合法律规范”和分句B“不符合道德标准”是事物并存的两个不同方面，它们之间属于并列关系，A不能制约B的状态，B是否成立并不受A的影响，因此，在A成立的情况下B的状态并不确定，即P｛能达到85分/达不到90分｝=0.5，所以，P｛B/A｝=0.5。例（56）中的A分句是一种假设，B分句表述了这种假设所带来的推论。同理，“达不到90分”不能制约“能达到85分”，因此P｛B/A｝=0.5。

在客观反映层面，表并列性逆转关系的“即使”句，不管分句A为真或是假设（实言即使句——分句A是事实，为真；假言即使句——分句A真假不确定，为假设），退一步来说，后果均成立，即P｛B/A｝=1始终成立。另外，还传达了另一层信息，就是在B是一种极端情况的时候，命题仍然为真（通过对所强调的极端情况的肯定来对这个层级中所有情况加以肯定），那么这个命题始终为真，用公式表示为“P｛$B/A_{min(B)}$｝=1”。也就是，“即使A，也B”在客观反映层面所反映的认识是：P｛A｝=1或P｛A｝=0.5，且P｛$B/A_{min(B)}$｝=1。例如：

（57）她即使喜欢听歌，也不喜欢唱歌。

（58）即使韩国方面不再追查金云龙，道德委员会也将继续自己的调查。（新华网《国际奥委会谈“金云龙事件”罪名如成立面临开除》）

例（57）中，A“喜欢听歌”与B“不喜欢唱歌”具有并列性逆转关系。说话人说这句话，当然知道实际情况是喜欢听歌，而不喜欢唱歌，即P｛喜欢听歌｝=1，P｛不喜欢唱歌｝=1。依据常识，若她喜欢听歌的话，那么喜欢唱歌的可能性会大些，但事实情况是不喜欢唱歌。在最小的可能性下，仍不喜欢唱歌，更不用说如果她不喜欢听歌，那就更不可能喜欢唱歌了，P｛不喜欢唱歌/喜欢听歌$_{(最不易导致不喜欢唱歌)}$} =1，即 P {$B/A_{min(B)}$} =1。因此，例（57）在客观反映层面所反映的认识是，A 分句为真，B 分句也为真，在最不易导致 B 的情况下，这个命题仍旧是真的，那么这个句子始终为真，即 P {A} =1，P {$B/A_{min(B)}$} =1。例（58）是由并列类复句转化而成的“即使”句，A“韩国方面不再追查金云龙”与 B“道德委员会将继续自己的调查”具有并列性逆转关系。说话人说这句话的意思是，就算是韩国方面不再追查金云龙，道德委员会还将继续自己的调查。因此不管韩国方面会不会追查金云龙，但是道德委员会都会继续自己的调查，即 P {道德委员会将继续自己的调查} =1，P {韩国方面不再追查金云龙} =0.5。一般来说，既然韩国方面不再追查金云龙最不容易导致道德委员会继续自己的调查，在可能性最小的时候能够实现，那么在其他情况下必定为真。因此，例（58）在客观反映层面所反映的认识是，分句 A 的假设成立与否并不确定，退一步说，分句 B 始终成立，即 P {A} =0.5，P {$B/A_{min(B)}$} =1。

因此，表并列性逆转关系的“即使”句，主观推测层面所反映的认识是在分句 A 成立的情况下不能判定 B 的情况，分句 A 对分句 B 没有制约作用，即 P {B/A} =0.5；客观反映层面所反映的认识是无论前一分句 A 是事实还是假设，退一步说，后果始终成立，并且在最不易导致 B 的情况下，命题仍为真，那么这个命题始终为真，即 P {A} =1 或 P {A} =0.5，P {$B/A_{min(B)}$} =1。

（二）并列复句的认知层面

由于并列复句在表达并列的语义基础的同时，往往还隐含了其他的含义，具体到每一类句子，并列复句认知层面的情况是极其复杂的，并列式、连贯式、递进式及选择式这些句式之间以及各个同类句式内部在认知层面上存在着很多细微差别，都具备各自的特征。虽然并列复句所反映的句子内部的关系情况比较繁复，但仅从宏观上讲，在并列的语义基础上它们的认知层面基本上还是一致的。关于并列复句认知层面我们不作详细深入的分析，仅基于并列的语义基础从宏观上对并列复句中具有代表性的句式“既 A，又 B”“不但 A，而且 B”等的认知层面进行剖析。其中选择式情况较特殊，这里不作细究。

在主观推测层面，“既A，又B”“不但A，而且B”“A，接着B”并列复句所反映的认识是A、B分句表示事物两种并列存在的不同属性，A分句对B分句没有什么制约作用，即P｛B/A｝=0.5（表示递进含义的时候P｛A｝>P｛B｝，这里基于并列语义）；在客观反映层面，“既A，又B”“不但A，而且B”“A，接着B”并列复句所反映的认识是前后分句都成立，P｛A｝=1并且P｛B｝=1。说话人使用“既A，又B”“不但A，而且B”“A，接着B”并列句，其目的就是要反映大脑思维中两种不同的认知层面所具备的不一致关系。下面，我们先看并列式的认知层面，以“既A，又B”为代表。例如：

（59）她既会作诗，又能写一手好字。

（60）风陵渡既是黄河渡口，又是同蒲路的最南端。（魏巍《火凤凰》）

例（59）中，人们依据生活经验和常识，分句A“她会作诗”和分句B“她能写一手好字”是事物并存的不同方面，也就是说，B并不受A的影响，即P｛B/A｝=0.5；另外，说话人说这句话时，他当然知道实际情况是既会作诗，又能写一手好字，即P｛她会作诗｝=1并且P｛她能写一手好字｝=1。例（60）中，根据常识和对事物的理解，人们一般会认为，“风陵渡是黄河渡口”和“风陵渡是同蒲路的最南端”表示事物的不同属性，A对B没有制约作用，在A成立的情况下B的状态并不确定，即P｛风陵渡是同蒲路的最南端/风陵渡是黄河渡口｝=0.5；说话人说这句话时，他当然知道实际情况是风陵渡是黄河渡口，又是同蒲路的最南端，即P｛风陵渡是黄河渡口｝=1并且P｛风陵渡是同蒲路的最南端｝=1。下面，我们再看递进式的认知层面，以“不但A，而且B”为代表。例如：

（61）当时，不但有人要求转系，而且有人要求退学。

（62）我来到这里，就是让世界知道，中国女性不但能在地

上走，而且能在天上飞。(王玉彬《“东方蜻蜓”李霞卿》)

例（61）虽然是递进式，人们依据生活经验和常识，一般认为“有人要求转系”和“有人要求退学”是并存的不同情况，“有人要求退学”并不能决定“有人要求转系”，即 P｛有人要求退学/有人要求转系｝=0.5；另外，说话人说这句话时，实际情况是当时既有人要求转系又有人要求退学，即 P｛有人要求转系｝=1 并且 P｛有人要求退学｝=1。例（62）中，根据生活常识和背景知识，人们一般会认为，“中国女性能在地上走”和“中国女性能在天上飞”表示并列的顺递推进的不同层次，在 A 成立的情况下 B 的状态并不确定，即 P｛中国女性能在地上走/中国女性能在天上飞｝=0.5；说话人的这句话表示的，实际上就是中国女性既能在地上走又能在天上飞，即 P｛中国女性能在地上走｝=1 并且 P｛中国女性能在天上飞｝=1。最后来看连贯式的认知层面，以“……接着……”为代表。例如：

(63) 陶行知 1917 年从美国留学回来，不久就从城市跑到农村，为贫困的工农大众办教育，他开办晓庄师范，培养乡村小学教师，接着又办山海工学团、新安旅行团、育才学校等，为工农大众的利益、为人民教育事业、为在农村普及初等教育作出了重大贡献。(丁锦宏《教育学》课堂讲义)

(64) 先满足你的要求，接着满足他的要求。

例（63）中，人们依据对事物的理解，分句 A“他开办晓庄师范，培养乡村小学教师”和分句 B“他办山海工学团、新安旅行团、育才学校等”是事物并存的不同方面，也就是说，B 并不受 A 的影响，即 P｛B/A｝=0.5；另外，说话人说这句话时，他当然知道实际情况是他开办晓庄师范，培养乡村小学教师，又办山海工学团、新安旅行团、育才学校等，即 P｛开办晓庄师范，培养乡村小学教师｝=1 并且 P｛办山海工学团、新安旅行团、育才学校等｝=1。根据常识，人们一般会认为，例（64）中“满足你的要求”对“满足他的要求”

没有制约作用，在A成立的情况下B的状态并不确定，即P｛B/A｝=0.5；说话人说这句话时，当然知道实际情况是满足你的要求，又满足他的要求，即P｛满足你的要求｝=1，P｛满足他的要求｝=1。

选择式并列复句在主观推测层面所反映的认识是前后分句两种情况成立的可能性各为一半，客观反映层面所反映的认识是两分句有且只有一个成立，如他要么忍，要么辞职。

因此，忽略并列复句之间种种复杂的细微差别，基于并列的语义基础仅从宏观上看，并列复句在大脑思维两种不同认知层面具有不同的认识：从主观推测层面讲，前后分句表示事物所并列存在的两种不同属性，前分句对后分句没有任何制约作用，即P｛B/A｝=0.5；从客观反映层面讲，实际情况是前后分句都成立，即P｛A｝=1并且P｛B｝=1。

（三）认知层面的比较

通过以上分析可以看出，在主观推测层面，并列逆转关系“即使”句和并列句的认知层面所反映的认识是一致的：“即使A，也B”所反映的认识是P｛B/A｝=0.5，即A成立的情况下，B成立的可能性不确定；并列类所反映的认识是P｛B/A｝=0.5，即根据A，不能推断出B。人们依据生活经验和对事物的认识，对现实情况进行主观推测和判断，得知两种句式在主观推测层面所反映的认识均是P｛B/A｝=0.5。由于表并列性逆转关系的“即使”句和并列句的基本构成材料之间都有并列关系，这也为主观推测层面的一致提供了可行性及理论依据。

在客观反映层面，“即使”句和并列句所反映的认识都是不管前分句是真是假，后一分句始终为真（并列复句中的选择句除外）。至于前分句，并列类所反映的认识是：P｛A｝=1，实际情况是前后分句都成立；“即使”句前分句所反映的认识是A可表事实或者假设，即P｛A｝=1或者P｛A｝=0.5。并且“即使”句还表达了另一层信息，就是在最不易导致B的情况下，命题仍为真，那么这个命题始终为真，用公式表示为“P｛$B/A_{min(B)}$｝=1”。与并列复句相比，“即使”句在客观反映层面所反映的认识相对比较复杂，这与其让步转折的句子内部关系是密不可分的。

三　并列句和“即使”句的转化

转化就是用特定的形式来转化关系词语所表明的关系。表并列性逆转关系的“即使”句和并列句的基本构成材料之间都有并列关系，它们的认知层面也是互补的，这部分“即使”句是由并列类复句转化而来的。转化的基本方法是：变换关系词语，添加或去掉否定词。例如：

（65）a. 他既是军人，又是医生。

b. 他即使是军人，也不是医生。

（66）a. 她不但不喜欢读书，而且不喜欢写作。

b. 她即使不喜欢读书，也喜欢写作。

例（65）a是典型的并列复句，例（65）b是具有代表性的“即使”句，两个例句的基本构成材料“他是/不是军人，他是/不是医生”之间都是并列关系。在语义层面，例（65）a并列复句所表达的是并列语义关系，例（65）b所表达的是并列性逆转关系。在认知层面，假设例（65）a“他是军人”为A，“他是医生”为B，那么这两个句子可以简化为“既A，又B”“即使A，也非B”句式。可以明确看出，“即使”句和并列句除了关系词不同外，还有一个区别就是前后分句的肯定和否定。我们可以大胆地根据例（65）a并列句的认知层面P｛B/A｝=0.5做一个推断：例（65）b即使句的认知层面为P｛¬B/A｝=0.5。而这恰恰与前面讨论的“即使”句的认知层面相吻合。例（66）a和例（66）b同理。因此，并列逆转“即使”句是由并列类复句转化而来的，这种转化除了变换关系词语外，一般要对B分句进行否定。

不管从语表特征还是语里内容方面来说，并列句都可以通过变换关系词语及添加或去掉否定词转化成即使句，且转换后句子的内部关系具有一致性。并列复句是“即使”句的基础，表并列性逆转关系的即使句是由并列类复句转换而来的，转化的基本方法是：变换关系词语，对分句进行否定。当然，转化的时候为了保证语句的通顺，还会进行一些微调。

虽然并列性逆转“即使”句是由并列类复句转化而来的，但并不是所有的并列复句都可以转化为“即使”句。前后两分句之间有递进关系或转折关系的并列复句可以转化为“即使”句。隐含递进关系的并列复句转化为“即使”句除了变换关系词语外，还要对其中一个分句进行否定，不同的是，隐含转折关系的并列复句转化为“即使”句基本上只需变换关系词语。例如：

（67）a. 不但没有让他借书，而且根本就没让他进图书馆。

b. 即使没有让他借书，也让他进了图书馆。

（68）a. 告诉你，我还不仅是画家，而且是全能的艺术家！（老舍《不成问题的问题》）

b. 告诉你，我即使是画家，也不是全能的艺术家！

例（67）a 和例（68）a 是具有递进含义的并列句，通过变换关系词语及添加否定词后转化为“即使”句，例（67）b 和例（68）b 的语义和逻辑都是通顺的。

（69）a. 韩成贵心里很复杂，他既是望子成龙，又不想全家一股脑进城。（关仁山《天壤》）

b. 韩成贵心里很复杂，他即使是望子成龙，也不想全家一股脑进城。

（70）a. 这使我既感到欣慰，又体会到某种凄凉。（余纯顺《走出阿里》）

b. 这既使我感到欣慰，也体会到某种凄凉。

例（69）a 和例（70）a 是隐含转折关系的并列句，只需变换关系词语就能转化为语义和逻辑都通顺的“即使”句例（69）b 和例

（70）b。

有时候，前后分句之间仅仅是并列关系，并没有隐含递进或转折的含义，这样的并列复句也能够进行转化。例如：

（71）a. 包出的饺子，既不漂亮，又不劳实。（谭谈《小路遥遥》）

b. 包出的饺子，即使不漂亮，也很劳实。

（72）a. 这次班长竞选，要么选你，要么选他。

b. 这次班长竞选，即使选你，也不选他。

例（71）a 和例（72）a 分句间分别是平列并举和选择关系，可以转化为“即使”句例（71）b 和例（72）b。

受一定的上下文语言环境的制约，并列式分句后面有其他成分存在——不管是有总结性成分还是补充性成分抑或是陈述性成分，在这种情况下都不能进行转化。前后分句之间没有一定逻辑关系的并列类复句，基本上也不能进行转化。例如：

（73）或者把老虎打死，或者被老虎吃掉，二者必居其一。（毛泽东《论人民民主专政》）

（74）李登辉尽管脱党，但不改其志，民国三十六年台大农经系毕业后，先留校任教，接着前往美国深造，在爱达荷州立大学做短期研究。（李敖《李敖文选》）

（75）她一方面苦苦练琴，一方面努力找工作。

例（73）和例（74）两分句后面有总结性成分和补充性成分存在，不能进行由并列复句到“即使”句的转化。例（75）前后分句之间没有一定的逻辑连接关系，不能进行由并列关系到并列性逆转关系的转化。

第三节 “即使”句与并列复句语用价值的比较

在语用方面，我们将从“即使”句和并列复句的共性与个性角度对其语用价值进行对比分析。

一 共性：突出强调功能及关系词语的标示作用

语序是表达语义重心的重要手段，在一定的上下文言语环境中，“即使”句和并列句都可以通过语序的合理安排来强调重心，增强语言重心的明确性。“即使”句可以出于强调B分句的需要，而将B分句移到前面的位置上，引导B分句的“也”因为表“补充”和“类同”的语义特点而不能位于先行的位置上被省略掉。并列句无标记焦点，一句话的重心往往放在句末，不同的次序对语言所要表达的重心有明显的影响，这样，语序就成了表达语义重心的重要手段①。说话人如果想让听话人准确地理解自己所说的话，就要合理地安排语序，从而达到“突出语气、突出重心”等目的。例如：

(76) 她没有想象中美丽，即使比想象中温柔。

(77) 朵朵对干爹是七分提防，三分敬重，又靠这棵大树，又躲着大树上的刺。

例（76）的正常句序是“她即使比想象中温柔，也没有想象中美丽”，具备了全部的关联成分，B的位置被刻意移动，语序调整后就能够进一步强调突出“她没有想象中美丽”，而原先主句中的“也”则被去掉了。猛一看，例（77）中两对并列分句的次序不太合理，既然前边先说“提防”后说“敬重”，相对应地，后边理应先说“躲”后说“靠”，而仔细一想，正因为前边是提防多敬重少，才把“又靠这棵大树”提到前边，目的是强调“又躲着大树上的刺”。作

① 张凌：《并列结构的修辞功能》，《语文学刊》2006年第6期，第87页。

者这种别有用心的语序安排就语义来说更能体现出朵朵的心情。

关系词在“即使”句和并列复句的应用中都发挥着重要的语法作用，恰当使用关系词可以明确表达说话人的意图。在语篇中，“即使”句的关系词能够清晰地标示让步和逆转的语义关系，并列复句可以标示平列的语义关系，有时候还同时隐含着递进或转折的语义关系。例如：

（78）她即使掌握了标准的语言、丰富的词汇、正确的语法，也无法掌握有效的交际技巧。

（79）他向来都是这样一种人：既能尖锐地发现问题，又能有效地解决问题。

例（78）中的“即使”预示着前后分句将有转折关系，与“也”搭配使用，明确表现出了让步逆转的含义。例（79）是并列关系复句，深层的语义关系是并列，又有表并列的关联词语连接。而同时“解决问题”是在“发现问题”的前提下进一步进行的，两分句之间存在着进一步的含义，隐含递进关系。

另外，“即使……也……”句式在部分情况下，“也”还可以和“都”“还”或“还是”等副词连用。与表示并列意的关系词语共现，是“即使……也……”作为篇章衔接词时常见的方式。例如：

（80）即使是同一民族中同一类型的舞蹈，也都有不同的风格。

（81）即使她厌倦极了现在的生活，也还是要继续生存下去的。

二　个性：并列句的修辞功能及“即使”句凸显的新信息功能

从语用上说，并列复句语用方面的突出特征就是其修辞功能，而“即使”句语用方面比较突出的特点是其凸显新信息的功能。

（一）并列复句的修辞功能——对偶和排比

并列复句的语用功能主要体现在通过语序的合理安排而产生修辞效果，从而更巧妙地发挥语言的作用方面，因此，关于并列复句语用功能的考察主要集中在修辞功能上。修辞是建立在同义手段选择基础上的，是在众多的同义手段中选择一个最佳表达方式，以取得最好的效果。并列结构最能体现这一点，如果我们不注意语言单位之间的联系，不考虑某个语言单位的位置安排对全局的影响，那么就达不到修辞的要求。目前，修辞学界对语序变化所构成的辞格类型的描写比较充分、细致。在并列结构中这些辞格的本质特征主要表现在形式上：一是对偶，就是把一对结构相同或相似、字数相等的句子或短语连接在一起，表达相关或相对的意思，也称对仗。二是排比，即把三个或更多的结构相似、语义相近、语气相同的短语或句子成串地排列在一起来表达比较复杂意思的一组辞格。例如：

（82）满招损，谦受益。（《书经》）

（83）久旱逢甘霖，他乡遇故知。（汉·无名氏《四喜诗》）

（84）书中自有千钟粟，书中自有黄金屋，书中自有颜如玉。（赵恒《励学篇》）

（85）他们的品质是那样的纯洁和高尚，他们的意志是那样的坚韧和刚强，他们的气质是那样的淳朴和谦逊，他们的胸怀是那样的美丽和宽广。（魏巍《谁是最可爱的人》）

例（82）和例（83）用对偶的修辞手法表述，看起来整齐美观，读起来表意凝练、节奏铿锵，便于记诵。例（84）和例（85）运用排比的修辞手法使内容更加集中，节奏感强，显得感情洋溢，读起来琅琅上口，有一股强大的气势，能增强叙事的表达效果。

（二）“即使”句凸显新信息的功能

“即使 A，也 B”这一句式的语义重心和新信息的核心一般都在“也”后面的成分 B 上，因此，B 就成了该句式的侧重点，是说话者主要想说明的内容。语义表述重心明确，不仅使听话者能快速准确地理解话语所表达的内容，而且能高效率地获取新信息。例如：

（86）我不同意批评他，即使他在这次行动中没有功劳，也没有过失。

（87）即使做得再好，他们也会鸡蛋里挑骨头。

例（86）中“即使”后面的A“他在这次行动中没有功劳”，再加上前文的“我不同意批评他”，其语义全都落在“也”后面的B“没有过失”上，这个最终的结论才是该句的语义重点所在，是说话者主要想说明的问题，是新信息的核心。例（87）中的B“他们会鸡蛋里挑骨头”是该句的语义表述重心和新信息，“即使”后面的A对B这个重心起到了一种衬托的作用。

第三章　因果逆转“即使”句与因果类复句的比较

在这一部分里我们将从语表、语里、语值三方面对“即使”句与因果类复句进行分析比较。因果类复句是表示广义因果关系的各类复句的总称。排除现实性和假设性、说明性和推断性等差异，甲乙两事之间只要存在因果相互顺承的关系，都属于因果关系①。这里的因果复句取其广义，包括因果句、推断句、假设句、条件句、目的句这五大语义关系类型。为了便于考察，我们仅对表“因果性逆转关系”的“即使”句与因果类复句进行比较，下文默认这个范围，不再特意强调。在因果类复句中重点选择五大语义关系类型中常用的具有代表性的“因为……所以……”“既然……就……”“只有……才……”等作为例句进行重点分析比较。在实际的言语交际中，有一小部分因果类复句没有关系词，主要出现在口语中。在书面语中，由于力求表达严谨，这类复句很少使用，这种没有任何标记的因果类复句不在研究范围内。

第一节　“即使”句与因果类复句语表形式的比较

对“即使”句与因果句语表形式的分析比较具体从关系词、分句语序、肯定否定情况及它们之间的转化来进行。

---

① 邢福义：《汉语语法学》，东北师范大学出版社 1996 年版，第 351 页。

一　关系词语的省略及运用

关系词语对复句的语义关系具有显化、选示、转化和强化的功能[①]。大多数学者对复句的研究主要集中在关系词语上，表因果关系的关系词语在因果关系的表达中也发挥着至关重要的作用。要对“即使”句和因果类复句进行比较研究，就要了解表示因果关系的关系词语。因果复句的关系词语会涉及关系词语的范围、位置、配合、使用，我们选择对关系词的省略、运用进行简析，以便对“即使”句和因果类复句进行较为系统的比较。

（一）关系词语的省略

“即使”句虽然省略关系词语“即使”后句子仍然可以成立，但是省略后无法表现出让步和逆转的意思，更削弱了其突出强调功能，无法明确表达说话人原来的意图，因此关系词一般不能省去。因果类复句有时候省去关系词也能清楚明白地表示因果关系，不会造成表达的混乱。

（88）a. 即使这么便宜的房租，也有人交不起。（卞庆奎《风雨过后，请在歌声里为我祝福》）

b. 这么便宜的房租，也有人交不起。

（89）a. 既然省政府已经下了文了，就继续搞下去吧，秋后看看效果再说。

b. 省政府已经下了文了，就继续搞下去吧，秋后看看效果再说。

（90）a. 因为孩子吃饱了，所以快别喂了。

b. 孩子吃饱了，快别喂了。

例（88）a 中的“即使”意味着前后分句将有转折关系。例（88）b 中没有“即使”，则无法预示这种转折关系，也就不能表达出

① 邢福义：《汉语复句研究》，商务印书馆 2001 年版，第 32 页。

让步转折的意思。关系词省略后往往无法表达出前后分句之间所隐含的逻辑关系。有些关系词都是固定成组的，省去其中的任何一项都无法达到本身的效果。因此，“即使”关系词语不能省略。例（89）b和例（89）a表达的意义一样，因果关系词语单用一样可以完整地表达因果语义关系。例（90）b和例（90）a相比虽然省略了关系词语，依然能清楚明白地表示因果关系，不会造成表达的混乱。

“即使”句关系词语省略后会影响说话者意思的表达，一般都不能省略，而有一部分因果复句可以省略关系词语，省略后基本上不会影响意义的表达。

（二）关系词语的运用

“即使”句关系词语一般都得成对使用，而因果类复句关系词语存在成对使用的情况，如“因为……所以……”“之所以……是因为……”“既然……就……”等，也存在着单用的情况，如“既然……”“……所以……”“……因而……”“……以致……”等，还存在着连用的情况，如“因为（两个或两个以上连用）……所以……”“之所以……是因为（两个或两个以上连用）……”等，还存在着套用的情况，如表因果关系的关系词语套用表因果关系的关系词或其他关系词语等。例如：

（91）他之所以这么拼命地工作，不仅仅是因为父母身体不好，还因为刚刚又有了自己的孩子。

（92）李红不能负责这个项目，因为一个人既然没有实践经验，就不能担此重任。

例（91）是连用格式，由关系词语“之所以”“是因为”“还因为”相连接。例（92）是套用，套用格式是“……因为（既然……就……）”。

使用表示“即使”句和因果句的关系词语，都可以明确和强调分句之间的关系。“即使”句的关系词可以把让步和逆转关系明显化，起到强调让步转折关系的作用，更加明确地表明说话者的意思，同时也方便听话者更准确地接收信息；因果句的关系词语可以把原因和结果之间不太明确的因果关系明显化，避免产生歧义，也可以起到强调因果关系的作用[①]。例如：

(93) 市场的功能是计划难以代替的，即使勉强代替了，效果也不会好。

(94) 父母都觉得，既然孩子学习不好，那就让他去学门技术吧！

(95) 因为他从来没有找过工作，所以他就很积极地参加了面试培训班。

例（93）用“即使……也……”表达了让步和逆转的语义关系，如若没有关系词语，则无法表现出让步和逆转的意思，就无法明确表达说话人的意思。例（94）和例（95）分别用“既然……就……”“因为……所以……”这些表因果关系的关系词语来标记句中各部分之间的因果关系，从而更加准确、严密地表达了意义。

二 分句的语序及肯定否定情况

“即使”句和因果复句的分句都可以根据所强调的重点信息来调整分句的语序。“即使”句出于强调主句的需要，分句的语序可以进行调换。在常规情况下因在前、果在后的因果类复句也可以随着所强调的重点易位而变成果在前、因在后的形式。因在前、果在后次序的重点在于说明结果。若是次序对调，重点便在于解释原因了[②]。例如：

(96) a. 宝石即使混在垃圾堆里，也仍然晶莹夺目。

b. 宝石仍然晶莹夺目，即使混在垃圾堆里。

(97) a. 因为海平面上升与全球变暖密切相关，所以保护环

① 刘畅：《表因果关系的关联词语研究》，学位论文，东北师范大学，2011 年。

② 吕冀平：《原因和理由的表达》，《语文学习》1959 年第 5 期，第 20 页。

境刻不容缓。

b. 之所以保护环境刻不容缓，是因为海平面上升与全球变暖密切相关。

例（96）a 是“即使 A，也 B”句式的正常次序，如果想要进一步强调突出 B“宝石仍然晶莹夺目”，可以将句序调整为例（96）b，B 的位置被刻意移至前面，极易引起听话者的注意，从而达到强调“宝石仍然晶莹夺目”的目的。而原先主句中的“也”由于表“类同”和“补充”的语义特征不能处在先行的位置则被去掉了。例（97）a 中“因为”在前，“所以”在后的排列次序重点在于说明结果“保护环境刻不容缓”，而易位后如例（97）b 中的“（之）所以，是因为”的次序，很明显重点在于解释产生结果的原因。

“即使”句前后分句的意思相反或相对，分句的肯定和否定往往不一致，通常，前分句是肯定，后分句是否定。因果类复句前后分句的意思是相互顺承的，两分句表达的意义一致，前后分句肯定和否定的情况常常是一致的。例如：

（98）即使大家都很尊重他，他也开心不起来。

（99）贫农，因为最革命，所以他们取得了农会的领导权。（毛泽东《湖南农民运动考察报告》）

例（98）中“大家都很尊重他”但是“他开心不起来”，在语意上是由一个方向转向了另一个方向，前分句是肯定形式，后分句是否定形式。例（99）中“贫农最革命”“他们取得了农会的领导权”两分句是相互顺承的因果关系，前后分句肯定和否定的情况一致。

三　两类复句的转化

从语表形式上看，因果类复句可以转化为因果类逆转“即使”句，这种转化除了变换关系词语外，主要是把 B 分句由肯定变成否定，变换的基本方法是：添加否定词。如果 B 分句为否定，则要变成肯定，变换的基本方法是：去掉否定词。例如：

（100）a. 她既然爱好音乐，那么就从音乐方面打动她。（张英《她，怎么办?》）

b. 她即使爱好音乐，也不必从音乐方面打动她。

（101）a. 只有大家一条心，才能克服困难朝前进。

b. 即使大家一条心，也不能克服困难朝前进。

例（100）a 和例（101）a 因果类复句通过变换关系词语，添加否定词而转化成“即使”句，如例（100）b 和例（101）b。对例（100）a 和例（101）a 因果类复句后一分句进行否定，会导致这类复句在逻辑语义上的一致性转化成“即使”句在语义表述上所具有的对立性①。再如：

（102）a. 因为领导不支持，所以你们一定不会成功的！

b. 即使领导不支持，你们也一定会成功的！

（103）a. 既然你不爱她，那么就不要娶她。

b. 即使你不爱她，也要娶她。

例（102）a 和例（103）a 因果类复句通过变换关系词语，去掉否定词转化成“即使”句，如例（102）b 和例（103）b。对例（102）a 和例（103）a 的后一分句进行否定，就把原来的因果关系转换成了转折关系，逻辑语义由一致性变为对立性。

第二节　“即使”句与因果类复句语里内容的比较

“即使”句与因果类复句语里内容的比较主要从句法关系及语义、认知层面进行分析。

① 丁力：《复句三分系统分类的心理依据》，《汉语学》2006 年第 3 期，第 27 页。

一 句法关系及语义

依据复句系统“三分法”，“即使”句是转折类复句，前后分句是让步转折关系；因果句是因果类，前后分句是相互顺承的因果关系。在语义方面，因果类复句包括说明事物间联系的因果句，以事实、假设或条件为根据推断某种结果的推断句、假设句和条件句，以及述说某种行为及其目的的目的句①。因果类复句的逻辑语义是说明事物的因果联系，以前一分句为根据来推断某种结果，而“即使”句表达的语义是前分句的假设或事实无论成立与否，退一步说，后分句都成立。例如：

(104) 别犯傻了！即使他喜欢权力，也不必通过权力得到他的爱。

(105) 只要有人提起老黄，父亲就显得很激动。

(106) 既然到了北京，就一定要闯出一条路来。

例（104）中，A“他喜欢权力”与B“不必通过权力得到他的爱”间具有因果性逆转关系。根据常识，他喜欢权力，一般会投其所好，通过权力得到他的爱，而事实是就算他喜欢权力，都不必通过权力得到他的爱。例（105）中，A“有人提起老黄”与B“父亲显得很激动”间是条件性因果关系。此例句重在表达条件同后果的真假制约关系，并没有在意条件和后果本身是不是事实。例（106）中，“既然”句是推断性因果关系，“到了北京”已经是客观事实，不可更改，面对这一事实，说话人表述自己没有别的选择，只能“闯出一条路”，“既然”分句承认事实，表示决心，重在推理。

不管是例（104）的让步转折关系还是例（105）和例（106）的因果关系，本身都重在叙述两分句之间的关系，而不是考虑分句本身是不是事实。“即使”句和因果句都是偏正结构类型，其意义重心都

① 邢福义：《汉语复句研究》，商务印书馆2001年版，第57页。

落在了主句上，成为说话者主要想说明的内容，即句子的焦点。不同的是，“即使”句表达的语义是不管前分句的假设或事实成立与否，后分句都成立；因果类复句的逻辑语义是说明事物间相互顺承的因果关系，以前一分句为根据来推断某种结果。

二　认知层面

（一）因果性逆转“即使”句的认知层面

在主观推测层面，表因果性逆转关系的“即使”句，在分句 A 成立的时候，B 成立的可能性小，A 对 B 有影响，即 $0 < P\{B/A\} < 0.5$。例如：

（107）这种汽车，即使与人或其他车辆相撞，也不会发生危险。

（108）城市交通实现了现代化，即使城市道路较窄，车流繁杂，也可使交通秩序井然，交通事故减少。

这两个句子是因果性逆转“即使”句，A“与人或其他车辆相撞”与 B“不会发生危险”间具有因果性逆转关系。人们根据经验和常识，一般都认为例（107）中“与人或其他车辆相撞”就会“发生危险”，也就是在 A 成立的情况下 B 成立的可能性小：$0 < P\{$不会发生危险/与人或其他车辆相撞$\} < 0.5$。同理，根据常识和判断，例（108）中在 A“城市道路较窄，车流繁杂”成立的情况下，B“使交通秩序井然，交通事故减少”成立的可能性小，即 $0 < P\{B/A\} < 0.5$。

在客观反映层面，表因果性逆转关系的“即使”句所反映的认识是 $P\{B\} = 1$，$P\{B/A_{min(B)}\} = 1$，此层面又分为两种情况：$P\{A\} = 1$，$P\{A\} = 0$ 或 $P\{A\} = 0.5$。无论 A 是什么情况，退一步而言，分句 B 是肯定的，且在最不易导致 B 成立的情况下，命题为真，即 $P\{B\} = 1$，$P\{B/A_{min(B)}\} = 1$。至于 A 的不同情况，可分为两类：一为实言的，A 为真，此时 $P\{A\} = 1$；二为假言的，A 要么不确定要么是假的或不能实现的，此时 P｛A｝=0 或 P｛A｝=0.5。例如：

(109) 即使有很多人劝他退学，他也一直坚持读书。

(110) 只要他答应，即使路上再难，她也会把女儿带到爸爸面前的。

(111) 即使天上下刀子，他也会来的。

这三个句子是因果性逆转“即使”句，例（109）中，A“有很多人劝他退学”与 B“他一直坚持读书”间具有因果性逆转关系。说话人说这句话时，自然清楚有很多人劝他退学是真的，他一直坚持读书同样是事实，即 P｛他一直坚持读书｝=1，P｛有很多人劝他退学｝=1。一般而言，有很多人劝他退学，他就不容易一直坚持读书，而事实情况却是他一直坚持读书。在很多人劝他退学的情况下，他一直坚持读书，既然最不易导致结果的条件能使结论成立，更不用说在很多人支持他上学这些容易导致结果的情况下了，那就更能坚持读书了。例（110）中，在他答应的条件下，就算路上再难，她也一定会把女儿带到爸爸面前的，也就是说不管路上难不难，她都能完成任务，所以 P｛她也会把女儿带到爸爸面前的｝=1，P｛路上再难｝=0.5。例（111）中，对于说话人来说，他知道实际情况是：A“天上下刀子”只是现实条件残酷的一种夸张说法，肯定不会实现，B“他会来的”则是肯定的，不受任何因素的影响。所以 P｛他会来的｝=1，P｛天上下刀子｝=0。后两例中“即使”后边的成分表示在所提到的一类事物中最极端的一种（比如最好或最坏，最聪明或最笨，最容易或最难……）。这种最极端的情况都能实现，一般情况的出现自然是不言而喻的，也就是通过对所强调的极端情况的肯定来对这个层级中所有情况予以肯定，即 P｛B｝=1，P｛$B/A_{min(B)}$｝=1。

因此，表因果性逆转关系的“即使”句，在主观推测层面所反映的认识是在分句 A 成立的情况下 B 成立的可能性小，A 对 B 有一定的制约作用，即 0<P｛B/A｝<0.5；在客观反映层面所反映的认识是

前分句 A 为真，后一分句 B 也为真，并且在最不易导致 B 的情况下，命题仍为真，那么这个命题始终为真，即 P ｛A｝=1，P ｛A｝=0 或 P ｛A｝=0.5，P ｛B｝=1，且 P $\{B/A_{min(B)}\}=1$。

（二）因果类复句的认知层面

具体到每一类句子，因果类复句在认知层面的情况是极其复杂的，因果句、推断句、假设句、条件句、目的句之间及各个同类句式内部在认知层面上存在着很多细微的差别，都具备各自的特征。虽然因果类复句所反映的句子内部关系情况比较繁复，但仅从宏观上讲，在因果类语义基础上它们的认知层面基本上还是一致的。关于因果类复句的认知层面我们不做深入详细的分析，我们将基于因果类复句的语义仅从宏观上对因果类复句中具有代表性的句式“因为 A，所以 B”“既然 A，就 B”“如果 A，就 B”等的认知层面进行剖析。由于因果类复句 A 对 B 可以具有顺向制约、非制约和逆向制约关系，所以在主观推测层面要分开考察。

在主观推测层面，因果类复句所反映的认识可分为三种情况：一是根据因果类复句两分句间的关系可划分为顺向制约关系：$0.5<P\{B/A\}=1$；逆向制约关系：$0<P\{B/A\}<0.5$；非制约关系：$P\{B/A\}=0.5$。客观反映层面，它们所反映的认识是：$P\{B/A\}=1$。表明了人们在使用这一句式时，大脑思维在这两种不同认知层面的不一致关系。下面我们将以“因为 A，所以 B”“既然 A，就 B”“如果 A，就 B”为例来说明。例如：

（112）因为昨天天气特别的不好，所以我们全家取消了出门旅行的计划。

（113）如果确定张云是忠诚的，就等于否认地球绕着太阳转。

（114）野求的贫血的脸忽然发了热：“你诅咒我了！只要你肯当面诅咒我，就是我的幸福。”（老舍《四世同堂》）

在以上三个例句中，A 对 B 的成立分别具有顺向制约、非制约和逆向制约关系①。

例（112）中，A对B的成立有顺向制约作用，也就是说话人在思维表述上具有一致性。人们根据自己的生活经验和对事情的理解，在A“昨天天气特别的不好”成立的条件下，顺着这个思路，推出B“我们全家取消了出门旅行的计划”成立的可能性大，即0.5＜P｛我们全家取消了出门旅行的计划/昨天天气特别的不好｝≤1。例（113）中，A对B的成立具有非制约作用，前后分句没有因果联系，只是由关联词表达出这种因果意义，维系着这种因果关系，也就是说前后分句在语义上没有什么直接联系，A对B的成立不具有制约性。“确定张云是忠诚的”和“否认地球绕着太阳转”互不相干，既不能由“确定张云是忠诚的”推出“否认地球绕着太阳转”成立或很可能成立，也推不出它不成立，所以“确定张云是忠诚的”成立与否与“地球绕着太阳转”毫无联系，即P｛B/A｝=0.5。例（114）中，A对B的成立具有逆向制约作用，也就是说A、B两分句在思维表述上具有对立性，在主观信赖程度上具有逆向制约性②。A“被人当面诅咒自己”是件非常不愉快的事情，而却说“是我的幸福”，A、B两个分句的内容在思维表述上前后不一致、相互对立，可依据A的成立推出B不成立或者很可能不成立，即0＜P｛是我的幸福/当面诅咒我｝＜0.5。上面两个例句在客观反映层面都是由A分句可推出说话人对客观现实的描述：昨天天气特别的不好，我们全家取消了出门旅行的计划是对客观现实的说明；“只要你肯当面诅咒我，就是我的幸福”是说话人对客观事实的描述。因此，不管因果复句两分句之间是什么逻辑关系，它们的客观反映层面都是一致的，即P｛B/A｝=1。

综上所述，忽略因果类复句内部种种细微差别，基于因果关系语义从宏观上看，因果类复句在大脑思维两种不同认知层面具有不同的认识：在主观推测层面，当分句间是顺向制约关系时，可依据A判定B成立或成立的可能性大，即在A成立的情况下，依据常识和阅历可

---

① 宋增文：《“如果A就B”句式考察》，《绥化学院学报》2014年第12期，第87页。

② 同上。

以判断B成立或者很可能成立，也就是$0.5 < P\{B/A\} = 1$；当两分句是逆向制约关系时，可依据A的成立推出B不成立或者很可能不成立，即$0 < P\{B/A\} < 0.5$；当两分句是非制约关系时，既不能依据A的成立，推出后一个分句B成立或者很可能成立，也不能依据前一个分句A的成立，推出B不成立或者很可能不成立，即$P\{B/A\} = 0.5$。从客观反映层面讲，说话人认为，A分句成立，那么B分句成立，即$P\{B/A\} = 1$。但在实际运用中，以因果类复句顺向制约关系为主，非制约和逆向制约关系的情况出现较少。

（三）认知层面的比较与转化

在主观推测层面，表因果性逆转关系的“即使”句和因果句的认知层面所反映的认识如下：“即使”句所反映的认识是$0 < P\{B/A\} < 0.5$，即依据分句A的成立，判定B成立的可能性小。因果类复句所反映的认识分为顺向制约关系，即$0.5 < P\{B/A\} = 1$；逆向制约关系，即$0 < P\{B/A\} < 0.5$；非制约关系，即$P\{B/A\} = 0.5$三类。可以看出，顺向制约关系的因果句和“即使”句在主观推测层面是近于互补的，这是由于因果句两分句间具有思维表述一致性而“即使”句两分句间的思维表述具有对立性；逆向制约关系的因果句和表因果性逆转关系的“即使”句在主观推测层面是一致的，这是因为两者的构成材料都有转折的语义关系，两者分句间都有思维表述的对立性；而非制约关系的因果类复句和表因果性逆转关系的“即使”句没有交点，却和表并列性逆转关系的“即使”句在主观推测层面是一致的，这是因为此类因果复句和表并列性逆转的“即使”句在思维表述上前后分句没有什么直接联系，只是由关联词表示维系某种关系。

在客观反映层面，表因果性逆转关系的“即使”句所反映的认识是$P\{B\} = 1$，$P\{B/A_{min(B)}\} = 1$；因果类复句所反映的认识是：$P\{B/A\} = 1$。两者反映的认识都是：在偏句A成立的情况下，正句B成立，即$P\{B/A\} = 1$。除此之外，“即使”句还传达了“退一步说”的信息，对所强调的极端情况加以肯定来对这个层级的所有情况予以肯定，即$P\{B/A_{min(B)}\} = 1$。

表因果性逆转关系的“即使”句和具有顺向制约关系的因果类复句在主观推测层面是近于互补的，在客观反映层面是一致的。对具有顺向制约关系的因果类复句后一分句进行否定，会导致这类复句在思维表述上的一致性转化成因果性逆转关系的“即使”句在思维表述上所具有的对立性。这表现在认知层面上也是吻合的。例如：

（115）a. 既然是晴空万里的好天气，就不会出现强烈风暴。

b. 即使是晴空万里的好天气，也会出现强烈风暴。

“是晴空万里的好天气”为A，“不会出现强烈风暴”为B，那么这两个句子可以简化为“既然A，就B”“即使A，也非B”。例（115）a中，根据A的成立可判定B成立或很可能成立，即$0.5 < P\{B/A\} = 1$，那么例（115）b中，根据A的成立可判定B成立的可能性小，即$0 < P\{\neg B/A\} < 0.5$，在主观推测层面两者是近于互补的（对于结点$P\{A\} = 0$和$P\{A\} = 0.5$的情况这里不作剖析）。

逆向制约关系的因果句和表因果性逆转关系的“即使”句在主观推测层面的一致，这是因为两者分句间在思维表述上前后不一致、相互对立，两者的构成材料都有转折的语义关系。逆向制约关系的因果句只需要变换相应的关系词语即可转化为“即使”句。例如：

（116）a. 如果她义无反顾地向前走，就很可能被大家议论。

b. 即使她义无反顾地向前走，也很可能被大家议论。

“她义无反顾地向前走”为A，“很可能被大家议论”为B，那么这两个句子可以简化为“既然A，就B”“即使A，也B”。例（116）a中，根据A的成立可判定成立的可能性小，即$0 < P\{B/A\} < 0.5$，例（116）b也同样是$0 < P\{B/A\} < 0.5$。

非制约关系的因果复句和表并列性逆转的“即使”句在思维表述上前后分句没有什么直接联系，平等罗列或者是类比几种情况，只是靠关联词来维系某种关系。对具有非制约关系的因果类复句后一分句进行否定，将其中相应的关系词进行适当的调换，从而使得这类复句在思维表述上的平等罗列关系变为“即使”句的并列性逆转关系。例如：

（117）a. 既然勤奋是他成功的一只翅膀，那么聪明就是他成功的另一只翅膀。

b. 即使勤奋是他成功的一只翅膀，聪明也不是他成功的另一只翅膀。

“勤奋是他成功的一只翅膀”为 A，“聪明就是他成功的另一只翅膀”为 B，那么这两个句子可以简化为“既然 A，就 B”“即使 A，也非 B”。例（117）a 根据 A 的成立不能判定 B 能否成立，即 P｛B/A｝=0.5，那么例（117）b 根据 A 的成立也不能判定 B 的情况，即 P｛¬B/A｝=0.5 在主观推测层面两者是互补的。

不管从语表特征还是语里内容方面看，因果类复句都可以通过变换关系词语、添加否定词转化成“即使”句。我们认为，表因果性逆转关系的“即使”句是由因果类复句转化而来的，转化的基本方法是：变换关系词语、对分句进行否定。当然，转化的时候为了保证语句的通顺，还会进行一些微调。具体来说，对具有顺向制约关系的因果复句后一分句进行否定，变换相应的关系词语，就可以转化为因果性逆转关系的“即使”句；具有逆向制约关系的因果句变换相应的关系词语就可以转化为“即使”句；对具有非制约关系的因果复句后一分句进行否定，变换相应的关系词，就可以转化为表并列性逆转关系的“即使”句。

第三节　“即使”句与因果类复句语用价值的比较

客观世界中的“因果关系”千变万化，语言中的“因果关系”错综复杂。在实际运用中，因果类复句的语用价值相当灵活、丰富，下面我们列举一二。“因为 A，所以 B”可用作篇名，能起到画龙点睛的作用，并且往往会引起读者的好奇心，让人产生继续读下去的兴趣，如因为遗忘，所以回望（《天周刊》2005 年），因为慈悲，所以懂得（《当代护士》2002 年）；“既然”句往往可以明确地读出作者的观点和态度，或表示愤怒、不满的语气，或表示消极、积极的语气。如既然他能力不足，就不重用他，你为什么却让他升职呢？“只要 A，就 B”有时可以表达委婉义或强调义，如只要老王一退出，我们这个组合就会解散。由于篇幅原因，关于因果类复句的语用价值就不作分析。这里我们仅对“即使”句和因果复句语用方面突出的共性和个性进行简单分析。

在语篇中，“即使”句和因果类复句的语义表述重心明确，一般都落在 B 分句上，侧重点明显。两种复句的关系词在语篇中都发挥着逻辑关系连接功能。例如：

(118) 单个的水分子，即使用最先进的电子显微镜也观察不到。

(119) 因为科学技术是第一生产力，所以科技上的不断创新是现代社会平稳快速发展的重要动力。

例（118）中“即使”后面的 A“用最先进的电子显微镜”，再加上前文的“单个的水分子”，其语义全都落在“也”后面的 B“观察不到”上，这个最终的结论才是该句的语义重心所在。例（119）中，B“科技上的不断创新是现代社会平稳快速发展的重要动力”是说话者主要想说明的问题，这句话的语义重点完全在 B 上，“因为”后面的 A“科学技术是第一生产力”，对 B 这个表述重心来说，起到了一种解释说明的作用。在这两个例句中，句子逻辑语义的表达方式主要依靠语义关系基础及有相关逻辑基础的关系词“即使……也……”和“因为……所以……”例（118）中“即使”除了在一定程度上表示假设的语义外，在更多意味上表示让步，后分句“也”承接前一分句表示转折。两分句间属于逆接关系，表现为 A 和 B 的逆反关系，此时，关系词发挥了逆接的逻辑连接功能。例（119）中

“因为”预示着前后分句将有因果关系，“所以”推断出结果，前后分句属于顺接关系，表现为A和B间相互顺承的关系，此时，关系词发挥了顺接的逻辑连接功能。

在语境中，因果类复句的“因为A”可以单独回答问题，而“即使”句不行。例如：

(120) 甲：你怎么迟到了？

乙：因为我在路上堵车了。

(121) 甲：你们都离婚了，你怎么对她还那么好？

乙：即使离婚了，我也还想她能过得好些。

例(120)中乙的完整回答应该是“因为我在路上堵车了，所以迟到了”，因为语言经济性的需要，只回答“因为我在路上堵车了”省去“所以迟到了”就可以明确地表达出想要表明的意思。而例(121)中的回答必须完整，省略其中任何一句都无法清楚地表达出作者的意思。

两种复句在语篇中都有新信息的凸显，但是“即使”句的新信息往往都是在B分句中出现，而因果句的新信息不少可以出现在A分句。也就是说，两种复句中A分句在话语中的作用是有所不同的，在“即使”句中A往往是一个旧信息，在因果类复句“因为……所以……”句中A可以是新信息，也可以是旧信息。B在“即使”句和因果句里都是新信息，例如：

(122) 众所周知，在中国，一个毕业大学生，即使是一本大学毕业的，找工作也并不简单，其他的就更不用说了。

(123) 加上两人初结婚时两家在一个房子里合居过，两人的老婆因为打扫厕所吵过架，所以两人之间的疙瘩越结越深。(刘震云《单位》)

(124) 这一家，男女都在外边当干部，通年不回家，只有一个六十多岁的妈妈留在家里。这位老太太因为年纪大，住在后

院，年轻人都叫她“后院奶奶”。(赵树理《三里湾》)

例（122)、例（123）和例（124）中B分句“找工作并不简单”“两人之间的疙瘩越结越深”“年轻人都叫她‘后院奶奶’”都是新信息。例（122）中A分句“即使是一本大学毕业的”并不是新信息，例（123）中的A分句“两人的老婆因为打扫厕所吵过架”是新信息，例（124）中A分句“因为老太太年纪大，住在后院”在前文都有所交代，属于旧信息。

结　语

本编从语表、语里、语值三方面探究了“即使”句和并列类复句及因果类复句之间的异同及转化关系，重点对其认知层面进行了考察。具体来说，通过对并列性逆转“即使”句和并列复句的比较以及因果性逆转“即使”句和因果类复句的比较，归纳出其间的转化特征。通过分析比较，可以得出如下结论：

同样是“即使”句，之所以认知层面的信念度值有两种不同情况并存，根本原因是“即使”句式的内部关系不同，而这种不同则是由于“即使”句来源于不同的句类：一部分来源于并列类，另外一部分来源于因果类。在一般情况下，源于并列类的“即使”句的认知层面与并列类复句保持一致，源于因果类的“即使”句的认知层面与因果类复句保持一致。

本编的创新之处主要有两点：首先，从认知层面的信赖程度方面探讨“即使”句与相关复句的比较与转化，跳出了主要根据句法、语义对复句进行对比分析的模式。其次，在邢福义“即使”句属转折类复句，其中一部分由并列类复句转化而成，另一部分由因果类复句转化而成的理论基础上，进一步挖掘它们之间转化的语言规律及特征，提供了新的视角，有助于丰富并深化语法理论。

本编研究的不足之处是：首先，“即使”句、因果类复句和并列类复句范围太广，无法进行全面分析，所以笔者仅从宏观上选取具有代表性的“既，又”“不仅，而且”“因为，所以”“既然，就”等进行了着重分析，并没有涉及所有句式情况。按照本编论题应比较的相关复句内容实际上大于本编所列举的内容，因而两者的转化比较得出的结论可能并不全面，还有待进一步完善。其次，本编对具有哪种特征的并列类复句和因果类复句才可以转化为“即使”句进行了归纳，但并没有进行全面而详 剖析。最后，在主观推测层面上表因果性逆转关系的“即使”句和具有顺向制约关系的因果类复句是近于互补的，一个是$0<P\{B/A\}<0.5$，另一个是$0.5<P\{B/A\}=1$，笔者并没有进一步剖析为什么没有达到互补，即没有对结点为$P\{A\}=0$和$P\{A\}=0.5$的情况进行讨论。

参考文献

一　专著

丁力:《汉语语法问题研究》, 三秦出版社 2012 年版。

丁力:《语法》, 三秦出版社 2005 年版。

丁力:《语言问题八讲》, 中国书籍出版社 2012 年版。

丁力:《现代汉语列项选择问研究》, 华中师范大学出版社 1998 年版。

黄伯荣、廖序东:《现代汉语》, 高等教育出版社 2001 年版。

胡裕树:《现代汉语》, 上海教育出版社 1996 年版。

吕叔湘:《汉语语法论文集》, 商务印书馆 1984 年版。

吕叔湘:《语法研究和探索》, 北京大学出版社 1983 年版。

李晋霞:《复句关系词语的语法化与主观化》, 华中师范大学出版社 2005 年版。

屈承熹:《汉语认知功能语法》, 黑龙江人民出版社 2004 年版。

王力:《中国现代语法》, 商务印书馆 1985 年版。

王维贤:《现代汉语复句新解》, 华东师范大学出版社 1994 年版。

王缃:《复句 · 句群 · 篇章》, 陕西人民出版社 1985 年版。

徐阳春:《现代汉语复句句式研究》, 中国社会科学出版社 2002 年版。

邢福义:《汉语复句研究》, 商务印书馆 2001 年版。

邢福义:《汉语语法学》, 东北师范大学出版社 1996 年版。

邢福义:《复句与关系词语》, 黑龙江人民出版社 1985 年版。

邢福义:《语法问题探讨集》, 湖北教育出版社 1986 年版。

邢福义、徐杰、匡鹏飞：《多视角语法比较研究》，华中师范大学出版社2013年版。

邢福义：《现代汉语》，高等教育出版社2011年版。

赵恩芳、唐雪凝：《现代汉语复句研究》，山东教育出版社1998年版。

张静：《语言·语用·语法》，文心出版社1994年版。

二 学术期刊

程彬、何世英：《试论“尽管”和“即使”“不管”的区别》，《曲靖师专学报》（社会科学版）1986年第1期。

池昌海、凌瑜：《让步连词“即使”的语法化》，《江南大学学报》（人文社会科学版）2008年第2期。

陈香：《因果复句研究综述》，《语言研究》2013年第2期。

丁力、李建国：《“即使”句的关系词语与句法关系》，《陕西理工学院学报》（社会科学版）2012年第3期。

杜国平：《“即使P也Q”句式的逻辑分析》，《浙江社会科学》2011年第7期。

戴悉心：《“即使句”的分类及其语义语用分析》，《世界汉语教学》2001年第2期。

金鑫：《让步话语标记演变的认知分析》，《求索》2010年第9期。

刘昌华：《让步复句的“主观性”考察》，《扬州教育学院学报》2012年第4期。

李丹弟：《汉语并列连接词在分句中的位置》，《汉语学习》2010年第4期。

吕冀平：《原因和理由的表达》，《语文学习》1959年第5期。

吕明臣、佟福奇：《“即使……也……”的语义分析》，《求索》2012年第1期。

刘雪春：《“即使……也……”式复句的逻辑分析》，《郑州大学学报》（哲学社会科学版）1998年第3期。

梅立崇：《现代汉语的“即使”假言句》，《世界汉语教学》1995年第1期。

荣丽华：《汉语因果复句研究综述》，《长春师范学院学报》2011年第9期。

孙云：《谈谈即使句、宁可句、无论句》，《内蒙古师范大学学报》1983年第2期。

孙也平、王世民：《论现代汉语复句》，《齐齐哈尔师范学院学报》1989年第2期。

王忠良：《“即使……但是”复句逻辑初探》，《延边大学学报》（社会科学版）1993年第2期。

邢福义：《现代汉语的“即使”实言句》，《语言教学与研究》1985年第4期。

邢福义：《现代汉语语法研究的“小三角”和“三平面”》，《华中师范大学学报》（哲学社会科学版）1994年第2期。

邢福义：《语法研究中“两个三角”的验证》，《华中师范大学学报》（人文社会科学版）2000年第5期。

严子寒：《关于“即使P，也Q”句式语用误用的几点分析》，《常州信息职业技术学院学报》2010年第5期。

郑丽：《再论“即使”的语法化问题》，《牡丹江大学学报》2010年第9期。

张凌：《并列结构的修辞功能》，《语文学刊》2006年第6期。

张学成：《“只要A，就B”的句法、语义、语用的制约关系》，《杭州师范学院学报》1994年第2期。

三　学位论文

陈鸿瑶：《现代汉语副词“也”的功能与认知研究》，东北师范大学，2010年。

龚一文：《即使的篇章功能研究》，上海师范大学，2011年。

韩启振：《现代汉语让步条件句认知研究》，华中科技大学，2012年。

刘畅：《表因果关系的关联词语研究》，东北师范大学，2011 年。

刘昌华：《让步复句的语用研究》，江苏师范大学，2006 年。

唐凤燕：《现代汉语“即使”复句探析》，暨南大学，2003 年。

吴茜：《论现代汉语并列结构语序》，天津师范大学，2009 年。

曾常年：《现代汉语因果句群研究》，华中师范大学，2003 年。

张凯悦：《现代汉语“即使……也……”句式研究》，东北师范大学，2013 年。

赵敏：《“连”字句、“是”字句、“即使”句的对比分析》，暨南大学，2004 年。

朱珏：《“即使——也”复句研究》，上海外国语大学，2007 年。

后　　记

2017年，陕西理工大学文学院决定挑选一批硕士研究生学位论文加以出版，一有为学校60年校庆献礼之意；二是借以鞭策毕业者不断进取，迈向研究的更深领域；同时督促在校生，在先前毕业生的基础上不断将研究推向深入，力争达到更高的层次。在此背景下，由我的导师丁力教授所指导的研究生学位论文的出版首先被提上日程。可能是考虑到我们丁老师所带的14名研究生毕业论文选题相对接近，专题性较强。蒙丁老师不弃，交由我联系同门，编排体例，调整格式，校对文稿。受同门委托，由我为本书撰写后记。我受宠若惊，既恐负学院栽培，又怕辱师门名声。思来想去，决定借此与大家实实在在地分享一下我们论文写作的过程，以此来提醒我们不忘初心，继续前行。

陕西理工大学文学院自2012年开始招收汉语言文字学硕士研究生。我的导师丁力教授共指导14名现代汉语方向研究生，至今都已毕业。我们14人的毕业论文选题较为接近，大都涉及汉语复句格式与认知层面的关系这一核心问题。丁老师以2006年在《汉语学报》上发表《复句三分系统的心理依据》为标志，一直致力于用认知层面的角度来解释汉语复句格式。我们毕业论文的选题也都源于此。当然，为了全面探究汉语复句格式，丁老师指导我们运用“小三角”理论综合考察复句格式的语表形式、语里内容、语用价值，以此来完善我们的认知。因此我们看到所有14个人的论文在各自的体系上全部应用“小三角”理论来统领整篇论文。丁老师从来没有要求我们毕业论文选题必须要选复句研究，但是我们大都不约而同地选择了这一论题，我想这不但是我们对用“小三角”理论体系和认知层面来角度解决复句问题发自内心的认同，同样也体现着我们对师门的传承。

我至今清晰地记得，丁老师在我们入校的第一节课上教导我们，语言研究一定要树立“语言观、物质观、辩证观”“一定要用语言的、物质的、辩证的观点来看待所有的语言问题”“要拓宽观察语言的视角，也要接受别人的语言观”。这种思想一直贯穿我们研究的始终，对我们的语言学习产生了很大的影响。我想正是这种思想才指引着我们在面对某一语言问题时要细致地思考、辩证的看待，争取做到“充分观察、充分描写、充分解释”。在此思想下我们开始了语言的学习和论文的写作，同时也开始了对我们来说收获最大、影响最深的讨论。由于学校规定每个研究生在校期间要至少发表一篇学术论文，丁老师让我们每人选一个复句格式或者自己平时积累的认为有价值的问题去思考，去查阅当前这一问题的研究现状，然后自己思考解决这一问题的思路、解决的切入点和大体框架。在这个过程中必须要搜集大量例句来支撑。丁老师要求大家一篇小的论文必须要至少两百条随机选取的例句作为基础语料库，这样研究起来才相对全面和具有说服力。丁老师常对我们回顾当年邢福义先生上课时搜集预料的方法：邢老师从各种期刊、文献甚至小说中截取例句，汇总之后裁成一个一个小纸条，一张纸条上面写上一个例句，最后把相似的例句剔出，剩下的都是独特的有价值的例句，以此来搜集例句支撑论文。现在虽然条件好了，但是我们认为这种老一辈学者做踏踏实实做学问的精神和态度值得我们学习和传承，所以我们每个人的第一篇论文搜集到的语料全部都采用邢老师的方法：200 多条例句，200 多张纸条。我至今依然保存着写第一篇文章时的纸条，200 多张小纸条大约 3—4 厘米厚。我以此来时常提醒自己恪守并传承老一辈学者踏实、严谨的学术精神。我想其他人也是一样。

在搜集完语料并对问题进行思考之后，每一个人在讲台上向大家介绍自己的问题和解决思路，并提供相关支撑例句。包括丁老师在内所有人在下面听，对其问题和思路提出意见，可以提出质疑，也可以提供佐证例句。大家一起思考、讨论提出的问题，对其研究的价值和可行性进行分析。如果大家认为这个问题没有研究的价值就再换一个问题，如果认为有研究价值下一节课在黑板上列出解决这一问题的大纲，大家再进行讨论完善。确定下大纲之后开始展开写作。论文成型之后每个人再到讲台上进行汇报，逐步修改完善，直至最后定稿。这个反复讨论与辩驳的过程，我认为是不同思想交流和碰撞的过程，同时讨论也加深了我们对问题的思考，拓宽了我们的思路，促使我们的观点和例句更加严谨，努力做到经得起读者的推敲。此外，所有人都参与到其中一人的问题中，对其他人来说也是一个难得的学习和思考过程，不但可以使我们了解到更多的知识，同时也能拓宽我们思考问题的角度，打破固有思维的禁锢，更重要的是锻炼了我们的反复推敲的思维，使我们受益匪浅。我们毕业论文的写作也是沿用同样的思路和模式，每个人的毕业论文至少大家一起讨论了三稿，丁老师又单独给大家修改了 3 稿，才最终定稿。这种反复讨论与修改的过程我想我们一定会保持并传承下去。

我们 14 篇硕士学位论文大都选取了某一汉语复句格式作为研究对象。其中，有 6 篇考察广义转折类复句格式，分别是 2013 级研究生尹蓝嵚撰写的《“虽然 A，但是 B”句式探析》、2012 级王英泽撰写的《假转句句式考察》、2013 级王红恬撰写的《“宁可 A，也不 B”句式探析》、2014 级郭梦婷撰写的《现代汉语“任凭”句句式探析》、2012 级李玮曼撰写的《现代汉语“虽然 A，但是 B”与“即使 A，也 B”句式比较》、2012 级马乐撰写的《“即使”句与相关复句的比较研究》。这 6 篇研究广义转折类复句格式的论文组成了本册书。经过与丁老师商讨确定了《“小三角”视域下汉语转折类复句研究》为本书的题目。我们诚挚邀请马庆株先生为本书作序，由丁力教授为本书撰写代前言。

毕业论文是我们硕士研究生学习的一部分，有些方面还略显稚嫩，有些问题的研究还有待继续深入。此次出版既是对我们的激励，也是对我们的鞭策。我们想借出版的机会提醒自己，牢记师嘱，守住传承，继续钻研，踏踏实实坐好冷板凳，以期日后能够对得起学校的培育和老师的教诲。

从最初着手编纂到最终付梓刊行，感谢一路上各位老师的指导，各位同门的支持。特别感谢导师丁力老师，感谢丁老师对我们的指导和培养，感谢丁老师为我们毕业论文的写作和本书刊行付出的心血和倾注的宝贵精力；感谢各位编者在繁忙工作之余对本书出版的关心和支持；感谢陕西理工大学“中国语言文学”省级重点学科经费的资助；感谢陕西理工大学“中国语言文学”省级优势学科负责人付兴林教授以及文学院李宜蓬院长对本书编纂的支持以及体例编排上的建议；诚挚感谢马庆株先生百忙之中为本书作序；同时特别感谢中国社会科学出版社和各位编辑在本书出版过程中所付出的辛勤劳动。

即使经过仔细的文献核对和文稿校对，也不免书中有瑕疵疏漏和错舛之处，请各位专家读者批评指正。

宋增文

2017 年 10 月于汉中

主编简介

丁力（1958— ），陕西安康人。文学博士，教授，陕西理工大学汉语言文字学学科负责人，硕士研究生导师，主要从事现代汉语语法及语言理论研究。1982 年毕业于汉中师范学院，获得学士学位。1994 年毕业于华中师范大学，获得博士学位。曾在汉中师范学院、湖北大学、陕西理工学院任教。在《中国语文》《汉语学报》《语言研究》《南开语言学刊》《澳门语言学刊》《华中师范大学学报》《湖北大学学报》等学术期刊上发表学术论文三十余篇；主持教育部人文社会科学研究项目两项，陕西省社会科学基金一项，陕西省教育厅人文社会科学研究计划项目两项；出版学术专著六部。

宋增文（1989— ），山东临沂人。陕西理工大学汉语言文字学专业 2013 级研究生，师从丁力教授，研究方向为现代汉语语法。现为华中师范大学汉语言文字学专业在读博士研究生。